THE MENTAL GAME OF TRADING

A SYSTEM FOR SOLVING PROBLEMS WITH GREED, FEAR, ANGER, CONFIDENCE, AND DISCIPLINE

交易的心理博弈

一个解决贪婪、恐惧、愤怒、信心和纪律问题的系统

[美] 杰瑞德·滕德勒 Jared Tendler 著　　陈丹妮 译

中国青年出版社

图书在版编目（CIP）数据

交易的心理博弈：一个解决贪婪、恐惧、愤怒、信心和纪律问题的系统 /
（美）杰瑞德·滕德勒著；陈丹妮译.
—北京：中国青年出版社，2022.12
书名原文：The Mental Game of Trading: A System for Solving Problems with Greed, Fear, Anger, Confidence, and Discipline
ISBN 978-7-5153-6707-1

Ⅰ.①交… Ⅱ.①杰…②陈… Ⅲ.①投资—经济心理学 Ⅳ.①F830.59

中国版本图书馆CIP数据核字（2022）第134493号

交易的心理博弈：
一个解决贪婪、恐惧、愤怒、信心和纪律问题的系统

作　　者：[美] 杰瑞德·滕德勒

译　　者：陈丹妮

责任编辑：肖　佳

文字编辑：星　晨　步欣旻

美术编辑：佟雪莹

出　　版：中国青年出版社

发　　行：北京中青文文化传媒有限公司

电　　话：010-65511272 / 65516873

公司网址：www.cyb.com.cn

购书网址：zqwts.tmall.com

印　　刷：大厂回族自治县益利印刷有限公司

版　　次：2022年12月第1版

印　　次：2024年9月第2次印刷

开　　本：787mm×1092mm　1/16

字　　数：258千字

印　　张：19

京权图字：01-2021-7255

书　　号：ISBN 978-7-5153-6707-1

定　　价：69.90元

THE MENTAL GAME OF
TRADING

目　录

第❽章　纪　律　　　　　　　　　　　　　230

第❾章　纠正你的问题　　　　　　　　　　263

第❿章　排查止步不前的原因　　　　　　　283

第 **1** 章

一套解决心理博弈问题的系统

> 我们无法用制造问题的思路去解决问题。
>
> —— 阿尔伯特·爱因斯坦 ——

你的目标是赚钱，但有些事情阻碍了你赚钱的道路。你会在不该亏钱的时候亏钱，或者即使你一直在赚钱，但无法获得尽可能多的利润。问题是为什么会这样呢？

要想寻找这个问题的答案，你大概率会先着眼于专业技术。这显然是重要的一步。你会分析交易，制定更严格的规则，学习新技术，开发你的一套系统，做更多的研究，测试新的策略。尽管做了这么多努力，但你仍"血流不止"。你一次次地尝试，但依旧毫无进展，因为答案不在于你对交易有多了解，而在于心理与情绪方面的博弈，且你并没有有效地处理它。

这并不是说交易是完全关乎心理学的。它不是。如果你在市场上不占优势，即使你的心理博弈无懈可击——你的情绪一直处于平衡状态，你始终保持专注，一直处在最佳状态——你也无法做到长期盈利。但是，如果你具有市场优势却没有赚到你应该赚的钱，或是在贪婪、恐惧、愤怒、信心和纪律问题上挣扎，心理博弈让你付出的代价可能远远超乎你的想象。

想一想你在执行交易的过程中犯下的代价最大的错误。是否包含以下的内容？

- 强行采用平庸的交易设置❶；

- 在买入点犹豫不决；

- 过早离场；

- 追逐市场价格的涨跌；

- 过早移动止损点；

- 在到达盈利目标之前调整该目标；

- 说服自己放弃一个好的交易。

通常，当以上错误发生时，你无法阻止自己不去犯这些错。你的情绪会妨碍你，它们有能力诱发出你最糟糕的冲动。

不要为此而自责。你没能消除你的执行错误的部分原因是你不知道你面对的是什么。就像交易遵循着一套基本规则，心理博弈也是如此。例如，你大脑中主动做决策的部分在任何时候都只能获取有限的信息。此外，情绪能弱化甚至完全关闭你做决策的过程。如果你不了解这些以及其他心理博弈的规则，你就不太可能纠正你的错误。

这就是为什么我喜欢用"心理博弈"（mental game）这个术语来描述交易的心理和情绪层面。"博弈"（game）这个词自然暗示你如何进行改进的规则和策略，而不是一次性的解决方案。类似"交易的思维模式""交易心态"或"交易心理学"这样的术语都在暗示着一些静态的东西。仿佛只需要找到正确的建议，你就能拥有完美的交易头脑。亲爱的朋友们，这只是一个迷思。

你们中的许多人一直在寻找灵丹妙药，而你需要的其实是一种策略或一套系统。在本书中，你将学到一套实用的、循序渐进的系统，用以纠正交易中最常见的情绪问题：贪婪、恐惧、愤怒、过度自信和缺乏自信。这些问题导致你无法停止交易执行过程中的错误。我不仅将会告诉你如何解决这些问题，还将

---

❶ 交易设置是一种K线图布局，通常带有一到两个其他确认条件，如模式或指标。这个K线图布局在大部分交易中可以产生预期的结果。——编者注

向你展示如何解决干扰你的专注力、日常工作、习惯和执行方面的纪律问题。同时，我还会着重强调一些能帮助你取得持久进步的简单易懂的方法。

这套系统是我工作15年的结晶。来自世界各地的高尔夫、扑克、电子竞技和交易等最高水平竞争的客户都运用了这套系统并取得了巨大的成果。它之所以如此有效，是因为它所有的设计都是为了找到纠正问题的根源。要想斩草，唯有除根。无论是用脚踩还是砍掉长出地面的杂草，都只能维持一时。这可能是你最常见的交易错误出现的境况，你无论做什么都无济于事。

明确来说，你不会在这里学习如何执行交易、想出交易点子、读懂图表，或是认识基本面。成功使用我的系统的交易者在这些领域已经足够精通，能清楚地知道他们真正的问题所在。

在本书中，你会读到一些他们的故事，他们的经历可能会给你提供一些最重要的经验教训。在写这本书的时候，他们正在运用这个系统，并每天都在不断取得进展。这正是我所期望的，因为这套系统没有什么魔力。你不会得到一些秘诀，能够消除你赚钱的贪婪企图、你对进入符合你系统的交易的恐惧踌躇，或是你想通过迅速进行另一笔交易来弥补损失的愤怒冲动。

你将得到的是：一套为你解决这些问题提供基础的系统，一套能让你更深入地了解问题的根源从而解决当前和未来的心理博弈问题的系统，一套有条不紊地带领你逐步认识并以长效的方式纠正这些问题的系统。

你将学会如何识别预示着可能出现问题的信号，这就像你收到一个预警，提醒你有一个潜在的交易设置需要关注一样。这套系统容易上手，有逻辑性、实用性和可重复性。如果你花时间学习它并完成我建议的工作，你就有可能在完善心理博弈方面取得重大飞跃。

在我们更深入地了解这套系统以及它如何发挥作用之前，让我们再围绕一个被普遍误解的核心话题——情绪，破除一些迷思。

情绪无罪 —— 它们是可以被利用和学习的信号

你们中的许多人与交易失误对抗的方式是大错特错的——你们认为的问题实际上根本不是问题。要想解决贪婪、害怕失败或憎恨错误等问题，你必须先对你所面临的问题有准确的了解。首先你要改变你对情绪在你的交易失误中扮演的角色的看法。

本书与其他交易心理学资料中常见的建议的根本区别之一在于如何看待情绪。传统观点认为情绪是问题所在，并在此基础上给出了主要聚焦于减少、控制和释放情绪的建议。你当然可以通过这些方式得到短期内的改善，但这些策略无法带你走得更远。这是为什么呢？

因为你并没有解决真正的问题。相反，你在花时间和精力与你认为的问题——交易中产生的情绪——作斗争。你把情绪称作非理性的，试图欺骗大脑或努力辩解、否认、逃避、忽视、转移、投射、分心、变得麻木，甚至情绪脱敏。你甚至可能选择一些相对健康的方式，如冥想、瑜伽和锻炼，来吹散怒火或释放一天的压力。但你并没有在解决问题。

或者是你没有忽略情绪或为其开脱，而是清楚地意识到它们的存在并创建了你自己的"解决方案"，也就是管理情绪的方式。你提前离场以锁定利润，避免如果交易转向对你不利的方向出现爆仓的可能。你会在情绪过于高涨的日子里停止交易，直到你头脑清醒为止。你也可能会做以下的事情：

- 将止损点移至盈亏平衡点；

- 不再进行主动交易；

- 提前退出交易以确保当日盈利；

- 在开始交易前查看粘在显示屏上的便利贴；

- 与自己对话以保持纪律性和积极性；

- 不断提醒自己一些基本概念，例如"损失常有发生，不要让它影响你"；

- 延长交易暂停时间。

这些变通方法的问题在于，你已经将你的盈利能力，以及你作为一个交易者的适应和提升能力降到了最低。为了控制住自己的情绪而减少交易量，提早结束交易以锁定当日盈利，这都不是你最终想要进行这场博弈的方式。是的，这些可能是很好的短期策略，但它们最好被当作"辅助轮"来使用。而在你丢掉"辅助轮"之前，你作为交易者的上升潜力是极为有限的。

让我们来更深入地探讨一下。认为愤怒、贪婪和恐惧等情绪是导致你交易失误的问题，这个观点是错误的。相反，这些情绪实际上是给你的信号。这是观点上的一个关键转折点。不要对抗你的情绪状态；相反，你要把情绪视为信号，对它们试图告诉你的信息感到好奇。当遇到身体疾病时，我们时常这么做。我们的情绪也是一样的，有时真正的原因并不总是那么明显。

举个例子，假设你在交易日结束时一直感到头疼。起初，你认为这是由交易的压力引起的。家人和朋友都同意你的看法，但你在周末甚至在为期一周的假期后仍然会头痛。你去就医，担心有更严重的问题，但什么都没查出来。你已经服用了几个月的非处方药，试图抑制你的头痛，但仍然没有找到头痛的根源。随后，当你在某个交易日结束后完成你的交易日志时，你注意到自己在眯眼，于是决定去检查你的眼睛。结果发现，你的视力在过去六个月中逐渐恶化，是眼睛疲劳导致你的头疼。换一副眼镜，问题就解决了。头痛并不是问题——它们是一个信号，而你所需要做的就是解释这个信号意味着什么。

同样地，负面情绪也是一种信号，指向你没有解决的问题。如果你循着这些信号去识别根本原因并纠正问题，你自然而然地会停止：

- 因贪婪想大赚一笔而移动你的利润目标；
- 因害怕错失机会而追逐市场；
- 因愤怒而过度交易以弥补损失或错误；
- 因过度自信而认为自己可以跑赢市场；
- 因为你的信心无法再承受一次亏损而在亏损交易中坚持太久。

就像你在头痛消失后停止用药一样，你不需要花时间和精力去管理或控制这些情绪，因为它们不再被触发。这就是这套心理博弈系统的强大。当你识别并解决真正的问题时，你就不必再为控制情绪而战或向"辅助轮"寻求保护了。情绪反应消失了，你就可以腾出手来专注于交易。

把你的情绪想象成你在市场上追踪的指标。作为一个交易者，你无时无刻不在利用信号，根据你经验水平的高低，你或多或少能利用这些信号来部署你的优势。在心理博弈中，负面情绪是破坏你交易的隐藏缺陷的信号。对一些人来说，这些隐藏的缺陷制造了微小的漏洞。它们就像没有在桌面显示却在后台运行的电脑程序一样。它们使你对市场的感知变得迟钝，降低了你思维的清晰度，还减缓了你的反应时间。

对其他人来说，这些隐藏的问题是造成一连串错误信息和蓝屏的原因。你做了明知道不该做的交易，但你无法控制。你紧盯着一笔很好的交易却犹豫不决。你知道应该平仓，但恐惧或贪婪使你盲目。你知道正确的应对方式，但却无法阻止自己做出过度反应。无论这些缺陷对你的交易有多大的影响，都必须被加以识别并纠正，以使你的交易始终处在你预期或期望达到的水准。

● 情绪推动表现

由于普遍的观点大多聚焦在情绪如何干扰你的表现上，我们很容易把情绪看成是不好的东西。然而，情绪是让你达到巅峰状态的关键。它们是推动你表现的重要能量来源。因此，一种情绪不能用好与不好来评判。

即使是通常被视为负面的情绪也不总是坏的。例如，愤怒可以是一种惊人的能量来源。迈克尔·乔丹将愤怒化为动力，最值得称道的是他曾被高中篮球队开除，但他最后成为有史以来最伟大的篮球运动员之一。一些交易者在愤怒时就会处于最佳状态，而另一些人则是在毫无退路、承受着巨大压力的时候会有最佳状态。把情绪想成是固有的坏事并没有任何意义，结果证明恰恰相反。

利用愤怒或恐惧取得理想表现的缺点是，大多数人缺乏控制它们的能力。乔丹和其他精英球员一样，都善于掌控自己的情绪。他们已经懂得如何保持情绪、精力和动力的完美平衡，以便持续地在竞技中发挥出最高水平。但对一个新手而言，愤怒和恐惧会变得极其不稳定。

调配正确的情绪配方是关键，但情绪的稳定性在长期来说至关重要。想象一下，你坐在一艘小船里，在波涛汹涌的海面上航行。你试图登上另一艘停靠在旁边的船，但波浪的变幻莫测让你几乎无法准确预测你何时应该从一条船跳到另一条船上。

这就像是在你的情绪变得起伏不定的时候试图进入状态。你可以做到这一点，但概率很小，甚至会出现重大失误。而当海面恢复平静或你的情绪稳定下来时，这就很容易做到了。

为什么你需要一套系统

通过使用我的系统，你将学会如何清除由你潜在的行为缺陷引起的心理和情绪波动，强烈的、更具稳定性的驱动力将会自动浮现。你会像乔丹那样，在波澜不惊的情况下收获愤怒带来的好处。你能更容易、更轻松地进入状态，而且从长远来看，你会更享受你的工作，倦怠的概率随之降低，你的能力会得到加强并产生更高的回报。

你可以用同样的核心策略来纠正本书所涉及的所有具体问题——贪婪、恐惧、愤怒、过度自信、缺乏自信和纪律松懈。心理博弈的基本规则适用于任何人，我们都受这些规则约束。在解决任何心理博弈问题时，你必须遵守这些规则。但是，无论你选择什么策略、时间框架、交易频次或你交易的市场数量是多少，你都可以根据你的交易风格轻松塑造这套系统。无论你是交易股票、期权、期货、外汇、加密数字货币或债券，或者不论你一小时做三次交易还是一个月做三次交易，一旦你对该系统如何运作有了很好的了解，你就能把它打造成最适合你的样子。

你所学习的系统不仅能帮助你解决当前的心理博弈问题，还能帮你解决未来的博弈问题。使用这套系统本身就会成为一种技能，使你能在新问题出现时不断完善你的心理博弈。例如，对失败的恐惧可能是你现在要解决的问题，但之后，贪婪或自负可能会成为新的问题。

作为人，我们无法永远处在完美状态，尤其是在交易这样一个竞争激烈、变化多端的行业里。即使未来的问题没那么严重，但你在心理博弈中总有一些需要努力的地方，而且你随时可以一次次地重新回到这套系统。

● 我的系统是如何解决常见的行为缺陷的

本书的重点是帮助你识别和纠正影响你交易的行为缺陷（performance flaw）。但是，我所说的行为缺陷究竟意味着什么呢？这里有两个例子：高预期和确认偏差。

需要说明的是，高预期本身并不是坏事。许多成功人士对自己和周围的人的期望非常高，这种高预期是他们获得成功的重要动力。然而，高预期就像一把双刃剑，往往会在行为方面造成不易察觉的自我伤害。当你没有达到预期时，你可能会感到极其愤怒，这通常发生在你犯了一个错误、平掉了一个亏损巨大的交易或你的股票从价格高点跌落之后。你也可能会变得出奇地紧张，转而投向风险很小的交易舒适区。

对另一些人来说，这是一个恶性循环，愤怒转化为恐惧，恐惧损害了信心，渐弱的信心又进一步削弱了执行力，让你更难以达到你的期望，这使你更为恼怒焦虑，对你的前景更加失望。令人震惊的是，你往往可以容忍所有这些情况，仍然表现出较高的水平。但是，高预期可能造成的内部混乱和伤害使你无法发挥你的潜力。

另一个常见的行为缺陷是确认偏差。你可能不太熟悉这一概念，确认偏差其实就意味着你会去搜寻信息来证实你已有的看法，而忽略并排斥与你的看法相左的信息。你偏爱某个头寸、交易设置或板块，后来它们不再受市场青睐，但你因为之前的盈利而反应迟缓。当你的头寸向目标冲刺时，你的进场立刻得到了印证，但当头寸开始回撤并让你止损出局时，你又迅速地重新进场，试图证明你没有看走眼。或者是你看到别的交易者在赚钱，你持有"效仿他们肯定能赚钱"这样的偏见。但事与愿违，你最终落后于形势变化。

有些人认为像这样的偏差是无法改变的。我们所能做的最佳举措就是察觉到它们的存在，并努力限制它们造成的损失。这在某些情况下可能是对的，但我的客户通过识别造成他们确认偏差的行为缺陷获得了重大改善。比方说，它可能来自脆弱的信心。作为一名交易者，你可以相信任何你想要的东西，但市场往往抛出冷酷的事实。然而，有这种偏差的交易者往往会不知不觉地忽略这一现实，为了保护他们的自信心而努力证明他们相信的是正确的，而不是尝试弄清楚究竟什么是事实。

以上提到的是本书将讨论的诸多行为缺陷中的两个。你将学会通过把情绪当作信号来找到你的缺陷。情绪提供了我们在无意识的层面上行事的数据，无论好坏。它们提供了大量的信息，包括我们潜在的信仰体系、偏差、目标、观点、缺陷、根深蒂固的习惯、愿望和错觉。这些信息很重要，因为在无意识层面发生的事情对你的想法、行动和交易决策有着直接影响。

现在，我敢打赌，当你们中的一些人看到"无意识层面"这几个字时，会认为我在引用弗洛伊德的观点，或是我们需要分析你的童年。这不是我的风格，且要达到我们所追求的结果并不需要这些理论。事实上，无意识囊括了一切，从小的习惯，例如你如何刷牙、如何下单，到影响你对风险的认知的理念，以及在高度紧张和竞争激烈的行业的工作者中其他常见的行为缺陷。

在你读这本书的过程中，你会逐渐意识到影响你交易的缺陷、错觉和偏差。之后，通过实用可行的步骤，你会知道如何纠正这些问题，让它们不再对你的交易执行造成破坏。

● 这套系统如何提升你的整体博弈（A级、B级和C级博弈）

谈到交易执行，无论是在心理上还是策略上，每个人都有自己的表现范围。直觉可能会告诉你，你也有一个范围。要分辨出你是处在交易的最好状态还是最差状态并非难事。不过，你是否曾停下来，针对你不同的表现水平进行深入且精准的思考？大多数人没有。为了简化关于这一概念的讨论，接下来我会一直用A级、B级和C级来指代不同层级的博弈。

当你的表现达到A级博弈水平时，你的头脑清晰，情绪稳定。你已经进入状态或接近最佳状态，你能做出高质量的决定，因为在决策过程中没有负面情绪的干扰。你在这一层级上所犯的任何错误都是由技术性因素引起的——例如，你还没有掌握的知识或者近期未察觉到的市场变化。

坦白地说，把这些称为"错误"是有点牵强的。你不会说一个蹒跚学步的孩子刚迈出第一步就摔倒是在犯错。你为让你的A级博弈表现更好所付出的努力也是一样的道理。这些"学习中跌的跟头"是无法避免的。它们是这个过程中不可或缺的一部分。

与此相反，你的C级博弈充斥着情绪波动，这是你表现不佳的主要原因。你犯的错误是如此明显，以至于你在事后一下子就意识到了。在这一层级上，没有什么新的东西需要你从战术上学习。你知道应该做什么，这就是你能如此迅速地认识到这是一个错误的原因。在那一刻，你无法获得你通常依赖的知识和技能，要么是因为过度的情绪使你的大脑宕机，要么是你缺乏足够的精力去好好地思考。

有些交易者不会犯重大的、明显的错误。他们的心理博弈已经发展到了一定阶段，在这一阶段，他们的C级博弈是由更不那么明显的错误组成的。例如，你可能有过度解读价格走势的倾向，并强制进行在你的策略中缺乏明显优势迹象的交易。无论这些错误是大是小，C级博弈都是你行为缺陷的所在。这些缺陷会造成情绪混乱，导致你的观点不同步，并产生一些错误。

你的B级博弈的性质更为复杂。在你的B级博弈中，你很可能有一些微小的战术失误——这些是你需要改进的地方，但它们并没有那么明显。如果是显而易见的，那就成了C级博弈的失误。你会发现有些情绪阻碍你进入A级博弈，但还不足以把你拉到C级博弈中去。

从心理和情绪的角度来看，B级博弈和C级博弈之间最大的差别之一是，在B级博弈中，你内心有犯C级博弈错误的冲动或念头，比如强行交易或过早平仓，但你还保持着理智、精力和情绪控制力来避免犯这样的错。在C级博弈中，你的情绪过于强烈，你无法控制自己不去强行交易或过早平仓。而在A级博弈中，这种冲动或意念要么不存在，要么微不可察。

下图总结了我刚才所述的观点并标明了在博弈的每个层级中出现的错误类型。

C级博弈	B级博弈	A级博弈
明显的错误	微小的错误	学习中的错误
根源： 心理或情绪缺陷导致情绪过于强烈，或是你的精力过低	根源： 既有战略决策中的弱点，也有心理或情绪的缺陷	根源： 战略决策中无法避免的弱点

消除你在执行中最常见的失误的关键，是纠正导致你C级博弈的行为缺陷。即使你是一个拥有20多年经验的老练的交易者，一些行为缺陷仍然会引发你最严重的失误，无论你的失误与初级交易者所犯的相比是否小得多，都是如此。每个交易者都存在行为缺陷，无论他们多么富有经验或技巧。

单纯专注于提升交易知识和技能是无法逃避C级博弈的引力的。如果你只改善C级博弈中存在的技术错误，你的行为缺陷将继续制造和从前一样的过激情绪。你会犯不同的但依旧明显的错误。

这种策略并没有错，它只是效率低下。你会继续在执行过程中经历不必要的起伏，你的表现将继续落后。要推动你的整个博弈向前发展，你必须先推动你的C级博弈向前发展。而要做到这一点，你必须首先解决导致你的C级博弈的缺陷。这就是我的系统发挥作用的地方。

但是，在你着手修复这些缺陷之前，我们还须打破一个迷思。那就是，认为控制情绪可以解决心理博弈中的问题，这种想法是错误的。控制情绪并非出路。

● 情绪控制不是出路 —— 化解问题才是

在任何博弈中，我们都会制定一个策略来帮助我们实现既定目标。但是对于心理博弈而言，交易者把目标定得太低。他们认为最好的策略就是控制情绪。但控制情绪不是出路，它是长久的任务。

如果控制情绪是你唯一的策略，你就要一直和接连不断的情绪反应作斗争。交易本身已经够棘手的了，更不用说再投入精力去掌控你的情绪。这让人心力交瘁，而且从长远来看，你将无法发挥作为一名交易者的潜质。

你要努力实现的最终目标是化解问题。问题的化解意味着你已经永远地根治了导致你交易失误的行为缺陷。自然而然地，那些原本会触发愤怒、贪婪、恐惧等情绪的因素会失效。你不再需要管理、控制情绪或围着你的情绪反应团团转，因为它们已经消失了。

一旦你的情绪问题得到解决，你的交易会变成什么样子？你的情绪没有消失，你非但不会像机器人一样缺乏情感，恰恰相反，你将会变得：

- 情感充沛，不过充满正向情绪 —— 充满活力、自信、专注、有动力；

- 更有耐心，能做到让市场来找你，而不是你去追赶它；

- 更专注于执行而不是盈亏；

- 能够应对亏损；

- 执行时果断迅速。

不仅你的情绪会变得稳定而积极，同时你被贪婪、愤怒或恐惧蒙蔽时常犯的交易错误也会随之消失。为什么？这些情绪曾经是导致你犯错的主要原因。这并不意味着你不会再犯错——没有一位交易者是完美的——但现在你的错误相对来说会更小一些。

你可能还没有完全理解"化解"的含义，但你之前见识并经历过。也许你只是没有意识到这一点。这里有一个与交易无关的例子帮助你理解：想象一下，你对一个朋友很生气，因为你们上次出去玩的时候，他表现得像个混蛋。通常情况下，你会让这件事翻篇，但这一次他的行为举止有所不同。你什么都没说，虽然在接下来的几次见面中你还是玩得很开心，但感觉已经和之前不一样了。很显然你们两个人之间存在矛盾，明显到另一个朋友向你提起此事。

一个月后，你终于就此事开口了。但他几乎想不起来了，开始辩解，并否认自己曾有过这样的行为。谈话变得很激烈，随后他离开了。但20分钟后，他回来了并向你道歉。你同意这么长时间不把事情说开是不对的。如果问题真正得到化解，沮丧和紧张就会消失，不会再因为这件事出现。这就是化解，也是你想要的解决行为缺陷的结果。

我的化解问题的系统有不同的阶段，每个阶段都有不同的步骤和策略镶嵌其中。

1. 描绘你的情绪模式：你需要针对你的情绪波动确立一个宏观的整体看法，让你对所有即将面对的事情有一个清晰的认知。你还需要一张详细的、呈现微观层面情绪反应的"地图"，这样你就可以及时快速地识别它们，并将伤害降到最低。你将在第2章学习描绘情绪模式地图的过程。

2. 找出问题的根源：为了找出问题背后的真正原因，你需要挖掘藏匿的缺陷、偏差和错觉，包括学习中的错误，这些错误会阻碍你的进步，或在此过程中给你造成重大的起伏。第3章将会介绍这一步骤。在第4章至第8章，你将找出你身上的具体缺陷。

3. 纠正你的问题：这里你要通过持续运用修正的方法来正面处理问题。在第9章中，你将学到一种简单直接的方法来及时中断你的情绪反应，并将错误最小化。

这套系统的成果是彻底化解导致你种种问题的行为缺陷。化解问题的重要性怎么说都不为过。想象一下，如果没有贪婪、恐惧、愤怒、信心或纪律问题会怎么样。我的意思是完全没有这些问题。这是一个值得为之付出艰辛努力的结果。如果你运用这套系统，你就能达到这个结果。

现在，让我们开始吧。

第 ❷ 章

描绘你的情绪模式

看不见的敌人总是最可怕的。

—— 乔治·R. R. 马丁 ——

《列王的纷争》

你无法阻拦你看不见的东西。你们中的许多人没有意识到，你们为纠正或控制情绪做出的尝试几乎注定会失败。

请沉下心来思考一下。

这些尝试几乎注定是徒劳的。

如果你不想让情绪影响你的决策，你必须具备即时识别情绪上升的能力，并在它们让你的头脑错乱之前采取行动。

描绘你的情绪模式地图是识别情绪升级的关键。虽然这看上去像是你早就能做到的事，但你不能，因为你没去做这件事。许多交易者看不到他们心理博弈中的情绪模式，就像他们在职业生涯初期无法识别市场中的模式一样。

识别和其他的本领一样，是一种技能。但是，人们往往忽略了识别情绪是能够得到改善的。你**完全可以**在识别情绪升级及其背后的模式方面做得更好。

现在，你们中的很多人刚刚意识到情绪是需要考虑的问题。但这第一步——识别和描绘你的情绪模式——的本质，和你每天作为交易者要做的事并没什么不同。你会研究信息、分析噪声，以找到告诉你何时买入、卖出或持有的信号和指标。对普通投资者而言，你的技巧看起来就像是魔法或是运气使然。他们要么对你的工作有如对神一样崇拜，要么认为这完全是胡扯。

实际上，我们所做的工作很相似（我也经历过说我是胡扯的质疑）。你是观察市场信号以寻找机会，而我是利用情绪、想法和行动来看到别人看不到的因果关系。你已经证明了自己有很强的阅读信号的能力，而我将训练你运用这一技能来更好地理解你的情绪和心理博弈。

这一个步骤的目标是识别那些影响你表现的最常见的与交易失误有关的情绪模式。你可能认为这些错误是随机发生的，但其实并不是。错误周而复始，让你能绘制出暗示情绪上升的信号，这样你就可以防止错误发生。

想象你在一条道路上行驶，这条路会指引你获得持续的回报、对市场的强烈感知，以及果断遵从交易策略的能力。再想象一下，现在浓雾袭来，你什么都看不见，你在不知不觉中拐错了弯。更糟糕的是，沿着这条路的远处有一座桥被冲垮了，你即将坠崖。而当你有了模式地图，你就创建了一个内部的GPS系统，在你拐错弯时GPS为你预警，这样你就可以迅速掉头，重新回到盈利的道路上。

有些人意识到错误正在逼近时为时已晚，这时候车已经悬在半空中，飞过悬崖边缘了。或者你的问题相对较小。你没有掉落悬崖的风险，但你在错误的道路上走得越久，就越会消耗掉不必要的金钱、时间和机会。无论你的问题的程度是怎样的，你越善于描绘你的情绪模式，就越容易赢得对情绪的控制并使其回到正轨。

把情绪理解为信号

情绪、想法、行动甚至交易决策都提供了我们在无意识或本能的层面上如何行事的数据。当你追踪这些线索时，你在某种程度上扮演了一个侦探的角色。你正在分析的被引爆的"炸弹"是过度活跃的情绪系统制造的混乱。找出你情绪反应原因的线索就在炸弹爆炸的细节里。

这一追踪可以彻底改变你对情绪事件的看法，因为观察它可以提供宝贵的见解，能了解到是什么导致了它，以及它背后有什么缺陷。两者都是化解问题的关键，能让你防止未来的爆发。

你要开始密切关注你在交易过程中自动触发的特定的情绪、想法、行动和决定。这些都是帮助你全面了解问题的数据。你要像个侦探一样，热切地收集线索，并对了解它们的含义充满好奇。

通常，交易者会抛开这些线索。通过驱散怒火，或试图忘记已经发生的事情并继续前进，他们实际上删除了可以解决问题的线索。当你缺乏一套可以帮你弄懂你的反应的系统时，使用这些策略尚在情理之中。但现在的情况已经不是这样了。这些线索是帮助你描绘你的心理博弈问题不可或缺的细节。

● 造成情绪的两个原因

将情绪视为线索或信号是一种观念上的转变，但这并没有解释情绪从何而来，以及为什么它们总是这样出其不意。其中一个原因是，你通常甚至都没有意识到发生了什么。情绪的出现是对一个触发因素的即时反应，或者说条件反射。例如在交易中很快被止损，会引发愤怒；一个绝佳的交易设置会引发兴奋和紧张；或者听到别的交易者在你错失的交易中赚了多少钱，会触发你对错失良机的恐惧（Fear of Missing Out, FOMO）。

把这种最初的情绪想成是一种条件反射。就像是医生用橡皮槌敲打你膝盖时产生的膝跳反射，或是你本能地接住扔向你面部的球。这是一个瞬时反应，没有掺杂任何有意识的思考。弹指一挥间，砰的一声，情绪激增。

交易者常常把触发因素误认为是问题所在。触发因素只是引爆器。潜在的缺陷才是炸弹。触发因素可能是一个错误，蒙受了一次亏损，被止损了两个点，结果却趋势扭转，价格飞涨，或者是一句你认为无礼的无心之言。这一点可能会造成困惑，所以让我们来看一个例子——遭遇巨大的浮亏。许多交易者会大发雷霆，摔东西，在没有出现适当的入场信号的情况下强行进行额外的交易。

但这并不会发生在所有的交易者身上，这意味着一次大的亏损并不都会引起愤怒。如果是的话，那么每个交易者都应该有完全相同的反应。相反，一些交易者能轻松处理大的亏损，因为他们本能地知道这些异常值明显存在着出现的可能性。弄清楚是什么触发了你想要解决的问题是绘制情绪模式地图关键的一个部分。

当你开始绘制时，请记住，在许多情况下，最初的触发因素只产生了少量的情绪。事实上，它可能小到几乎没有进驻到你的意识里。你只是没有察觉到它对你的情绪稳定的影响。但与此同时，无意识的或习惯性的想法、行动和决策已经开始改变你与市场互动的方式。

例如，某个交易日开局不利，两小时以后出现的进场机会引发了紧张、兴奋和压力的情绪。你可能还会想，"不要搞砸了！"你立即凑近你的屏幕，反复思量你看到的情况的有效性。你的想法、情绪和身体状态瞬间发生了变化。

然后是你的反应。如果你的下一个想法是，"放松，我能做到"，你就是在与反应抗争。如果它有效，那将减少你的情绪并改善执行。

然而，如果你的下一个想法是，"不要搞砸了"，或者"我不能再赔钱了"，这些想法会产生**次级情绪**，从而造成恶性循环。你在试图弥补刚才所犯的错误时开始出现低级失误。然后是对犯下的这些低级失误的怀疑和自我批判：我到底是怎么了？我为什么做不到？这是多么简单的事！然后，砰的一声，你的情绪急剧失控。

交易者常犯的错误是将"不要搞砸了"的想法解读为触发因素和成因。如果你认为问题在于负面思维，你就会努力控制和改变你的想法。你听从这样的建议：**想法不要这么消极，控制好自己的情绪**。这些建议暗示问题不过是负面思维的结果。不对。**"不要搞砸了"**不是一个有意识的想法——它是自动浮现在你的脑海中的。

也就是说，次级情绪是在你意识到最初被激发的情绪、想法和行动时产生的。当你意识到焦虑、愤怒或厌倦的时候，大脑会放大这种情绪。你会变得更加焦虑，因为你已经很焦虑了；你会变得更加愤怒，因为你意识到自己很愤怒；你也会感到更加厌倦，因为你意识到自己已经十分厌倦。当这种情况发生时，想法导致情绪这个说法是准确的。

在日常生活中，人们不会以这种方式区分情绪。但区分即时的条件反射和造成情绪的次级原因是十分重要的。如果你不去识别条件反射的根源，你就无法绘制你的情绪模式地图，也无法纠正问题。

触发因素将继续制造越来越多的情绪，对此你必须要加以控制或找出应变方法。如果你的天花板漏水，你希望的是直击问题的根源。没有人愿意无休止地清空一桶桶水，或反复修补破损之处。解决问题，然后再继续前进。

在你描绘情绪模式的时候，要留意初始反应和次级情绪。为什么？因为综合起来，这些都是挖掘更深层缺陷的起点。在下一章中，我将告诉你如何发掘并纠正导致你问题的缺陷。不过，你首先需要创建一张你的情绪模式地图，并了解有关情绪的另一个关键因素。

情绪，正如你可能已经注意到的，可以建立在其他情绪之上。我称这样的情绪为**累积的情绪**。

● 累积的情绪

现在你明白了，情绪是更深层次缺陷的信号，且会在你对你的反应有更多觉察时加剧。但你知道情绪上升是怎样的吗？这很关键，因为尽早捕捉到情绪的升级是你的首要防御手段。

现实情况是，情绪十分复杂。它们在短期和长期内都会累积。虽然大脑对情绪有一个自然的消化过程，但有时会有剩余的情绪留存——这就是**累积的情**

绪。尽管你试图通过告诉自己，"今天是全新的一天"，来把前一天的损失和混乱的情绪抛诸脑后，但你并没有真正地重新开始。你没有重置按钮，也做不到既往不咎。情绪潜伏在你的乐观主义之下，正日复一日地累积着。

更糟糕的是，经过数周、数月甚至数年，深层的缺陷（记住，我们都有缺陷）能够收集并掩藏情绪，就像敌人在伺机埋伏时储存弹药。它们会抓住这绝好的时机。

让我们首先仔细审视一下短期的情绪积累。情绪在交易日内总是持续上下波动。想象一下，就像追踪图表上的价格走势一样追踪情绪的波动。在某些日子里，情绪是稳定的，只上升或下降了一两个点位。在其他日子里，一整天都会大起大落。

比方说，你在某一交易时段的上半场有巨大的浮亏，这引发了你的愤怒，在交易时段余下的时间里，你竭力想把亏损从脑海中抹去。但是一旦该交易时段结束，累积的挫败感就开始消散了。对一部分交易者来说，所有的沮丧可能在几分钟内就消失殆尽；如果是非常艰难的一天，可能需要几个小时，再辅以去健身房锻炼。

无论是哪种情况，情绪一经释放，当你下一次坐下来交易时，前一天的挫败感会一扫而空，就像从未发生过一样。你真的恢复状态了，也准备好带着理想的清晰平稳的情绪来交易。

当然，在某些日子里，当你的表现或结果尤为出色或糟糕时，会出现一些问题：

1. 你不仅在交易日里失控，而且在事后，你的情绪随着你庆祝胜利而持续上升，或者是你变得更加愤怒、恐惧，或沮丧。你继续经历着情绪的跌宕起伏，就好像你在做盘后交易一样。

2. 你在交易日里控制住了自己的情绪，但在这之后情绪又浮出水面，造成了另一类问题。这就好比在交易日中段突然出现做市消息，但你在收盘后才能完全处理它。

从表现的角度来看，你不太关心交易日结束后释放的情绪，因为它们对你当天的表现并没有影响。然而，你非常关心那些延续下来并将影响你次日表现的情绪。如果你没有完全恢复到基本的情绪水平，并且在开始交易时还多了10%的情绪（打个比方），那么你的情绪模式地图需要在盘前准备中考虑这一点。

额外10%的情绪可能看起来并不多，但它足以妨碍你达到最佳的表现水平。更重要的是，它足以迫使你更努力地维持控制——这就增加了你失败的概率。

或者，也许额外的情绪并没有影响你第二天的工作，因为市场环境和你的业绩并没有引发额外的情绪。但想象一下，如果在接下来的几天里，你的业绩持续过快地下滑或攀升。你的情绪可能会持续不断地积累。

现在，你不只有额外的10%的情绪在徘徊游荡；相反，它有40%之多。你在这一天开始之时就已经坐立不安，思维混乱，所以你对价格走势反应过度，过快抛售，并犯了其他一连串的错误。这让你在盘后产生了更多的情绪，你因此难以聚焦在和朋友家人的相处上，对去健身房也兴致全无，还暴饮暴食、饮酒、睡不好觉。你早早醒来，头脑中思绪万千，试图找到摆脱回撤的方法，或是设想如何使用手上的资金。

无论情绪是何时产生的，是在交易日当中还是结束后，在下一个交易日开始时对自己的情绪状态有所觉察是十分关键的。如果你没有意识到那额外的10%的情绪（或当天出现的任何额外的情绪），那么你就没有准备好以正确的方式处理你的情绪。

累积的情绪对弗兰茨来说格外成问题，他是加拿大的一个交易者。他告别了15年的学术生涯，去做E迷你期货交易（E-mini futures）。他和他妻子的共同梦想是周游世界。他成为一名交易者就是为了支撑这个梦想，也因为这可以让他做自己的老板。但是，每天都有大量的情绪涌上他的心头，使他无法持续执行他的交易策略。随着时间的推移，希望达到财务上的成功并借此实现梦想的压力与日俱增。

为了达到他的财务目标，弗兰茨只需要每天做一次A+级别设置的交易。在他头脑冷静的时候（这样的日子有很多），他可以看清走势，迅速作出决策，并且只进行这一级别的交易。然而，在其他时间里，等待A+级别机会的精神压力会导致他强迫自己在这个狭隘的范围之外进行交易。

如果该强行交易失败，弗兰茨会马上开始批评自己，同时试图让自己相信自己做的是对的。现在，一个新的反转设置正在形成。他很受诱惑，但没有进场。他不断地等待，在场外的挫败感越来越强烈，就这样，这一天以A+交易机会的颗粒无收和一个错误而告终。

弗兰茨没察觉到，第二天他感受到了更强烈的想要纠正错误并拿下A+交易的冲动。他一上来就看到了一个潜在的交易，但交易有些处于震荡，所以他起初没有进场。当价格飞涨时，他知道不应当追逐，但冲动太过强烈。他进场了，结果亏了钱。他的内心又萌生希望，认为下一笔交易将消除亏损和他的错误带来的痛苦。

在他等待的时候，他的大脑并没有放松。自我批判的声音推波助澜："你知道这个交易设置并不好。你不应该亏钱的。你明知道这一点。"他想回击，查看K线图上的每一根K线寻找提示有可操作交易设置的线索。他发现了一个就立刻入场了，没有查看其是否符合交易的标准。更糟糕的是，弗兰茨甚至没有留意到他的分析能力已经有所下滑。这笔交易失败了，他的怒火爆发了，他又做了几笔交易，最后离场。

在当天剩余的时间里，他试图理清思路，与妻子和儿子共度时光，但失误让他倍感煎熬。他担心他的梦想可能就此止步，他可能永远不会成功。第二天，他决心改善他的执行，但他没有意识到自己有多么沮丧。他在与家人早上的日常相处中大发脾气，怒火被点燃，导致他错过了交易日的开盘和一次A+的交易设置。当他发现他错过了什么时，他的大脑就宕机了。还未等下一根K线呈现全貌，他已经步入了糟糕的处境。

尽管明白他所需要做的就是耐心等待合适的时机，但像这样的恶性循环对弗兰茨来说是家常便饭。我之后会接着讲这个故事，以展现他是如何做到突破这个恶性循环的。

情感的累积并不总是像你在弗兰茨身上看到的那样清晰有序，事实上它有好几种不同的出现形式。一种是情绪围绕着一个特定的问题累积起来，但没有立刻显露；另一种是周遭发生了变化，加剧了原先不起眼的小问题。

在第一种情况下，**情绪可以围绕一个特定的问题积累数周、数月或数年，但不会持续显露。** 你会有几天或几周的时间没有新的情绪积累，但当触发因素出现时，你会感觉到这种好像不知从哪里冒出来的情绪有着令人难以置信的强度。

设想一下，有一位交易者对亏损有相当高的容忍度。但是，当他的持仓盈亏以超过10%的幅度下滑时，他的信心会严重受挫，因为他担心会爆仓并破产。

这样想似乎不合逻辑，因为自他职业生涯的初期，这种情况从未有过，但九年后，这种恐惧仍然潜伏在他的脑海深处。他清楚地记得每晚不得不吃拉面，拖欠了几个月的水电费，以及与房东交涉以免被驱逐的境况。苟延残喘的生活在情感上对他造成了严重的伤害。当他终于脱离困境时，他向自己保证不会再落得如此境地。而之后也确实再没发生过。

但是，每当他下意识地感觉到自己有再次走下坡路的危险时，陈旧的情绪就会被再次触发。一旦他重新开始盈利，问题得到平息，他会想当然地认为问题再次得到了解决。但即使是数月甚至数年之后，潜在的情绪仍然没有得到纠正。只要他感知到爆仓的威胁，积累的情绪就会随时显露——情绪在不断囤积，等待一触即发的时候。

第二种情况是，**你有一个缺陷，会导致非常小的情绪反应，以至于你甚至没有注意到它。** 你可以暂时忽略它——直到你的生活、头等大事或目标发生变化，使这个小问题变得值得关注。

例如，高预期虽然会造成短期的情绪波动和一些经年累积的情绪，但你仍然表现得相当出色。你从不把它看作是问题。你每年还在赚越来越多的钱。你能实现你的目标，然后下一年再次实现它们。随后，你迎来了有史以来获利最多的一天，令人惊讶的是，胜利的滋味并不那么甜美。你不再像以前那样感到兴奋，仅仅是感觉到目标再次改变了。你好奇自己是否会有满足的时候。

在宏观层面上，你开始审视你的职业生涯，并思考，**就这样吗？**在微观层面上，你感到被自己的成功所困。成绩最好的一天并不像以前那样让你振奋，但大的亏损让你倍加痛苦。你在交易日中变得更加烦躁。交易不再像以前那么有趣了，你还把这种情绪带回家里。你慢慢意识到你并不快乐，并开始怀疑你是否已经倦怠了。

通常会被消化的短期情绪现在正在积累，使交易更难达到你一贯的标准。你总是有很高的预期，但这些期望之前并没有造成情绪的堆积，直到你开始对你的职业生涯产生更大的疑问。

无论情绪是如何积累的，查明它是否影响了你的表现，这是绘制情绪模式地图关键的一部分。如果你对以下任何一个问题的回答是肯定的，那么情绪积累很可能是影响你的因素之一。

- 你是否认为你对某些事件的反应不可理喻且非常离谱？
- 你是否犯了一些非常低级的错误，而且完全无法解释你为什么会犯这些错？
- 你是否发现越来越难在交易日结束后平复情绪并彻底放松？
- 你是否在晚上难以入眠或是半夜醒来后思绪纷飞？
- 你是否比平时脾气更差，容易反应过激？

当累积的情绪成为一个明显的因素时，交易者通常很清楚他们需要做什么，但他们无法让自己去执行。我从我的客户那里反复听到的抱怨是："我怎么可能一边想着X，一边还继续做着Y，即使我知道怎样做更好？"他们积累了如此多的情绪垃圾，他们的想法无法转化为正确的执行。这就造成了混乱并使表现进一步倒退。

累积的情绪，或者像有些人所说的"情绪包袱"，是心理博弈当中最难改善的部分之一。你必须和当天产生的情绪以及长期积累的情绪作斗争。你必须在交易时段之外用功，以减少积累的情绪。

本书第3章和第9章将有助于你制定策略，来平衡情绪释放的短期需求和纠正问题的长期目标。与此同时，持续运用工作结束后的策略来管理你的情绪反应，如运动、锻炼、与朋友出去玩等等，也是可以的。与失去理智相比，这些策略并不算坏。确保你会收集线索并创建情绪模式地图；否则，你永远无法真正地长期纠正这些问题。

创建情绪模式地图

那么，你究竟该如何跟踪你的情绪并进行绘制呢？要通过留意、检查、记录你每一次交易出错的前后和当中发生的事情。以下是你可能捕捉到的一些情况：

- 触发因素
- 想法
- 情绪
- 行为
- 行动
- 决策的变化
- 你对市场、机会或当前头寸的看法的改变
- 交易中犯的错误

聚焦于这些错误发生的时段，并分析这些错误出现前后的所有细节。

刚开始你也许只能识别几个信号。例如，对于错失良机的恐惧，你可能会发现：

- 胃里有一股焦躁、紧张的感觉。

- 脑中浮现一个念头：不要再错过了！

- 更改为一分钟走势图。

这就是你的起点。通过持续的密切关注，随着时间的推移，你将能够看到越来越多诸如此类的信号。下面是一个你需要绘制的范例：

- **触发因素**：交易日内期权。

- **想法**：我无法相信会发生这种事。我不会让市场阻拦我——我一定要让这笔交易成功！

- **情绪**：当我认为颇具优势的交易没有成功时，我想要一雪前耻。

- **行为**：我过度专注于某一个头寸。

- **行动**：我一直在关注盈亏。

- **决策的改变**：我一心想一雪前耻，把钱赢回来。

- **对市场认知的改变**：我过度解读价格走势，相信自己可以预测价格变动。

- **错误**：我一遍又一遍地进行着同样的交易，直到我清楚地意识到我做错了或毫无进展。

在你下次开始交易之前，回想一下之前出现失误的情况，并尽可能详细地写下这些细节。这样你就可以避免重蹈覆辙。

刚开始的时候，许多交易者还发现不了在他们的交易执行失败之前出现的信号。比方说，他们没有意识到自己很生气，直到他们在平掉本不应该建的仓后猛摔鼠标，并大声喊道："开什么玩笑，我怎么会又犯错了呢？"如果这就是你目前所能描绘的全部，那么下次你再犯类似的错误时，要准备好捕捉错误发生之前的细节。

犯错之后的时刻提供了一个绝佳的机会去查明你究竟是如何走到那一步的。是什么迫使或驱动你进行那笔交易的？是在一系列失败的交易之后，还是在卖掉一只大赢家股之后，又或者是你看到别人在你错过的交易中赚了钱？你当时出现了哪些想法、行为、行动、情绪，你对市场和决策的认知发生了怎样的改变，你当时在大声喊叫什么？当你的思维爆炸时，是你当一回侦探并收集线索的大好时机。此外，把事情写下来这一行为恰恰能够帮助你平息情绪。

在你拥有一张完整的情绪模式地图之前，收集线索的任务要一直持续下去，其中还要包括最初的触发因素。达到这样细致的程度是你在这套系统中第一步的目标。这项工作只做一次是无法达到这目标的。

识别是一项技能，就像其他技能一样，要通过重复的过程来逐渐培养。在你确定最初的触发因素之前，你要持续地、尽你所能地绘制情绪模式地图，并将其作为盘前热身的一部分进行回顾。这将提高你在交易时发现现有信号和新信号的能力。

在交易时段，准备一份工作文档在手边以记录新的细节，这样你就不会忘记。在这之后，复习并巩固你的笔记，这样你就能为下一次交易做好准备。每天都这样进行工作并持续一到两周。这不会是你唯一要做的事情，但你要确保投入时间，保持警觉，以确保你牢牢掌握这一步骤。

交易量巨大的日内交易者会觉得做日内笔记几乎是不可能的，因为他们没法做详细的记录。作为替代，你要尽可能地速记，并在一天的交易结束后扩展你的笔记。每天交易量相对较少的人可以在白天花更多的时间记笔记，但我仍然建议你将你的分析内容缩减到最少。不要因为有更多的时间而滥用，导致注意力分散。你最不希望的就是记笔记让你付出金钱的代价。

随着你开始这一过程，你可能会觉得并没有什么成果，因为你的错误继续上演，你的情绪依旧强烈。但是记住，你最终的目标是永久地解决你的问题，而不是暂时平复。

● 创建地图的诀窍

把这一步想象成汇集拼图的碎片，而这些碎片并不在一个预先包装好的盒子里，上面也没有图片。相反，这些碎片是分散的，你不知道完成后的拼图会是什么样子。描绘你的情绪模式如同收集所有的碎片并还原出问题的连贯样貌。然后你就可以开始解决它了。

这里还有一些帮助你创建情绪模式地图的点子。

寻找初期信号。一旦你能发现紧紧围绕着你交易错误的细节，寻找在每次错误之前出现的信号。仔细观察最初的触发因素和自动产生的情绪、想法、行为和行动。也许你可以发现更小的失误，或是察觉到你对市场的看法或决策过程中的微妙变化；例如，对价格走势的过度解读，或者在一笔交易只满足你五个标准中的四个的情况下进行交易。

考察次级情绪是如何产生的。什么样的想法、行动、决定会堆积其上？或者，如果你还发现不了初期的情绪反应，利用你所能看到的信号来接近它。

设置计时器。一些交易者过于沉迷于市场，以至于很难识别出内在的情绪波动信号。如果你是这种情况，可以尝试以某种不造成过度干扰的固定频率设置一个计时器（例如，每15、30或60分钟的频率）。届时，花点时间感受自己的思维过程，审视自己的感觉，看看是否有任何问题的迹象。如果有，迅速写下这些细节。是的，这在短期内是具有干扰性的，不过，在你建立足够的技能，并能够在没有计时器的情况下意识到问题之后就无须这样做了。

考虑冥想或正念训练。虽然这并不是必须的，但我的一些客户发现冥想或正念训练是一个帮助建立更高层次的觉知力的非常棒的工具。有了更好的觉知力，他们就能够意识到以前注意不到的细节。

理解情绪的强化。交易者往往没有意识到不同情绪的名称只是描述了不同程度的情绪，而不是完全不同的情绪。例如，你可能认为愤怒和挫败是两种不同的情绪，但愤怒只是意味着更大的挫败感。

这一点很重要，因为在你寻找愤怒前兆的时候，你要留意你是什么时候开始感到挫败或恼怒的——这会累积并最终转化为愤怒。同样的，不安、怀疑和担忧是对轻微焦虑的常见描述。

了解情绪是如何强化的可以帮助你认识到你的情绪模式的细节，包括最初的触发因素。

● 识别不等于控制

虽然绘制情绪模式地图能让你更清楚地看到自己的实时情绪，但这并不意味着你能掌控它们。对你们中的一些人来说，这可能难以理解——你怎么能看到却无法阻止呢？但你的错误背后的情绪是激烈的。它们被一种陈旧的模式所驱动，这种模式本身就有一种动力，一旦它被触发，最有可能出现的结果就是会重走老路。

这可能很难接受，但接受这一点很重要。如果你期望一切尽在掌控，你的情绪反应会更糟糕。

然而，你们中的一些人将体验到一种类似安慰剂的效果，这使你看上去像是在控制你的情绪。而实际情况是，这种控制感是被这一策略的新鲜感或你对自己模式的了解所激发的。但控制感并不代表纠正了问题。你只是通过你的识别能力中断了这个模式，而不是通过纠正潜在的行为缺陷来解决这个问题。

只有一小部分交易者能迅速地从识别进入到问题纠正。对大多数人来说，随着新鲜感的消失，市场条件的改变，休息了四天，或者因为其他原因失去了动力，这种安慰剂般的控制感也就消失了。

多数人的实际情况是，问题太过复杂，不能仅靠一张情绪模式地图来解决。我的系统的真正强大之处会在下一章中体现，届时你将会揭开造成你的情绪反应的真正原因。

第 ❸ 章

寻找问题根源

真理——确切来说是对现实的准确理解
——是产生良好结果的重要基础。
—— 瑞·达利欧 ——

你是否已经尝试过解决你的心理博弈问题？如果是的话，你就像我的许多客户一样，可能已经阅读了相关图书，与其他交易者交谈过，并尝试过许多方法来阻止情绪对你交易的干扰。尽管你尽了最大的努力，但还是没有成功。

有一个比喻可能有助于解释为什么你还在挣扎。如果你牙疼不止，你不会认为解决方案就是一直刷牙。你会去看牙医，拍X光，这样你就会知道到底出了什么问题。只有当你通过检查和X光知道到底发生了什么，你才会知道如何解决这个问题——你需要做根管治疗。

这和解决你的心理博弈问题基本相同。在这一点上，你已经了解到情绪标志着隐藏的缺陷。你也学会了如何绘制这些缺陷出现的模式。但我们还没有研究问题的根源。更重要的是，我们还需要深入研究你作为一个交易者是如何努力改进自己的。换句话说，问题不仅仅是你有牙痛，你一直以来的刷牙方式也很成问题。这就是导致你需要进行根管治疗的原因。

我的心理博弈系统运用了一些独特的手段对事态进行透视，这样一来你就能从根源上解决问题。首先，让我们来看一下你的日常学习进程，寻找可能造成情绪波动的低效因素。无论你的专业水平如何，大量或部分心理博弈问题都可以归咎于无效的学习。这一信息往往让我的客户感到惊讶，但一旦他们深入发掘，就会发现它是非常宝贵的。

你将意识到，你一直以来的学习方法都可以通过一个更可靠的架构和一个核心概念——"尺蠖"概念——得到改善。这个概念给了你一个学习过程的可视化呈现，让你可以测试你的学习效果并找出阻碍你学习的缺陷。

当涉及如何学习时，交易者使用的架构、方法和取得的成效存在着广泛的差异。无论你处在什么位置，通过采取更具条理和更加动态的学习方法，你可以：

- 通过避免最常见的陷阱，将学习过程的效率最大化；
- 在情绪上变得更加稳定；
- 在业绩起伏中建立更大的一致性；
- 创建超越盈亏，衡量进展和表现的新的评估方法；
- 更持久地进入佳境；
- 更适应快速变化的竞争环境；
- 保持兴趣和热情，从而防止停滞、厌烦和倦怠。

在本章的结尾，你将学习如何使用我的客户认为对他们的进步至关重要的一个工具——心理手史。它可以帮助你发展解决问题的全新视角，更高效地发现问题根源并确立解决方案。

让我们以一些意想不到但又普遍存在的学习缺陷作为本章的开端，这些缺陷破坏了你交易中情绪的稳定性和一致性。

常见的学习误区

在你过往的生命中，你已经学会了很多技能，从如何走路说话到必备的交易专业技能，例如解读各种指标或基本面。你不得不学习这些。但是，你多久会从学习和心理博弈的关联性出发去思考学习的作用呢？如果你和大多数交易者一样，那你不会常去思考这件事。

然而，你在学习方式上的缺陷很可能是导致情绪不稳定的因素。这是一个关键的概念。当交易者知道对自己应该抱有怎样的期望时，他们就会停止与自己认为是真实的事情作斗争，转而在真实的情况下工作。

学习效率低下很难被发现。以许多交易者都会在某一时点经历的场景为例：从模拟账户或交易演练过渡到实盘交易。这是一个重要步骤，通常发生在职业生涯的初期阶段，但在一些交易者适应主观型策略或尝试新系统时，也可能会发生。

许多交易者都有过这样的经历：在模拟盘中表现亮眼，但在实盘中却举步维艰，因为他们在实际执行中做不到同样的冷静和精准。模拟盘中不存在犹豫不决、紧张不安或过度思考，因为结果无关紧要。这些信号很容易被误解为恐惧，但简单来说这只是一种学习错误——没能理解如何向实盘交易过渡。

这种常见的学习错误会出现在众多竞技舞台上。在锦标赛中的表现不如在练习中表现得好的高尔夫球手。或者是在排练中大放异彩的新人演员，在舞台上却表现平平。就像许多高尔夫球手和演员一样，如果你认为模拟盘和实盘是一样的，那么你对表现的理解就有根本性的错误。"我在做同样的交易，应该没什么区别。"我常听到的这样的话，恰好突出了这一认知错误。虽然交易可能是一样的，但你却不是。

在实盘中，结果是重要的。你的财富连同其他东西一起处在危险边缘，比如你的声誉、信心和未来。而在模拟盘中交易就不是这样了。真相是，这当中存在着差距。无论你怎么告诉自己要像对待实盘一样对待模拟盘，它们都是不一样的，而且永远都不会一样。

在一个竞争激烈的环境中角逐，需要大量学习或证明自己，还伴随着损失惨重的可能，精神紧张是不可避免的，这就是神经系统对这种情况的反应方式，并且精神紧张有助于你的学习。由于你的神经系统，你对环境的感应和感知能力得到了提高。

相比平时，你吸收了更多的数据，这有助于激发最佳状态和高水平的直觉。压力和紧张是促成转变的重要部分。但是，如果你认为它们是一个问题，或者你无法应对压力，那么次级焦虑就会累积，这会进一步导致你的表现下滑。

问题不在于感受到压力或紧张，而在于你期望你的身体在没有压力或紧张的情况下对学习过程作出反应。

再举一些其他的学习错误的例子。假设你是一个交易指数期货的交易老手，最近开始交易期权。当你犯了一个你认为很愚蠢的低级错误，比如仓位太大时，你对自己感到非常失望。你是一个经验丰富的交易者，应该很清楚这一点。

但实际上，这个错误可能证明了你在期货交易方面的知识并没有完全转化到期权交易中。你需要进行过渡并完成学习过程。

或者，也许你并没有意识到，高水平的能力可以缓冲潜在的情绪问题。例如，你的仓位太大，是因为一系列亏损的交易触发了愤怒。长期以来这并不是问题，但是全新的期权交易暴露了一个旧有的情绪缺陷。不管怎样，在不同的市场交易增加了犯低级错误的概率，但如果以正确的方式来解读，错误可以很快得到纠正。

或者是你可能试图学习越来越多的东西，但却没有完全吸收它们。你可能没有意识到这个问题会导致你的表现出现巨大起伏。有时你对市场的感觉是在线的，但这种情况并不常有。更多时候，你会有不同程度的困惑和过度思考，并反复揣摩你的行动。你脑子里有太多理不清的想法或视角。你会感到沮丧、有压力，并认为最好的做法是花几天时间来清理头脑。这在短期内可能有效，但这个问题仍不断重现。

明显的问题是次级挫败感和压力，因此你认为这是一个心理博弈的问题。但这可能只是你在吸收和处理信息方面的基本失误。

最后，在你纠正贪婪、愤怒、恐惧、自信或纪律方面的问题的时候，你必须经历一个学习过程。交易者往往认为这些问题可以得到快速解决，但正如你不可能在一夜之间成为一个合格的交易者一样，你需要经历一个学习过程来消除心理博弈的问题。

当你把纠正情绪问题看作一个学习过程时，你就能看到进步并做出必要的调整。如果你不采取这种策略方法，你的期望就会自动与现实脱节。你不仅要处理原来的问题，而且在你试图纠正自己的问题时，还在制造愤怒、恐惧、信心不足等次级问题。

你为你尚未纠正愤怒或纪律上的疏忽而生气。你担忧你的恐惧情绪改善得还不够快。你对自己能够重拾信心这一点不再感到自信。在缺乏对学习过程的了解的情况下，你误解或忽视了进步的迹象，导致你放弃了一个实际上有效的策略，只是在未经训练的人看起来效果不明显罢了。

你们中的许多人都属于这种类型，曾试图解决自己的交易问题，却无功而返。了解学习过程可以消除这些复杂层面，使你能够正确识别你的心理博弈策略是否有效。

在下一节中，你将了解到我在职业生涯早期创造的一个理念，当时我正在思考如何与扑克牌手就学习过程进行沟通。"尺蠖"概念构建了一个有组织、有逻辑的学习框架的基础。对于那些老练的交易者来说，这一理论在实践中可能是显而易见的。但我的许多客户发现，它诠释了他们目前为改进所做出的努力，而这反过来又帮助他们更有效地培养自己的专业知识。

尺蠖概念

"尺蠖"概念是基于该词汇的字面意思，即一种以独特方式移动的毛虫。你可能从未见过尺蠖的移动方式，它首先将身体伸直，固定住前"脚"，然后从后端抬起身躯，在中段弯曲，使两端靠拢，固定住后"脚"，然后再次伸直身体，向前走一步。一条尺蠖看起来就像一条移动的钟形曲线。

就交易表现而言，钟形曲线可以显示你在决策过程中存在的自然变化。想一想你在过去6—12个月，或者更长时间内交易决策的质量，如果你每月只做少量决策的话。为了说明这一点，让我们假设你能准确地对所有决策的质量进行打分（1—100分），其中1代表你最差的决策，100代表你的最佳决策，然后把所有分数标在一张图上。你会看到一个钟形曲线，显示你最好到最差的表现以及在这之间所有表现的差异。

这界定了你目前的决策区间。你当下正在学习的所有知识和技能都在这个范围里。每一天当你现身交易时，你都被这一范围所限。你做的决定再差也有下限，同样的，你的决定再好也有上限。

作为一个有10年经验的交易者，在任何情况下，你对交易的思考都不可能

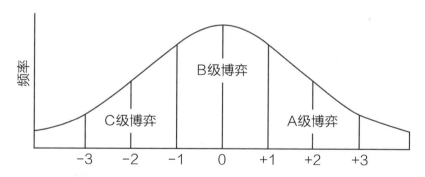

我在第1章里讲到A级博弈、B级博弈和C级博弈。钟形曲线展示了每一层级在图表上是什么样子，尺蠖概念则帮助你随着时间的推移审视、跟踪并逐渐改善你的表现。

再像刚开始交易6个月时那样粗浅了。

反过来讲，当你只有6个月的交易经验时，你不可能一觉睡醒就像有10年经验的交易者那样进行思考。当然，你可以执行同样的交易，但达成交易的决策过程会有很大的不同。将九年半的经验浓缩成一天的能力是不存在的。

当你观察改进是如何随着时间的推移发生时，"尺蠖"概念就派上用场了。钟形曲线是你在特定时间内表现的静态快照，显示你在交易中表现很好、一般或不佳的频率。钟形曲线逐渐前移就标志着你的进步——现实中尺蠖的移动方式就完美诠释了这一点。

你的钟形曲线的前端每向前一步，你的A级博弈就变得更好，带来持续的进步。随着曲线的末端再向前迈一步，你的C级博弈就变得不那么糟糕了。

随着时间的推移，表现范围的两端的改进会将你的钟型曲线整体右移。届时，你从前的C级博弈就会消失。你不会再出现这些失误，也不会停留在之前的水平上思考交易问题。你以前的B级博弈变成了你新的C级博弈，你新的B级博弈现在已经达到了你以前A级博弈的水平，同时你还会创造去探索更高的竞技水平的机会，这会成为你新的A级博弈。

如果你像许多交易者一样，只是错误地关注前端的进展，你的表现区间就会变宽。结果出现一系列的问题，包括执行的大起大落、瓶颈期、倦怠疲惫、无法保持高度专注等等。与许多交易者的想法相反，你的末端不会因为前端向前移动而自动前移。

为应对这种情况，你必须持续关注后端改进，尤其是当你的能力达到一个新的高峰时。一些交易者尽可能地推动前端向前，但最终只是贪婪毕露，蒙受巨大的跌幅。

通过了解后端弱点是如何绊倒你的，可以避免这些巨大的错误。与其不断向上推进，不如专注于纠正你当前最大的弱点。持之以恒地去做，你的钟形曲线的后端就会向前移动，并使你能够从前端再进一步，而不会增加你崩盘的风险。

每个人都希望能更频繁地处在最佳状态并提高得更快。尺蠖概念帮助你以一种条理清晰的方式直面并清楚地了解自己的弱点。当你准备充分时，你就可以确保每天都有进步。你的学习能力，即快速提高的关键，将达到顶峰。

● 造成差异的原因

只要你在交易，就总有代表你能力巅峰的一面的表现，而另一面则代表你最差的表现。总是如此。在大量的交易中不可能做到完美，因为完美的定义是不断演变的。

有时，你对市场的感觉十分准确，你会做出了不起的决策，而有时你没有。交易是一个动态变化的职业，竞争不断加剧。这意味着，完美的定义，甚至是"稳健的表现"的定义，都是一个不断变化的目标。

只要你的表现还在不断进步，就意味着你仍在学习中。如果你正在学习，你的决策质量总会有一个变化范围。

此外，差异存在是因为，作为人类，我们是高度动态的，有大量的变量影响着我们，包括我们是否有足够的睡眠、锻炼、正确的饮食、感觉身体健康、情绪稳定等等。现在还要加上金融市场的复杂性。你不仅需要不断找出最佳的博弈方法，而且这场游戏随时都可能发生变化。每个单一领域都会制造变数。关键是尽可能地破解这些变量，并缩小你表现的变化幅度。

"尺蠖"推动你去界定你的表现区间的不同层级，并用明确详细的语汇来标明影响你表现的变量。比如，那些像其他专业竞技者（如运动员）一样重视身体健康的交易者，可以更持久地稳固他们的表现。他们的尺蠖范围因此变小了。

通过辨析因果关系，你获得了对以前超出你能力范围的不同变量的控制。本书旨在从情绪的角度做到这一点——降低你情绪起伏的变化幅度。

对于那些更具统计思维的人，我想指出的是，讨论钟形曲线意在说明问题，不是为了做到精准无误。你的钟形曲线可能会因为最佳决策出现的频率提高而右偏，或因大量较差的决策样本而左偏，这取决于你的数据集。如果你连续6个月都大获成功，那么平均值就会右偏，而左尾会更加平坦。

但也可能截然相反。当你长期处于低迷状态，表现不佳时，曲线会朝你的C级博弈向左倾斜。即使你的曲线可能是偏斜的，这一概念依然适用。

● 用A级到C级的博弈分析来界定你的表现范围

想象你有一种超能力，它可以让你准确地看清差异和你的能力之间的界限。这不是电影脚本，但作为一名交易者，这种能力是很有价值的。具备了这种能力，你就能突然间知道你真正的优势所在。

这样的能力会消除交易中许多的不确定性，使你的信心更加稳固。在你被击溃的日子里，面对那些即使经过反思你仍然不后悔做出的决定，你也不会像平时那样感觉特别糟糕。另一方面，当你赚了一大笔钱，但这只是因为你的一连串失误恰好奏效，你也不会感觉很好。

很显然，没有人有这样的能力。但是，用一种更客观的方式来评估你技能的想法颇具吸引力，不是吗？当你能更清晰地、每天实时地来了解你的交易情况时，你就可以少关注盈亏，更多关注交易的过程与执行。你可以更好地忍受短期的起伏，特别是在下跌或出现紧急行情时，你的情绪会更加稳定。A级到C级的博弈分析是我的系统的核心之一，因为它能带来这些好处。

这个工具简单易懂，可以借由你收集到的细节来描绘你的问题。从本质上来说，你要确认每一级别（A级博弈、B级博弈和C级博弈）的关键描述，并将你的心理博弈和策略技术区分开。以下的例子会使你有一个大致的了解：

A级到C级的博弈分析

心理博弈		
C级博弈	**B级博弈**	**A级博弈**
注意力分散	过度思考	非常放松
风险厌恶（犹豫不决）	关注点在不合适的市场	决策果断
强行交易以克服犹豫	失去焦点	富有耐心
毫无耐心	错失摆在眼前的机会	自信满满
消极的自我暗示	紧盯盈亏	相信直觉
自我怀疑	反应迟缓	
被盈亏牵引	与直觉相背	

策略技术		
C级博弈	**B级博弈**	**A级博弈**
不断追逐价格	对交易环境、相关性或点位的理解都更糟糕	对整体的市场环境有清晰的理解
持续做与趋势相反的交易	为了几个点做交易，没有大的交易	对纳斯达克综合指数、E-迷你标普500指数期货和道琼斯平均指数的关联性有清晰的了解
因为想落袋为安而过早削减交易	认知不足，没有等待或审时度势	对交易点位、价格水平以及当前在K线图上的位置有清晰的了解
没有遵循止损规则	过早减仓，没有给它足够的空间	等待价格靠近
由于对某个因素反应过度而冲动交易	太过关注深度	注意到深陷泥潭的交易者
没有为价格不利的情况做打算就缩放头寸	不能很好地解读波动性	

就像你以前做过的那样，在交易前后花些时间来思考这个问题。当你在交易中察觉到一些信息时，将其记录下来以便在之后收集信息碎片时进行补充。对那些感觉较为困难的人来说，从最显而易见的信息开始。先打草稿然后再进行修改。

当你连续三个交易日没有任何新的发现时，你就会知道你已经有了一个可靠且完善的初稿。一旦它成型，你就可以在交易日当中和收尾时将它当作衡量标准。

你也可以将回顾这些内容作为盘前热身的一部分，来提醒自己在心理和策略方面需要改进的地方，以及那些提示你水平下降的信号。不要在月内更改这些内容。这样的话样本量就太小，无法恰当地评估你的进步是否扎实。你只需在一旁做记录，等将来你有足够的证据来证明你的博弈已经蜕变时，再来更新它。

如果你想更进一步，你还可以识别你目前C级博弈的隐含水平。这在战略上往往更为重要，因为它们反映了你的知识储存或决策方面的优势，无论你有多么恐惧、愤怒或疲惫，这些优势总会显现。识别这些优势的方法之一是当你达到这些点或在你状态最糟糕的时候，分析你博弈中最坚不可摧的部分。从某种意义上说，这相当于建立一个止损机制来稳固信心，同时让你更轻易地看到尚需学习的东西。

需要注意的是，不要把A级到C级的博弈分析当作拐杖。虽然这是一个重要且有用的评估工具，但当你完全忽视你的表现转而投向这个新的衡量标准时，你可能会把它当作糟糕结果的借口。使用它，但不要完全忽视你的实际收益。只是用A级到C级的博弈分析来提高你日常评估的准确性。

● 表现范围太大

在你完成"A级到C级的博弈分析"之后，或者你还没有完成任务，只是在思考你的表现范围时，你可能注意到在你的最好和最差的表现之间存在巨大的差距。发生这一问题有多种原因，其中最主要的是你没能持续提升你的C级博弈。

作为一名交易者，持续的改进必然离不开消除你的弱点。否则，你会在我所见过的最常见的一个问题面前败下阵来——**表现**范围过大。解决这个问题的办法是缩小范围，这要通过持续关注于纠正你C级博弈的缺陷来实现。这种持续的聚焦是任何行业的精英共同的特质，包括交易者。他们明白，在最高水平上竞争的力量首先来自他们博弈中最薄弱的环节的力量，无论是技术上还是心理上。

俗话说，一个团队的能力取决于其最薄弱的环节，这同样也适用于个人。你的弱点在于不知道自己的弱点在哪里，更在于你不想知道弱点是什么。你的C级博弈让你止步不前，如果你不持之以恒地努力，过大的表现范围造成的不稳定性将波及你交易的方方面面。

在短板上下功夫的想法不是什么新鲜事。关于失败和弱点的价值的绝妙建议不胜枚举，但许多交易者仍然很难接受它们，特别是涉及情绪问题时。这表明了行为缺陷的存在。也许你不明白你的长处和短处是如何联系在一起的，就像钟形曲线上所显示的那样，你有"发挥长处"的片面思想。但现实情况是，无论你有多优秀，你总是有弱点需要改进。即使是你的优势领域也有相对的弱点。

也许你没有办法解决造成你重大失误的混乱情绪，所以就认为最好的方法是忽略它们，把注意力放在你可以改进的地方。也许你抱着老派的心态，认为软弱的人是懦夫，所以振作起来，不要再当小孩子了。

还有一些人正在积极努力地解决自己的短板，但没有意识到他们并没有完全接纳它们。以下罗列的一些时常令人感到惊讶的例子，可以证明你忽略了C级博弈的部分内容。

- 非常努力并在许多方面看到了进展，但偶尔会有情绪爆发的日子，这让你感觉好像你忘记了一切，所有努力都付诸东流。

- 总是在寻找新的东西去学习，回撤的时候尤其如此。

- 通过抱怨"这完全不像我的作风"来为糟糕的时候找理由，然后继续前进，并不会去思考为什么会发生这种情况。

- 不断想出新的交易策略，并且每当有大的见解，你就会想：我终于找到了！这意味着从现在开始，你赚钱将会像印钞一样简单。

- 对有益健康的活动着迷，例如冥想、锻炼、运动、新的膳食等，认为这些活动就是永远克服弱点的答案。

- 对自己的交易缺乏信任，感觉你是你自己最大的敌人。

- 无法长时间停留在最佳状态中，甚至无法经常达到最佳状态。

- 暗自相信可以永远处在最佳状态。

无论造成这些问题的缺陷是什么，如果你忽视、回避或否认你的C级博弈，你就在不知不觉中毁掉了你的交易。不断纠正C级博弈中的缺陷是你的成长过程中重要的一部分。尺蠖概念提供了一种实用的方法来帮助你理解学习过程以及拥抱弱点和错误的重要性。你将能更准确地把注意力放在这些挫折、失败或错误发生的确切原因，以及在未来如何防范它们上。

围绕弱点讨论了这么多，我想再明确一点。我的目标不是让你接受自己的弱点，自我感觉良好，然后到此为止。既然你总是有这些弱点，为什么不抱着坚定的意愿来消除交易中的弱点呢？如果你认真想一想，这其实是非常简单的。你的任务就是少犯错。

推动你的"尺蠖"前进的关键是在你的C级博弈可能出现的关键时刻少犯些错。你必须好好利用这些机会，因为它们可以改变你的交易。

这些时刻是具有挑战性的。你往往情绪高涨，容易忽略长期现头。你越是屈服于这些错误，就越是会犯这些错误。学习从来都不是中立的。另外，你的巅峰和你"尺蠖"后端的力量有着直接的关联。在这些时候减少失误会让你更容易进入状态。

对来自加拿大的期货交易者布莱恩来说，少犯错这个简单的想法意义重大，他已经全职交易了大约5年。利用尺蠖的视觉呈现，他几乎可以立刻解决他大部分的贪婪和恐惧问题。这是因为他的情绪问题并非根深蒂固。相反，注意力不集中、拖延和缺乏条理这些问题才是真正的罪魁祸首。

在整个交易日当中，布莱恩一直在畅想着未来的富有生活，他将会在加勒比海上做交易，享受海岛生活。这个梦想持续地分散他的注意力，夺走了他的专注力和紧迫感，而他每天都需要这些来帮助他实现这个愿景。他省略了盘前和盘后的例行工作，不再观看视频来拓展他的交易敏锐度。他会在交易日中走神，然后直接走开，做一些与交易无关的事。

情绪似乎是随机出现的。有些时候贪婪情绪会突然发作，布莱恩会觉得自己站在世界之巅，采取过大的仓位并认为它们永远不会亏损。在其他时候，他非常惧怕亏损或做出错误的决定，只会采用最理想的交易设置，因此错失了很多机会。

一旦进入交易，他会过分关注盈亏而不是价格走势，做不到让交易自行展开。一旦股市回调，他要么迅速获利了结，要么进行恐慌性抛售，因为他不想亏钱。有时，那些错失的机会会引发对错失良机的恐惧情绪，他尝试选择顶部或底部，结果却因为逆势而行而被止损。

贪婪和恐惧的结合，再加上注意力和拖延的问题，严重削弱了他的交易能力。他担心失败，担心破产，担心让自己难堪。尽管这一切听上去很严重，但贪婪和恐惧实际上都源于一个事实——他的宏伟抱负和高期望缺乏一个帮助他实现梦想的框架和纪律。

在我们第一次的对话中，"尺蠖"概念立即引起了他的共鸣，布莱恩意识到，他之所以停滞不前，是因为他没有积极尝试向前迈进。他指出："如果你躺平，是很难前进的。"这促使我们制定了可实现的每周目标，并以每日标准来衡量进展。这让他摆脱了想马上赚钱的欲望，转而去关注每天做得更好一点的过程。

对布莱恩而言，不必追求完美这一概念很有说服力，同时减轻了他的拖延症。以前如果他不能做到完美，他就会完全跳过他的例行工作。现在，他明白了完美的标准是随着时间的推移而上升的，想要更完美就要少错一些。

他针对当天的交易和市场情况制定了一个方法，这让他受益匪浅。他做了更多的交易，有更高的盈亏比，获利也更多——他的收益风险比（R比率）从1.25左右上升到2.25。他能够在交易中停留更久，任其发展，并相信这一过程。这些都是过去他知道需要做的，但做不到的事。这并不意味着他现在找到了所有的答案，但他有了一个框架，可以解释他过去为什么如此艰难，并给予了他前进的方向，从而不断地取得进步。

坦白说，尺蠖概念和我此处提到的纠错方法并不能完全解决他的纪律问题。他需要用不同的方式来处理注意力和拖延的问题，我将在第8章继续讲他的故事并讨论这些问题。

就像布莱恩一样，为了让你的博弈变得更加强大，你需要一个更强大的基础来进行建设，而你的C级博弈就是"地基上的裂缝"。即使你没有从本节学到任何东西，也要仔细考虑以下的建议，因为它会对你的学习能力产生重要的影响。避免C级博弈错误需要一些组织和筹备。但是，即使每天只花一分钟时间聚焦在这个问题上，也能创造足够的动力，帮助你少出一点差错。

如果你不确定要在哪些方面努力，从提高C级博弈开始是最有益、最有回报的，同时也是最简单的。学习有时会让人不知所措，望而生畏且错综复杂。不过，知道你可以一直只专注于你所犯的三到四个最严重的失误，这会给你一个可靠且容易的起点。

发掘造成后端问题的原因

对你们中的许多人来说，移动"尺蠖"后端的关键是纠正支撑你的"尺蠖"后端的情绪问题。但要纠正这些问题，你必须先准确识别造成这些问题的原因。为了简化寻找根源的方法，我设计了以下的问题解决流程。

它最初是为我的扑克客户开发的，叫做心理手史。我选择这个名字是为了鼓励扑克玩家用和纠正技术错误相同的架构和逻辑方式来对待心理博弈。扑克玩家会通过回顾扑克手史纠正技术错误。心理手史将帮助你分析绘制情绪模式地图时收集到的信息，并帮助你找到处于问题核心的错误情绪模式。

对一些人来说，使用这个工具将从根本上改变他们解决问题的方式。这五个步骤分别是：

步骤1：详细描述问题。

步骤2：解释为什么会出现这个问题，或者你为什么会这样思考、感觉或反应。

步骤3：解释为什么步骤2中的逻辑有缺陷。

步骤4：对错误的逻辑进行修正。

步骤5：解释为什么该修正方案是正确的。

完成这些步骤可能颇具挑战。考虑到这一点，我对接下来五章的内容进行了组织，以便你更容易发现问题，找出你正苦苦挣扎的问题的细节，并填写你的心理手史。你也可以从其他资源中获取内容、建议和灵感。市面上有很多好的材料，只是它们往往没有被最有效地利用。

现在你已经有了一套系统，把你认为的任何对完成工作有帮助的东西融入其中。请确保在过程中写下你的答案。否则，你的脑海中会充斥着太多的事情，导致你无法深入到错误的逻辑中去，进而无法对问题和解决方案有一个详尽的了解。你也可能需要花几天时间，通过多次尝试来完成所有这五个步骤。写作可以加快这个迭代的过程。这里提供一些说明和示例来帮助你开始。

下面这个简单的心理手史的范例能让你大致了解它的全貌。从表面上看，这些答案可能显而易见。但是，当你经历这个过程并以个性化的答案完成每个步骤时，你会形成对问题根源和纠正方案更为深刻的理解。

之后，我会给你一些建议，告诉你如何完成每一步。我将在本章末尾向你展示一个更复杂的示例，你将在书中其他章节看到更多的范例。

1. 详细描述问题：我不能接受大的损失。

2. 解释为什么会出现这个问题，或者你为什么会这样思考、感觉或反应：当我遵循我的策略时是有利可图的。

3. 解释为什么步骤2中的逻辑有缺陷：当我说我的策略是有利可图时，我在暗指无论我是否完美地执行我的策略，都不会出现重大损失。

4. 对错误的逻辑进行修正：我必须学会如何承受损失，接受打击，拥抱这种感觉——伴随着良好的执行力的亏损是交易的一部分。

5. 解释为什么该修正方案是正确的：一个有利可图的策略会招致损失（有时这种损失是巨大的）。更严重的问题是让巨额的亏损超出了原本应有的范围。

● 解析完成心理手史的步骤

心理手史是解决你的后端问题的重要工具，你正是因为这些问题才翻开了这本书。以下建议将帮助你更好地理解如何完成每一个步骤，同时避免那些交易者在试图完成这些步骤的过程中常犯的错误。

步骤1：详细描述问题。首先写下你向我描述心理博弈中的问题时会说的话。如果你已经在构建一个地图来详细描述问题以及围绕这些问题的线索，那么利用这一步骤进行清晰的阐述。

你可能还想加入一些关于问题的历史的细节，因为问题的背景可能对完成接下来的几个步骤至关重要。例如，如果问题开始于6个月前，在你的生活经历了重大变化之后，比如离婚或有了孩子。不同于你无法接受大的亏损（这是一个始终贯穿于你的职业生涯的问题），这象征着一些不一样的情况。

步骤2：解释为什么会出现这个问题，或者你为什么会这样思考、感觉或反应。 我的客户经常在这一步受阻，他们认为答案是："我只是不太理性，或没有逻辑。"换言之，这是在说你就是问题所在。然后呢，解决方法就是去"修正"你自己吗？这究竟有什么意义？没有任何意义。你本身并不是问题。你的缺陷、偏差和错觉才是造成问题的原因，而这一步对弄清楚问题的本来面目而言至关重要。

心理博弈问题的发生是有逻辑方面的原因的。在某种程度上，这些逻辑显然是有问题的，因为它正在制造问题。但当你对问题有全面的了解时，因果关系就说得通了。一旦你知道了原因，了解问题出在哪里就容易得多了。

这一步可能很难做到。要解释你所知道的正确反应和你的实际反应之间为什么存在差距可能会很困难。要避免做出"我很愚蠢"或"市场坑了我"这样的回答，因为它们会妨碍你的分析。你和市场都不是问题所在。

花些时间来捕捉问题背后的逻辑。你的答案也许不完美也不完整，但你仍然有一个在一定程度上说得通的理由。问问自己："为什么我会有这个问题？为什么我会有这种感觉？为什么我的反应是这样的？"你的回答会让你头脑中的滚轮以不同的方式转动。这种情况经常发生在我的客户身上，这样做让他们获得了从前被忽略的知识，因为这个问题过去被认为是缺乏逻辑的。

最后，复杂的问题往往由多个部分或层面组成。如果你在完成这一步时发现了不止一个原因，请按照步骤3至步骤5对每个原因进行单独的分析。

步骤3：解释为什么步骤2中的逻辑有缺陷。 在本书中我一直在重申，潜在的行为缺陷是情绪反应的根源。现在，你要找出这个缺陷。

如果你没有很好地回答步骤2的问题就试图完成这一步，你就是在盲目地投掷飞镖。如果你在步骤2中很好地阐述了你的理由，那么找到缺陷就容易多了。但同样，如果这让你望而却步，请不要担心。接下来的五章将帮助你弄明白你在步骤2中找到的逻辑或原因为什么有缺陷、不完善或不准确。

最后（也是最关键的一点），客户在此处犯的最大的错误是认为感知到恐惧或其他情绪是一种缺陷。情绪从来不是缺陷，情绪是一种信号。否则，就像说发烧是导致流感的原因一样荒唐。

步骤4：对错误的逻辑进行修正。现在，我们到了帮助你解决问题的重中之重。结合步骤2和步骤3，针对造成你心理博弈问题的缺陷，确立一个直接且符合逻辑的纠正方案。

有时，纠错其实就是融入一个跟交易有关的概念或观点，你对此已经十分了解了，但还没能正确运用。在接触更复杂的内容之前，最好先学习这些概念或观点，因为：

- 这些观点很重要，无论如何你都需要掌握它们。

- 它们可能足以解决你当下所面临的问题。

- 如果它们不足以解决问题，仔细审视一下到底是哪里有问题。

步骤5：解释为什么该修正方案是正确的。这一步骤算是附加的。但对部分交易者来说，这一步能为新的逻辑添加重复性、清晰度和细节，使其更牢固地扎根于他们的头脑之中。

下面是另一个例子，它可以让你看到这五个步骤是如何协同发挥作用的：

1. 详细描述问题：当我不成功时，我对交易策略失去了信心，当我还没有在所有市场环境下熟练掌握某个技巧时，我就从一种方法跳到另一种。我认为一定有一种更持久、更有利可图的技术，而且我怀疑自己是否有能力让当前的策略为我所用。

2. 解释为什么会出现这个问题，或者你为什么会这样思考、感觉或反应：如果我失败了，我应该寻找一个真正适合我的策略。生活教给我的是，总有更好的方法——问题在于要找到适合我的那个方法。我没有时间浪费在那些已被证明是不可靠的技术上了。

3. 解释为什么步骤2中的逻辑有缺陷： 如果每当市场发生变化时，或者当我不愿意适应时，我就从一种策略跳到另一种，那我将永远无法掌握一种策略。我将继续停留在初始阶段，永远无法实现以交易为生的目标。

4. 对错误的逻辑进行修正： 初学者可以探索局面并测试新的想法，但要成为一名专家，就需要致力于一种方法，并学会调整它以及调整自身，以适应不断变化的市场。我需要信任一种策略，并尽一切可能了解它在所有市场类型中的优势和劣势。

5. 解释为什么该修正方案是正确的： 当我找到一个非常适合我的可行的策略时，继续探索其他机会会增加我失败的可能性。如果我致力于该策略，做必要的工作，并相信实证，我就给了自己更多的成功的可能。

察看解决问题的典型做法并与心理手史作对比，会发现交易者实际上是从步骤1直接跳到了步骤4。这样一来你虽然得出了理论上听起来不错的纠错方案，但并没有触及问题的根源。理解这个过程并继续使用它，将在你学习本书剩下的内容时起到很大的帮助。

● 推进后端向前

我强烈建议你至少阅读接下来五章的开篇，这些章节详细介绍了交易中最常见的心理和情绪问题。这些信息将帮助你识别影响你交易的真正问题。

正确判断这些问题可能很困难——即使是经验丰富的交易者一开始也经常弄错。我总是看到这种情况。贪婪被认为是主要的问题，而实际上愤怒才是。一个假定的纪律问题实际上是过度自信的问题。愤怒似乎是一个显而易见的问题，但事实证明，恐惧才是驱动因素。如果你只看表面，而不深入到内里，你就有可能弄错。

比方说，你不能仅仅通过察看你所犯的交易错误就准确地推断出它背后的情绪或问题。

看看这个清单：

● 强行采用平庸的交易设置；

● 在买入点犹豫不决；

● 过早离场；

● 追逐市场价格的涨跌；

● 过早移动止损点；

● 在到达盈利目标之前调整该目标；

● 说服自己放弃一个好的交易。

所有这些常见的交易错误都可能是由贪婪、恐惧、愤怒、过度自信、缺乏信心或纪律问题引起的。就其本身而言，它们并没有告诉我们任何导致这些执行错误的深层问题。你不能说你因为恐惧而过早离场，除非你已经记录了证明是恐惧在作祟的细节。愤怒、缺乏信心，或纪律都很容易成为罪魁祸首。仅仅是察看错误，你根本意识不到这些。

解决的关键是以你的执行错误为起点，开始描绘与错误密切相关的细节——你的想法、情绪、行动、触发因素，以及你对市场的看法和决策的变化。然后将你的发现与第4章到第8章的描述进行比对。

这往往是弄清楚你不由自主犯错的根本原因的开始。找到原因是头等大事，因为一旦你找到了，正如你会在第9章中看到的那样，你就能通过制定一个日常的、实时的战略来一次性地纠正问题。

你要解决的第一个问题是贪婪——你很快就会了解到一个真相，那就是，贪婪并非你所想的那样。

第❹章

贪 婪

> 贪婪是动物天性不可或缺的一部分。
> 反对它就像是反对呼吸或吃饭一样。
> —— 本·斯坦因 ——

在交易世界里，有太多关于贪婪以及如何克服贪婪的困惑。解决办法不仅仅是减少贪婪——这就像是说不要太有野心一样。真相是这样的：解决贪婪的问题之所以如此具有挑战性，是因为这种情绪实际上没有什么特别的缺陷。相反，你会发现贪婪的根源在于导致恐惧、愤怒、过度自信和缺乏自信的缺陷、偏差和错觉。而根源往往在于过度自信。

过度自信是一种不可战胜的感觉，你自以为可以在任何交易中成功，能轻松赚大钱。你毫无顾虑，抱有一种"这算什么"的心态。你有着盲目的信念，对风险视而不见。在这种情况下，过大的野心是对你赚钱的能力和方式的过度自信。

另一方面，如果贪婪来自自信的缺失，无论赚多少钱你都觉得不够好。驱动你贪婪的是不断追求更多财富，这是基于一种错误想法，即钱能够产生持久的满足感、自豪感和自信。或者，一次回撤引发了你对自己能力的怀疑，你为了快速消除对自己赚钱能力的任何质疑而变得贪婪。

愤怒是一个常见的同谋者。报复性交易是在经历了一连串不幸的损失之后的激烈反应的缩影——你在1个点的位置止损，市场却在你离场之后朝着你的利润目标冲刺。这种情绪可能看起来像贪婪，但其实是愤怒。你接着将头寸翻倍，但很快又被止损出局。你现在生气是因为你知道自己在犯错，于是你又强行交易，试图弥补错误。

在较小的程度上，恐惧也会潜伏在贪婪的冲动背后。害怕错失机会是最常见的问题。你不想错过一个大的机会并贪婪进场，以防趋势持续，但进场太晚了。当你看到其他交易者在赚钱，而你也想赚钱时，就会产生一种恐慌的感觉。你最终追逐价格并为更糟糕的价格辩护，因为这个机会**仍然在"感觉上是对的"**。除了害怕错失机会之外，对损失、犯错和失败的恐惧都会促使你做出看上去像是贪婪的举动。

交易完全是为了赚钱，但是贪婪却让你赔钱。你对赚取更多利润的无节制的欲望迫使你做出一些决定，从长远来看，这些决定会降低你成功的概率。市场会惩罚你试图从每一笔交易中榨取每一分钱并将收益最大化的行为。当然，情况并不总是这样——有时贪婪也会让你大获全胜或完美离场。但是，如果你不认为贪婪是个问题，你就不会在读这本书了。

有很多有关贪婪在整个社会中发挥积极或消极作用的理论和争论。这种争论已经超出了本书的范围。我所关注的是改善你作为一个交易者的执行和表现。对你们中的许多人来说，这意味着遏制贪婪对你的盈利能力造成的破坏。

对于那些看着电影《华尔街》中戈登·盖柯那句著名的"贪婪是好的"（Greed is good）的台词长大的几代人来说，这可能显得有违常理。只是我们必须要记住完整的句子。盖柯的原话是："女士们、先生们，我想说的是，贪婪——在没有更好的词的情况下——是好的。""没有更好的词"是区别所在。**野心**可以是那个更好的词。

贪婪的本质

在你试图理解贪婪的本质的时候，查看韦氏词典的定义会很有帮助："对某样东西（比如金钱）自私且过度的渴望，超过了基本需求。"因为我们是从个人表现而非社会的角度来讨论这个问题，我们可以掐头去尾，只保留"过度的渴望"这个表述，它完美地概括了这个问题。贪婪是一种情绪，表明你的野心变得泛滥。

野心是一种好胜的欲望，渴望变得更好、更成功、赚更多的钱。它是你阅读的驱动力，比如读这本书，来进一步磨炼你的技艺。野心是获胜的驱动力，但你同时要理解损失是不可避免的，且损失往往有助于你获得更高水平的成功。你不会把迈克尔·乔丹的野心称为贪婪，或说任何一个努力争取最高水平的成功的运动员是贪婪的。不，我们会说他们有一种强烈的获胜的渴求、意志和动力。我们赞赏他们的不懈努力和远大梦想。这是贪婪吗？当然不是。把你自己想象成一个运动员，贪婪就变成一个表现问题。

贪婪存在于所有的竞技舞台。虽然运动员对胜利的渴望不会被刻画为贪婪，但这并不意味着他们在竞技时不贪婪。但作为观察者，我们不能肯定地说哪些决定是贪婪的，哪些不是。意图很重要。

思考一下那些试图大显身手的运动员，像是橄榄球后卫试图捡回失球并持球跑，或棒球运动员试图在打成平局的比赛的第九局下半局两次出局的情况下，通过二垒短打得分。无论他们是否成功，如果他们像往常一样评估风险，那么适度的野心和对胜利的强烈渴望很可能是推动这一决定的原因。如果想要取得个人荣耀的渴望凌驾于团队的目标之上，或者存在向质疑者证明他们理应被归入职业选手的行列的需求，那么很可能是某种程度的贪婪影响了他们的决定。

用来形容贪婪"过度"的程度因人而异，不能仅从外部来判断。总会有一些例外的人——那些在相当长一段时间内获得巨大回报并表现出贪婪的交易者。然而，对他们来说，这可能不是贪婪，只是看上去像贪婪而已。你无法从表面得知某人什么时候跨过了从野心到贪婪的边界。不要比较，把注意力放在自己身上。

对你而言，野心转变为贪婪的边界在哪里？你也许已经知道了。就是在你无法克制自己的时候。常规的建议听起来很简单。不要让贪婪蒙蔽了你。你不可能在一次交易中完成资本积累。遵从你的交易计划，保持纪律性和耐心。但是在白热化的时刻，你赚钱的动力盖过了这种逻辑，而且你很难知道应当在什么时候抑制这种欲望，什么时候不抑制。

最终，你不得不时刻警惕贪婪并控制你的冲动，这甚至不是你想要的交易方式。就像赛马中的一匹纯种马，它会在可以自由地尽情驰骋时跑得更快，而不是当骑师不断拉动缰绳的时候。

身处在一个财富瞬间起落的行业中，你不能依赖于快速分析贪婪是否绑架了你的决策。目标是去纠正那些将你的野心变成贪婪的潜在缺陷、错觉或偏差。然后，你就可以尽情地驱动自己，你会在你的战略范围内自动做出决定，因为你知道这是能够让长期盈利最大化的方式。

贪婪的常见标志

当野心达到一定程度，决策变成了妥协时，就意味着贪婪出现了。你开始更多地关注财富和你的账户余额，而不是百分比或价格走势。你觉得自己需要赚钱，所以你冲进一场交易中，但随着交易变得激烈，你的判断变得更加模糊。想着你即将取得的胜利，沉醉于自己的聪明才智，你错过了一个明显的平仓点。

之后呢？你最终做出了你知道从长远来看是错误的决定，但你无法控制自己。你被驱使着寻找最好的进场和离场的时机，赚取高额回报，并从每一笔交易中获利。有一种无法抑制的渴望，永远都得不到满足，这种渴望现在就需要金钱，它的强烈程度让你对风险视而不见。

贪婪忽视风险，不考虑优势、策略或系统，只顾寻求利润。它出现在各种各样的情况下。你有一种盲目的乐观，认为事情一定会按你所希望的方式发展，并永远保持上升趋势。或是你幻想着从交易中获取高额利润，把你的目标定得过高，并想象自己将如何处置这些利润。你没有评估整体形势并决定是否值得冒这个险——你只关注钱，却没料到会输。

你杠杆率过高、仓位过大、加仓赢家、开了太多仓位，并认为你可以击败市场。你不卖出。"让赢家跑"是你本应该做的，所以你移动你的利润目标，认为你可以把它变成一个"全垒打"。或者是你卖出了，但马上又买入，因为它可能成为大牛股，如果你在一旁观望，你会后悔地打自己一拳。

对一些交易者来说，贪婪只在下跌时或进行了一连串盈亏平衡的交易后才开始出现。你感觉必须立刻赚到钱。你的注意力完全在钱上。你看到其他交易者在交易中赚钱，忘记了还有更多适合你交易风格的机会，并贪婪地去追寻一切你能追寻的东西。但你再次止损，然后你又以两倍的头寸重新进场。也许你比较走运，你又获利了。现在，你渴望更多，试图榨取每一分钱，希望不会回撤。

贪婪的一些具体表现还可能包括炫耀盈利，谈论你的仓位涨了多少，让自己看上去已经搞定了一切。建立过大或过于集中的头寸，想着自己不会输。因为看到别人扎堆进场，就省去了你的一贯的流程，争相进场。你觉得自己在任何时候都应该获利。总是想要更多，永远不会感到满足，并且有时候逃避正确做交易所需的努力和纪律。

现在，你对需要留意的贪婪标志有了些许认知，你已经准备好绘制你的模式。

描绘你的贪婪

当你越界并做出有违认知的决定时，你不是在有意识地做决定。贪婪已经俘虏了你，你被迫交易、停留其中、加仓、加更多的杠杆，恨不得从每一个点中榨出钱来。情绪是强大的，尤其是贪婪，为了有机会纠正它们，你需要绘制标志着贪婪升级的信号。

以下步骤将帮助你创建一份真实的记录，它将成为你的贪婪地图。

● 步骤1

在接下来的几周里，密切关注你的贪婪模式。检查并捕捉暗示贪婪已成为问题的标志，包括：

- 思想
- 情绪
- 大声说的话
- 行为
- 行动
- 决策的改变
- 你对市场、机会或当前头寸的看法的改变
- 交易中犯的错误

同时一定要留意引发贪婪的事情，比如盈利、一连串的亏损，或预感到一个巨大的机会。在你交易的时候，在电脑上打开一个文档或在你身边放一个记事本，并在一整天的时间范围内持续做笔记。在交易日结束后，回顾你的发现并补充额外的细节。要尽可能的全面。

当你第一次做笔记时，会有大量的想法席卷而来。你不会在第一次尝试时就完美识别出所有的细节。如果刚开始对你来说很困难，不要担心。每个人都有自己的起点。利用你的发现，并逐渐积累。如果你花了三个月的时间才做好，那又怎样？只要你持续努力并加以思考，你就会学到更多的东西，更加接近事情的全貌。以下问题可以帮助你开始：

- 哪些情况通常会让你变得贪婪？

- 你的身体是如何反应的？例如情绪高涨、变得亢奋，或高度聚焦？

- 你能否形容一下野心在什么时间点上变得过度并转变为贪婪？

- 你的脑海中具体在闪现什么？有哪些想法？

- 你的决策过程有哪些不同？

- 标志着贪婪成为问题的最早的迹象是什么？

描绘贪婪是一个迭代的过程。当你发现新的细节时，哪怕只是轻微的调整，也一定要把它们加进去。小的细节很重要，是决定你是否会取得进步的关键。

● 步骤2

现在，你要把你的笔记整理成一个图表，采用1到10的区间，按照**逐级递增的严重程度**为你的观察结果打分。例如，打1分意味着有强迫某种结果发生的轻微冲动，而打10分则意味着无节制的贪婪。在每一个等级中，找出能明确将该等级和其他等级区分开的细节。

在你评定严重程度时，把它们分成两类：贪婪的心理和情绪层面，以及技术层面。它们是一一对应的，所以心理和情绪层面的1级相当于技术层面的1级，以此类推。

一定要以你个人对贪婪的体验为基础。每个人都有自己的表现区间，如果你参照另一个交易者的标准来评判自己，你就有可能高估或低估你的贪婪的严重程度，这将降低你的策略的有效性。

你也不需要掌握所有十个级别的细节。与我合作过的大多数交易者都无法将他们的思维模式区分到这种程度。完成得越多越好，确保你至少完成三个等级。下面是一些区分不同贪婪级别的问题：

- 是什么引发了第1级中强制获利的初始冲动？它之后是怎么增加或累积到更高的水平的？例如，在结束当天第二笔成功交易之后，你开始思考你职业生涯的这个大日子，而忽略了你的策略。结果，你移

动了现有头寸的盈利目标。当这让你取得成功时，你开始盲目地进

入交易，以为你会成功。

- 哪些迹象表明贪婪程度还很低且仍然可控？
- 哪些迹象表明贪婪已经变得不受控制并完全干扰了你的执行？
- 当你的贪婪等级上升时，你对市场、机会或当前头寸的看法有什么
  不同？
- 与第5级和第10级相比，第1级的决策过程有什么不同？

然后，把你已经分类的细节整理成一张图，像这样。

贪婪等级

描述凸显你的每个贪婪级别的想法、情绪、言语、行为和行动。至少完成3个
等级。

1. 开始思考金钱的效用。想要锁定收益。我想做笔大的交易来保住盈利并实现
更好的回报，来证明自己的进步。

2.

3.

4.

5. 我不知道是否该移动我的盈利目标。现在已经非常接近目标了，我可以现
在就锁定收益，但我可以把目标移得更远。如果我继续交易，我就能锁定更长久的
收益。

6. 我不知道是否应该跟踪止损，我不想有任何利润回吐。当别人问起我的交易
情况时，我更加恼火了。

7.

8. 我放弃了我的交易计划，但保持了一个明确的止损和盈利目标，所以目前仍
然是安全的。我变得更加自我，想搞清楚市场是站在我这一边还是站在对立面。

9.

10. 我想赚取最高的绝对回报，现在就要。我放弃所有掌控，此时此刻只专注于赚钱。没有更长远的思考。

技术等级

描述每一级别的决策质量，以及你对市场、机会或当前头寸的看法。

1. 没有变化。

2.

3.

4.

5. 开始感觉到针对我的交易计划的情绪；有一种想要改变的冲动。

6.

7.

8. 没有一个计划，一切都基于我对市场走势的感觉。移动止损点和盈利目标。更多的是对钱的感知。

9.

10. 手动管理交易。查看每分钟的走势，试图通过观察市场的每一个变化来获得最理想的价格。观察K线图上每一根5分钟或10分钟的K线，而不是1到4小时的K线。（交易通常持续1天到2周不等）。

有些人会认为要做到这一步是不可能的，因为贪婪的迹象都很极端。小的迹象是存在的；只是你还看不到它们而已。这是一个不断迭代的过程。通过密切关注情绪累积的情况，持续推进这一过程。请记住，做这件事的一个最佳时机是在贪婪占了上风以后。你需要像侦探一样，察看为什么贪婪会发展到这个地步，以及下次能让你有所察觉的迹象。

一旦完成，你就有了一个坚实的草案，你可以在交易时使用它来**识别你的情绪模式并快速做出修正反应**。由于纠正这些模式需要大量的经验和训练，所以直到你获得一致的证据，证明它已经彻底地改变之前，不要轻易修改你的情绪模式地图。

贪婪的真正原因

当你在练习绘制情绪模式地图时，你也许能查明一些驱动因素——贪婪或其他情绪。但要真正评估贪婪，你需要知道是什么驱使你做出这个决定，而这要由你来确定。对一个交易者来说可能是贪婪的交易，对另一个交易者来说可能是执行得很不错的一笔交易。关键是要弄清楚在看似贪婪的表面之下潜伏着什么缺陷。

为了说清这点，让我们看一下四个交易者的故事，他们在接受辅导之前都发现自己有贪婪的问题。在每一种情况下，与恐惧、愤怒、过度自信和缺乏自信有关的缺陷被证实是其主要的驱动力。

首先是亚历克斯，一位来自德国的有16年交易经验的老手。他在一家大公司工作多年，是一个电力和天然气期权的做市商。目前他在一家石油交易集团工作，主要负责他们的算法期权交易。他还业余交易着一个个人账户，这是他来找我辅导的主要原因。

对亚历克斯来说，贪婪以一种特殊的方式出现——他感觉自己在成功的交易中没有赚到足够的钱。他渴望获得高额回报并发现自己对此很着迷，而且他经常为过早平仓或说服自己放弃本可以大赚特赚的交易而感到后悔。

乍看之下，与你将读到的其他故事相比，亚历克斯的贪婪案例微不足道。但是，他的故事值得被强调，因为即使是被标记为贪婪的心理博弈问题的小案例也需要被纠正。我会在下一章中接着讲述亚历克斯的故事，届时你会发现，贪婪暗示着害怕出错的恐惧，这也合理解释了他为什么在很大程度上表现不佳。

正因为他错过了许多潜在的获利机会，他有充分的理由去思考那些高额回报。

第二位是来自美国的交易者罗德里克，他有十多年芝商所（CME）［芝加哥商品交易所，简称芝商所］所有全球产品、美股和外汇的交易经验，他的贪婪要明显得多。他是一个异常勤奋的人，对亏损或错误的反应很糟糕。接着他会强行交易，试图夺取比市场给予他的更多的利润。他努力平复情绪却急剧失控，最终造成了当日的巨大亏损。相反，在他轻松赚到钱的日子里，他想赚得更多，再多的金额对他来说都是不够的。

当贪婪出现在罗德里克身上时，他会试图在缺乏适当的优势或足够好的系统的情况下赚钱。他知道这一点，最初他认为担心生计和账单是问题所在。他试着提取一整年的生活费并将它存起来，以照顾自己和家人的生活，但这并没有改变什么。"也许是因为知识缺口。"他如此推测。这个想法驱使他更加深入市场，试图获得尽可能多的知识，然而，无论他学了多少知识，他贪婪的赚钱企图仍未停止。

当我们开始着手解决时，很快就发现罗德里克认为的贪婪实际上是愤怒。他讨厌犯错，在他看来，亏损就是一种错误。他期望每笔交易都能赚钱，期望能交易得更好，赚更多的钱，永远不错过任何机会。未能实现这些期望意味着他的表现不完美，这引发了愤怒的爆发。在第6章中，我会继续讲述罗德里克的故事，你将看到他如何纠正他对完美的不切实际的预期。

接下来是来自法国的外汇交易者迈克斯。他大约在五年前开始交易，起初是为了向他的朋友证明他可以做好交易，之后就着了迷。在过去的两年里，他已经能够维持全职的收入水平，并希望最终能得到投资者的投资资金。然而，要达到这个目的，他首先需要控制住自己的情绪，也就是贪婪。

从表面上看，迈克斯对自己的进展很满意，但内心总有一种隐藏的冲动，他不断与之抗争。例如，当价格处在一个很好的区间时，尽管他知道要等待合适的进场时机，但想到可以赚很多钱，让这个月的业绩大不一样，他就会匆忙进场以免错过机会。他很想赚钱，因为这让他感觉很好，比如可以给他一种他正在取得进展，也很清楚自己在做什么的感觉。

对迈克斯来说，在经历一连串的不亏不赚或亏损的交易后，贪婪会变得更加严重。他希望当下立刻就能获得绝对的最佳回报，却忽略了长期战略或制定好计划的重要性。他会迫不及待地去做一个意义不大的交易。

在我们的第一次和第二次的会话之间，迈克斯非常努力地绘制了他的贪婪模式，并且能够区分10个级别。上一节中的范例是他在我们第一次会话之前整理而成的草稿。下面是第二个版本。

贪婪等级——第二版

1. 登录我的证券账户，简单浏览一下盈亏的金额。我目前正在做一个交易。如果收益为正，我会感觉良好；如果是亏损，我也不会受到负面影响。

2. 开始思考金钱的效用。想锁定收益。我想做笔大的交易来保住盈利并实现更好的回报，来证明自己的进步。

3. 思考我还需要多少以百分比或以美元计算的回报来覆盖这个月和下个月的开支。我对这些交易感到很兴奋，觉得这很棒，我重回正轨了。

4. 想知道其他人——其他交易者、家人、投资者——会如何看待我的交易。我很乐意和别人深入探讨我的头寸，而不是用简短和谦虚的论调。**我想要与他人分享并炫耀一番。**

5. 我不知道是否该移动我的盈利目标。真的已经很接近目标了，我可以现在就锁定收益，但我可以把目标移得更远。如果我继续交易，我就能锁定更长久的收益。

6. 我不知道是否应该跟踪止损，我不想有任何利润回吐。当别人问起我的交易情况时，我感到更加恼火了。即使我不需要监控市场走势，我也一直待在电脑前。

7. 我不想亏损或把钱还给市场，所以我一刻不停地思考我的交易。我驼着背，紧盯着屏幕，除了盯着实时图表以外什么也不做。我无法让自己远离它们。

8. **感觉交易变得更加主观了，市场好像时而与我为友，时而与我为敌。**我放弃了我的交易计划，但保持了一个明确的止损和盈利目标，所以目前仍是安全的。

9. 我认为市场是可控的，我认为我可以理解市场的走向——无论是走高还是走低，我都能够预测。我紧盯着屏幕，只要有人跟我说话就不耐烦地打断。

10. 我想赚取最高的绝对回报，现在就要。我放弃所有的掌控，此时此刻只专注于赚钱。没有更长远的思考。

在迈克斯的原始草稿中，贪婪的第一个信号是思考金钱的效用，但现在他把它放到了第2级，而第1级是观察交易的盈亏。这很重要，因为这使他能够在仓位较小的情况下尽快纠正贪婪问题。

通过审视助长他贪婪的深层情绪，你会注意到前文标粗的两句话提供了线索。贪婪是被自信背后的弱点所助长的。迈克斯有合理的愿望，但内心深处想要证明自己的迫切心理导致他做出了超出他策略范畴的决定。在第7章中，我会接着讲述他的故事，同时向你展示他是如何消除贪婪并在自信方面取得显著进步的。

让我们再来看看另一位交易者。当我第一次见到来自美国的克里斯时，他已经全职交易了大约7年的时间。他通常是做股票和美国指数期货的日内交易，并进行外汇和期权的波段交易。对克里斯来说，贪婪迫使他无视预先计划好的目标，并试图打出全垒打。更多的时候，贪婪伤害了他。但他忍不住。悔恨的情绪威胁着他，迫使他过于努力，以避免错过潜在的全垒打机会。

他贪婪的根源在他成为全职交易者之前就已经种下了，当时克里斯过早地卖出了他计划持有的一只股票。在卖出后的一个月内，该公司被收购了，而其收益原本能彻底改变他的生活。

十年过去了，但痛苦仍历历在目。当我们分析原因时，也思考了他为什么会在过度自信和缺乏自信之间来回摇摆，以及他大发脾气并怀疑自己的策略的时候，所有的道路都指向同一个地方——对完美的期待。在第7章中，你会看到克里斯是如何化解痛苦的，以及如何消除因追求完美而产生的情绪波动。

你可能已经注意到，这四个交易者中的两个变得贪婪的根本原因都是对完美的期望。这是我在恐惧、愤怒和信心章节中会谈到的一个话题，因为它是造成一些高度进取的人情绪不稳定的一个常见原因。我对追求完美以及获得最高水平的成功的渴望表示赞赏，但期望达到完美又是另一回事。因为这是不可能实现的，期待完美总是会造成你在心理博弈中的情绪不稳定。

正如你在亚历克斯的故事中所看到的，贪婪可能与恐惧有着密切的联系。对失败的恐惧，对表现不佳的恐惧，对一天交易结束时的钱比开始时还少的恐惧——交易与一系列的恐惧有关。事实上，你可能对交易中的恐惧太过熟悉，以至于你假定这种情绪一定存在。一定程度的紧张是必然的，没错。但是，通过深入了解致使你过度恐惧的具体原因，你就可以确保恐惧不会破坏你的获利能力。这正是我们将在下一章中讨论的内容。

第 **5** 章

恐 惧

我们可以轻易地原谅一个害怕黑暗的孩子；

人生真正的悲剧是当人们害怕光明。

—— 柏拉图 ——

交易中的恐惧是众所周知的，它可能被夸大了。这一点很重要，因为要清楚地识别并解决你的恐惧问题，你需要具体了解。你可能已经为自己贴上了一些问题的标签。害怕亏损、害怕犯错、害怕失败。这些都是真实的恐惧，我将在本章后段讨论它们。

但我们也需要解决人们对恐惧的误解，也就是恐惧到底是什么，不是什么。没有这种区分，我们就无法识别并纠正导致真实恐惧的行为缺陷。

误解很容易滋生，因为交易远比一般的工作要紧张得多。想象一下，如果员工的薪资是基于他们的日常表现，商业世界会发生多大的变化。如果他们表现不佳，就从他们的工资中扣钱，那会怎么样？从这些方面考虑，即使是职业运动员也不会面临同等的压力。汤姆·布雷迪不会因为掷出的球被拦截而被扣工资，泰格·伍兹也不会在锦标赛的第一杆发球时就亲手奉上五万美元。

即使你在一家自营交易公司或是一名机构交易者，并且面临风险的也不是你的钱，犯大的错误或持续表现不佳仍然会让你的管理规模缩水，或让你被解雇。所有这些例子都表明，自然的神经紧张是交易中固有的一部分，而且很容易把它们误认为是行为缺陷产生的焦虑和恐惧。

另一个常见的并非由行为缺陷引起的恐惧来源是薄弱或不完整的交易策略。当你不清楚自己如何赚钱、应该做什么交易，或者亏损是由于失误还是运气不佳时，更高的不确定性是无法避免的。这种不确定性会造成越来越多的紧张、怀疑和恐惧情绪，因为你衡量和评估自己交易的能力不够精准。从表面上看，这些情绪可能标志着你策略中的弱点。

来自英国的交易者维沙就是如此，他大约六年前开始交易。他是一个利用技术分析来推动他在外汇和期货市场的决策的交易者。他的策略中有很多自主决策的部分，他会用直觉来决定是否进行交易。正是在这个部分，维沙感受到了大量的焦虑情绪。

在执行的那一刻，他会犹豫不决。维沙的脑子里充斥着各种问题，比如"这个交易怎么样？还有这个？或者这个？"然后，他会突然怀疑交易设置。如果他跳过了一笔亏损的交易，他会觉得自己做的是对的；但如果它盈利了，他就会痛斥自己，说一些像是"我本应该做得更好""我明知道这笔交易看起来不错"之类的懊悔的话。

起初，我们花了些时间来描绘维沙的恐惧并发现了他对"正确"的过度渴望。不过，当我向他指出，对他而言，现阶段的交易应是由10%的心理因素和90%的技术因素组成的时候，转折点出现了。这让他回到了交易的基础上，他意识到了他带到实战中的交易计划还不够全面。他总是犹豫不决是因为他有太多未解答的问题。怀疑和犹豫是他策略中弱点的信号。

他对自己交易的态度变得更加开明。迟疑和亏损这两点在过去会激起他的自我批评和额外的恐惧，现在变成了质疑交易中的技术元素、完善策略，并使他的方法更具系统性的机会。

他还减少了花在屏幕前的时间。除非收到预警，否则维沙会将屏幕关掉，转而在他的优势上下功夫。通过花时间提前解答许多他在执行时可能会遇到的问题，他得以巩固自己的交易策略。

为了使他的自主决策过程更加自动化，同时保持可量化的优势，他付出了艰辛的努力。其回报是维沙见证了自己情绪方面的巨大变化。现在，他更依赖于实际数据来评估交易，并确信他有足够的技术优势，即使错过一些交易也没关系。

最重要的是，在执行的时候，他的大脑不再被问题填满，因为他已经解答了这些问题。现在问题都会出现在交易结束后，即他反思如何改进的时候。整个交易过程中的众多干扰都已经被清除，这不仅改善了他的执行，也提高了他相信自己的直觉并从中学习的能力。

我并不是在暗示一个交易计划，或是像这样研究你策略中的漏洞，就是解决所有人恐惧的良方。但是，拥有一个交易计划可以让你更清晰地看到恐惧的源头。如果你有一个经过调查且优势已经得到验证的计划，你就有了一个可以信赖或者你知道是有效的工具，这就消除了一些不确定性。之后，如果紧张、怀疑、担心、压力或焦虑阻碍你执行你的计划，这就明确表明恐惧是由本章后面提到的某个缺陷造成的。

在理想的情况下，焦虑和恐惧的作用在于凸显你对市场、头寸的解读，以及你希望与市场保持一致的策略出了问题或未知。如果情况确实如此，就意味着你的心理博弈是坚实可靠的，基本上不存在通常会导致恐惧的缺陷、看法或错觉。然而，对你们中的许多人来说，情况并非如此。比如，你可能会：

- 担心爆仓；
- 让头寸规模始终保持很小，特别是你觉得可能会大获成功的头寸；
- 远离交易，担心出错；
- 经常想着破产；
- 避免做那些可能波动很大的交易。

为了更清楚地审视你正在面临的问题，首先排除这不是正常的竞争带来的紧张或薄弱的交易计划造成的后果。一旦完成了这一步，你就该着手深入研究是什么在驱动你的恐惧了。

恐惧的本质

如果要彻底解决引发你恐惧的问题，你就需要了解交易中的恐惧来自何处。恐惧在根本上可以被简化为不确定性。是的，这样过于简化了。但是，请试想一下：当你有确定性的时候，你就不会恐惧。未知因素已被除掉了。

想象一下，你害怕亏损并且因为最近的一次回撤而特别紧张不安。但在开盘前的几分钟，一个会魔法的交易精灵出现在你的肩头并告诉了你当天的结果——你提前知道在第一小时之后会有一些小的损失，但下午的两次大的盈利会使这一天收获颇丰。

紧张不安、神经紧绷和恐惧将瞬间消失。你会为这一天的盈利而感到激动，更重要的是，你的恐惧不会被触发并让你损失一部分午后的利润，你很肯定早些时候的损失不会影响到你。

当然，并没有什么交易精灵。但是，有些交易者还是能承受巨大的损失而不感到恐惧。他们是如何做到这一点的呢？他们的共同点是确定性。他们非常确信他们的策略会得到回报，所以他们根本不担心短期的损失。他们还确信自己有能力找到赚钱的方法，在市场条件发生变化时做出调整或制定新的策略。

确定性是恐惧的解药。我并不是说最终的目标是要始终保持确定性。这根本不切实际。相反，我想说的是，确定性和恐惧不能并存，而不确定性是恐惧的温床。

不确定性本质上是一个你没有答案的问题，或是你没有足够的经验来证明你已有的答案是正确的。当这些问题没有答案或答案没有得到证实之前，怀疑的情绪就会挥之不去，忧虑堆积，最终这种担忧积累成了焦虑。如果这种情况持续足够长的时间，它就会变成恐惧。

　　和其他情绪一样，恐惧也是分等级的，最开始以问题的形式出现。你需要深挖你的恐惧，把那些没有得到解答的、未经证实的、不清楚或不确定的问题找出来，因为它们表明了你在内心更深处想要知道什么。以下是一些交易者的常见问题：

- 为什么我在亏钱？

- 我为什么会犯这种错误？

- 我应该在这个点位更谨慎一些吗？

- 我正在看的这笔交易值得做吗？

- 如果我在分析中遗漏了一些东西怎么办？

- 我做错了什么？

- 我什么时候才能再次盈利？

- 我怎么会如此愚蠢？

- 我会成为一名成功的交易者吗？如果我不能从交易中赚钱，我该怎么办？

- 我已经错过了吗？我能够搞清楚原因吗？

　　有时这些都是合理的问题，它们停留在你的脑海中挥之不去，没有被解答，或者还无法被解答，这造成了更多的不确定性。其他时候，这些问题会得到自动的回答，比如"因为我很愚蠢，所以才会犯这些错误""我再也赚不到钱了"，或者"我最终会在企业中做一些没有灵魂的工作，因为我不是一个足够好的交易者"。这些答案产生了次级情绪并加深了恐惧情绪。

　　更重要的是，这些问题往往带有缺陷。当你问"我做错了什么"或者"我怎么会这么愚蠢"这样的问题时，你已经假定了自己做的是错的并且很愚蠢。当你问"我什么时候能再次盈利"时，你已经假定自己知道这个答案了。

　　不确定性是你的职业中的一个核心元素。你需要从内心深处接受这一事实，就好像它已经被编入你的DNA中一样。但作为一个努力控制恐惧的交易者，仅仅接受不确定性是不够的。你需要识别并纠正那些迫使你在无法拥有确定性时需要确定性的潜在缺陷。

恐惧的常见标志

恐惧剥夺了你评估风险、思考、决策、信赖自己的直觉和预测的能力，并使之与你为敌。更好地理解这种情况是如何发生的以及为什么发生，将有助于你发现造成你恐惧的缺陷。当你开始分析你的恐惧模式时，想一想下面描述的五个常见的恐惧信号出现的情况。避免将它们看作负面的冲动——它们只是凸显了你大脑的一些功能出了差错。

● 风险厌恶

交易之所以能提供盈利的机会，是因为风险。因此，从表面上看，交易者如此艰难地应对这一基本常识似乎有违常理。然而，这种情况无时无刻不在发生。你会看到交易者犯各种错误，比如为了规避趋势逆转的风险不继续持有赢家股；在他们有很大的把握时不建立更大的仓位，因为担心他们会再度爆仓；或者避免风险回报比率略高的一笔交易，因为它看上去像是投机。正如你已经学到的那样，诸如此类的错误是真正的信号。

为了理解风险厌恶的作用，我们需要更客观地看待这些行为背后的原因。你在保护自己免受什么伤害？你在努力规避什么？在前一段列举的三个错误当中，你可以看到有一种想要避免亏损、爆仓和投机的愿望。没有人想要这些结果——这就是问题的关键。

风险厌恶本质上是一种自然反应，以保护自己免受与负面结果相关的痛苦。就像如果有人要打你的脸，你会本能地举起手臂保护自己一样。现在的情况有所不同，如果你要被一个两岁的孩子打一拳，你本能地举起手臂作为防御的可能性有多大（除了做出夸张的姿态逗孩子捧腹大笑）？没有疼痛的威胁，就没有什么好害怕的。区分这一点很重要，因为风险厌恶很可能不会在每笔交易中发生。

有时风险厌恶是出于实际原因，比如当你对市场没有很好的感知，难以评估风险的时候。这样的风险厌恶不是问题。也许在之前类似的情况下，你的交易表现不佳，让资金承受了不必要的风险。现在你已经更明智了，需要完成从过度自信到谨慎的转型。然而，谨慎可能感觉上很像恐惧或风险厌恶，尤其是当过去的阴影提醒你不要再犯同样的错误时。

随着你不断向自己证明，即便当你对市场的感知并不清晰时，你依然能做出明智的决定，你对这类风险的厌恶就会逐渐消失。在这种情况下，你真正厌恶的风险是过度自信对你的资本构成的威胁，而不是市场风险。

本章详细描述的所有类型的恐惧都会导致风险厌恶。事实上，其他问题，例如贪婪、愤怒和信心不足，也可能会造成同样的后果，特别是当这些问题为人所知但得不到控制时。

通过规避风险，不让这些问题出现，投资者得以保护自己。当这些问题发生的风险变大时，他们会有意无意地认识到这一点并将其纳入风险的测算。如果一次损失引发了贪婪或愤怒，就会造成进一步的回撤，损害信心，让交易者连续几周表现不佳。

快速提示

只有当你开始解决恐惧、愤怒、贪婪或信心问题时，纠正风险厌恶才有意义。否则你有可能造成更多的混乱。一旦你取得进展，风险厌恶就会自动消失，或是你需要迫使自己承担更有利可图的风险。一开始，这可能需要信心的飞跃，所以在迫使自己承担更多风险的同时，要考虑设定一个具体的投资金额。很多时候，仅仅是知道你的潜在亏损是有限的，就能帮助你摆脱对风险的厌恶。

● 过度思考

在你处于最佳状态时，思维是受控的，想思考就思考。如果你想思考一个特定的主题，你就去思考那个主题。当然，一些无序的想法可能会浮现在脑海中，或者你的想法可能会朝着无法预知的方向发展，但当你想停止思考时，无论是泛泛的思考还是关于某个特定主题的思考，你都可以轻松做到。

当你的大脑被焦虑和恐惧驱使时，情况就不是这样了。你的大脑无法安定下来。市场发生了一些你意想不到的事情，而你似乎在一瞬间迸发出无数的念头。或者，在经历了一连串的失利之后，你的思维还在原地打转，一次又一次地思考着同样的问题——"我还能赚钱吗？我的策略还可行吗？为什么我如此冲动？"每一次的重复思考都不会得到任何新的答案，它只会让你更难把注意力集中在市场和策略的执行上。

在你完成一天的工作之后，你试图享受与家人或朋友在一起的时光，但你担心有一个头寸规模太大，总是忍不住去想它。你想知道如果市场崩盘，或者你所有的头寸突然对你不利，会怎么样。当你试图放松的时候却焦躁不安——你的大脑不允许你这样做。睡觉变成了一项挑战。思绪在你的脑海中翻腾，你越是疲惫，这些思绪就越难以控制。

发生过度思考是因为你无法找到深层问题的答案。如果说恐惧的解药是确定性，那么过度思考就是你的大脑在拼命地试图寻找确定性。当恐惧特别强烈时，你的头脑不会停止思考，直到它得到一个答案，或是你要么已经筋疲力尽，要么心烦意乱。发生这种情况的原因之一是大脑中被称为工作记忆的部分受到了制约。

工作记忆是你思考的地方。它是你头脑中声音的栖息地，就像你头脑中的一块白板，你在那里有意识地拼凑信息碎片并解决问题。

在正常情况下，你在工作记忆中一次可以接触5到9条信息。大脑的这一部分本来就很局限了，但焦虑和恐惧使这个数字进一步缩水。你难以回答导致你恐惧的问题，因为你缺乏足够的空间来思考所有相关的数据。想象一下，你试图通过一次只看3块拼图来拼完1000块拼图——你的大脑会超速运转，拼命地试图寻找解决问题所需的拼图。

快速提示

写作是一个克服思维局限的很好的工具。由于过度思考会在你的头脑中制造困惑和混乱，写作可以帮助你更有效地找到答案。当你意识到你的思维正失去控制时（无论是在交易日当中还是之后），写下你所担心的事情以及原因。能够看清并阅读你的想法可以带给你一个全新的视角，这就像是同时看到3块以上的拼图一样。有时，你只需要知道这些就能解答引发你恐惧的问题。

● 反复揣摩

在做出决定以后，无论只是在大脑中做出决策还是在建仓之后，你都会立即质疑这个决定是否正确。在进场之前，你的分析过于仔细。这适用于潜在下行风险很高的交易，但对常规交易就没有必要了，而且可能会导致你得到更糟糕的成交价或让你完全错失机会。

一旦你进入交易，你的思绪会随机地循环回去并为之苦恼。你疑惑是应该平仓还是继续坚持。当恐惧介入时，人们会有一种过度的想要避免犯错或亏损的欲望。你担心自己错过了些什么，质疑自己的推理，怀疑自己对市场的感觉是否准确，或者怀疑自己是否过于自信。你甚至可能因为太过紧张难以应对而抓狂。

反复揣摩已经超过了决策过程中富有成效的反复权衡。虽然它具有过度思考的特质，但过度思考的范围更广，适用于任何事情：美联储会有哪些举措？我的上司会对我的回撤说什么？我是否应该交易别的市场？为什么没有人能搞清楚蝙蝠侠和布鲁斯·韦恩是同一个人？

而反复揣摩是特别指反复揣摩一个决策。有些交易很简单明了，不会出现反复揣摩。但当不确定性较大时，就更有可能出现反复揣摩，你就有可能会改变主意。

快速提示

详细地写下你的最佳决策流程。然后，当你开始反复揣摩一个决定时，问问自己当下正在重复思考的东西是否需要成为这个流程的一部分，还是它是过度的，并且由恐惧驱动。当你的决策过程中存在漏洞时，反复揣摩的情况会更严重。厘清这一过程会降低反复思忖的可能性，之后当它确实发生时，你可以更清楚地看到导致你反复揣摩的恐惧。

● 不相信自己的直觉

恐惧会严重破坏你基于直觉做出决策的能力。即使你强烈地感觉到这个决策是正确的，你仍然无法清晰地阐述为什么这个想法是正确的。不确定性让你觉得相信自己的直觉从根本上变得更有风险，所以你违背了直觉。

这种情况是如何发生的？也许你已经非常善于识别市场中主要的动能变化，但却无法让自己顺应变化进行交易。也许一开始你跟着直觉走，但你进场太早，被止损了，而且在你之前看到的大的价格波动发生之前没有再次进场。

交易者不相信自己的直觉的一个常见原因是他们不知道它究竟是什么。这关系到你的目标、生计和信心，所以为什么要信任你不了解的东西呢？你不会信任一个陌生人告诉你的做空石油期货的正确时机。如果你的直觉让你感到陌生，相信它似乎是危险的，那么恐惧就会在这个环境里产生。

当你想要相信你的直觉，但又不确定它是什么以及它为什么是正确的，并且你担心它可能是错的时，紧张就会逐渐堆积。此外，在压力下，你自然会退回到你最熟悉的方式——你的标准交易方式。因此，就像来自陌生人的建议一样，你直觉层面的决定会因为被认为是不可信的而被抛弃。

当做错的不利影响大于做对的有利影响时，信任陌生的东西尤为困难，特别是当你在下一个很大的赌注或者需要向别人证明你的决定是正确的时候。

快速提示

当你处在最佳状态或在高水平层面上操作时，你的直觉是最准确的。这并不意味着，在这种状态下，它总是正确的。但当你处在C级博弈时，你的直觉几乎肯定是错误的，或者是基于一些有偏见的观点，而不是基于对潜在机会的准确感知。学会识别在这种情况下以及当你的直觉趋向于准确时，你的想法和感受有哪些本质区别。例如，我的一位客户指出，当他感觉像几块拼图一下子拼凑在一起时，他的直觉是准确的——有一种认知与头脑清晰相结合的感觉。而当它不准确时，他会感受到胸口和腹部的紧张，脑子里充斥了"如果万一"之类的问题。做这样的区分让他更容易相信自己的直觉。

● 悲观的预期

大脑的基本功能之一是做出预见并推测未来。当它正确运转时，这种能力的效用是显而易见的。但那些有恐惧问题的交易者并不能一眼看出他们的预测是如何走偏，并造成更多的恐惧的。

如果你在评估一笔交易时毫无畏惧，你就能客观思考所有可能的结果并评估风险。然而，当恐惧介入时，交易者会高估负面事件发生的可能性，从而歪曲他们对风险的感知。或者更糟糕的是，他们会犯一个典型的错误，即成为一个糟糕的预言家，并认定那些负面事件绝对会发生。比如在开始交易之前就设想某个仓位会朝着对你不利的方向发展。对未来的负面结果做出过高的估计和预期都会引发额外的恐惧，从而进一步影响决策过程。

思考这样一个问题："如果我在这里交易亏损了怎么办？"这个问题预测了

错误将会发生，且你会因为犯错让自己看上去很愚蠢。

"如果万一"这类问题通常与负面预测有关。如果我再损失5万美元怎么办？如果我不能扭转局面呢？如果我的账户再次爆仓怎么办？这些都不是真正的问题。你并没有在合乎逻辑地问自己会发生什么。你已经假设这些负面结果会发生。如果你一开始就处于紧张状态，这个伪问题就会引发次级恐惧，让你犯更多的错，蒙受更多损失，同时让你害怕的负面未来更有可能成为现实。

快速提示

与其让"如果万一"这种场景疯狂失控，不如把它当作一个合情合理的问题，写下你的答案。如果这种情况真的发生，这意味着什么？你会怎么做？像这样释放恐惧，可以让你弄清楚你真正害怕的是什么，并可以帮助你发现导致恐惧的隐藏的缺陷。

描绘你的恐惧

绘制你的恐惧这一想法并不是隐喻，你实际上是在创建一张地图。这张地图对于识别现实中恐惧的升级至关重要，它能让你迅速纠正恐惧，或者至少将恐惧对执行的破坏降到最低。此外，这张地图还能帮助你了解造成你恐惧的缺陷。它还可以帮助你确定本章中最契合你的部分。

按照下面的步骤创建一个文档，它将成为你的恐惧地图。

● 步骤1

在接下来的几周内，密切关注你的恐惧模式。检查并捕捉标志着恐惧已经变成一个问题的迹象，这些迹象包括：

- 思想
- 情绪

- 大声说的话

- 行为

- 行动

- 决策的改变

- 你对市场、机会或当前头寸的看法的改变

- 交易中犯的错误

当你交易时，在你的电脑上打开一个文档或在你手边放一个记事本，并随时做记录。

在交易日结束时，回顾你的发现并补充更多细节。尽可能的全面，留意到一些偶发的情况也没关系。

如果这对你来说很难，不要担心。你不可能在第一次做的时候就完美识别出所有的细节。如果你过分担心犯错，那么很可能对错误的恐惧是你需要纠正的一个问题。

每个人都有自己的起点，利用你的发现并逐渐在此基础上积累。如果你花了一个月的时间才解决问题，也不要担心——这很正常。在这段时间里，只要你一直将这一步骤牢记于心，你会不断学到比你以前所知道的更多的东西。无论速度快慢，进步就是进步。以下问题可以帮助你开始：

- 哪些情况通常会引起犹豫不决、怀疑、焦虑或恐惧？

- 当你紧张的时候，你的身体会有什么反应？例如，你是否会心跳加速、出汗、恶心、口干、拍手或跺脚？

- 你能否描述在什么情况下紧张从有助于你的表现发展成过度紧张以至于造成问题？

- 你的大脑中具体在闪现什么？你有哪些想法？你的决策过程有什么不同？

- 标志着恐惧已经成为一个问题的最早的迹象有哪些？

在上一节中，我描述了恐惧的5个普遍的迹象。简单来说，它们分别是风险厌恶、过度思考、不相信自己的直觉、反复揣测以及悲观的预期。相比之下，以下是你可能经历的一些具体的恐惧信号：

- 害怕自己遗漏了一些东西，交易时犹豫不决。
- 即使交易多年，在加仓的时候心率也会急剧上升。
- 思维麻痹，无法脱身或正确地管理风险。
- 怀疑自己对事物的看法是否正确。
- 在你的交易体系之外寻找机会，或使用你并不常用的指标或图表。
- 劝说自己放弃一个好的交易。
- 迅速获利了结以确保你不亏钱。
- 在经历糟糕的一天后难以入睡。
- 关注点过于狭窄——隧道般狭隘的视野遮挡住了重要的因素。

一定要捕捉尽可能多的触发因素，无论它们造成多少的紧张不安、焦虑、担忧或怀疑。如果你在识别触发因素的过程中需要帮助，仔细观察你的想法和你大声说出来的内容。记住，不要评判或批评你所说或所想的东西。你的想法是由行为缺陷引起的，而这种缺陷往往与触发因素直接相关。以下是一些常见的触发因素：

- 损失的前景；
- 意识到自己犯了一个错误；
- 想着**"不要把事情搞砸了"**；
- 面临尴尬处境的威胁；
- 看到这个月的持仓盈亏为负数；
- 目睹某个仓位迅速亏损；
- 无法阻止自己平掉一个获利的仓位。

描绘你的恐惧是一个迭代的过程。当你发现新的细节时，哪怕只是轻微的变化，也一定要把它们加进去。小的细节很重要，可以产生巨大的影响。在纠正你的恐惧心理并改善你的执行方面取得进步需要承担风险，因此在细节上做到滴水不漏是值得的。

● 步骤2

一旦你收集到大量的细节，把你发现的细节整理起来，并将每个细节按照严重程度进行排序。将其分为1—10的等级，1级形容轻微的怀疑或担忧，10级形容被最强烈的恐惧笼罩。在每个级别上，找出能与其他级别明显区分的细节。

当你对严重程度进行评定时，你可以把它们分成两类：心理和情绪层面的恐惧以及技术层面的恐惧。它们是一一对应的，因此心理和情绪层面的1级与技术层面的1级要互相对应，以此类推。

一定要确保评级是基于你个人的恐惧体验，而不是其他交易者应对恐惧的体验。每个人都有自己的情绪范围，如果你拿别人做参照来评判自己，就有可能高估或低估自己的能力。这样就会降低你的策略的准确性。

你不需要掌握所有10个级别的细节。与我合作的大多数交易者都无法将他们的恐惧模式区分到这种程度。请至少完成3个等级的区分，能做到什么程度就做到什么程度。这里有一些可以帮助你区分不同级别的恐惧的问题：

- 是什么触发了第1级的最原始的担忧或疑虑？它是如何累积增加并演变成焦虑或恐惧的？例如，也许一开始它只是与市场有关的正常的不安情绪，但当天的第二次亏损引发了你对未来损失的担忧，这进一步造成你对今后无法再成功的恐惧，因此你觉得你**必须**在下一次交易中赚钱。

- 当恐惧还比较轻微并且是可控的时候，会出现哪些细节？当它变成一个"怪物"，完全扰乱了你的执行时，又会出现哪些细节？

- 当你的恐惧情绪高涨时，你对市场的看法有什么不同？

● 哪些具体的交易错误是你在第1级可以避免，但到了第10级却无法

阻止的？

把你已经分类好的内容整理成一张"地图"。

恐惧等级

描述凸显你的每个恐惧级别的想法、情绪、言语、行为和行动。至少完成3个等级。

1. 查看走势图，问自己在这里建仓是否正确。我做得对吗？这样是否会失败？

2.

3. 想知道为什么市场对我不利。我查看实时交易情况的次数比所需要的次数要多很多。我开始担心我将不得不接受这1%的亏损。

4.

5. 登录我的证券账户，看看我在过去几笔交易中损失了多少。

6.

7. 有一种想将止损点移至盈亏平衡点的冲动；我真的很想避免再次亏损。

8. 只要一有盈利就想马上获利了结。我想保住利润，这样我就能向自己证明我仍然可以做到，我能够从交易中赚钱。

9.

10. 紧盯图表，但此时我并没有真的在思考。

技术等级

描述对应你每一级恐惧的决策质量，以及你对市场、机会或当前头寸的看法。

1. 没有客观地看待事物。判断模糊，认为市场发生变化意味着我做错了什么。

2.

3. 情绪化地思考过往的损失；开始忽视概率性的思维。

4.

5. 变得不信任自己的策略，需要与他人（如我的导师）进行交谈，以确定我的优势在哪里。

6.

7. 主要聚焦在确保利润或取得收支平衡上。

8. 不再理性地思考。

9.

10. 完全不再思考。

● 步骤3

你现在有了一个可以在交易时使用的可靠的草案，这样你就能够识别你的模式，并迅速作出反应进行改正。由于这些模式可能需要大量的经验和训练来纠正，所以在你得到一致的证据证明你的"地图"已经彻底改变之前，不要修改它。

现在，利用你在本章中的发现，将注意力聚焦在和你的交易最密切相关的特定的恐惧类型上。我强烈建议你先浏览一遍所有的恐惧类型。为什么要这样做呢？因为你可能会发现一些一开始没有意识到的问题。并且你可能会想起更多能加到"地图"上的细节。之后再回去重读和你最相关的部分。

害怕错失良机（FOMO）

你应该寻找哪些信号来查明FOMO对你来说是否成问题？

以下是一些典型的例子。你无法专注于你通常关注的板块、股票代码或市场。你感觉有大的动作正在别处发生。肾上腺素涌遍全身，你的注意力高度集中，迫切地想要避免错过另一个大的机会。你已经错过了上一个机会，而这次想要做对的渴望是超乎寻常的。你知道你不应该追逐，但你又担心价格不会回落，你必须**现在**就进场。

或者可能是你对突发新闻反应过度。你感到恐慌，没有完成分析就做出草率的决策。你被止损了，但当头寸迅速反弹时，你说服自己再次进场是可以的，因为这次"感觉对了"。

FOMO可能会在市场走势不符合你的交易风格的时候出现。有很多潜在的机会，但你的想法无一实现。你是一个交易者，你需要交易，所以你又跳入下一个交易，并确信以几个点之差错过了入场点也没关系。或者，市场可能波动太大，你只补了一部分仓位，并且还要赶着补余下的仓位。你看到其他交易者在赚钱就忽略了风险，仓位开得太大，试图弥补你认为你应该赚到的差额。

无论它具体是如何出现在你身上的，FOMO都会迫使你去做那些你明知不应该做的系统之外的交易。最麻烦的地方在于理解为什么这种冲动会如此难以控制，但你根本没有意识到情绪的堆积。这就是为什么你无法阻止自己。

交易中再正常不过的紧张也会让你的神经紧绷，例如，你看到价格在你的交易区间内波动时，在等待着一个更好的价格。你等待的时间越长，你的情绪就积累得越多。然后，如果你碰巧亏了钱或错过了几笔交易，焦虑就会进一步累积并最终迫使你过早地进入一笔交易，你试图证明市场为什么仍然处于好的位置，或留意更多你实际无力应对的市场。

当你在经历回撤、挣扎，或是需要钱的时候，紧张或焦虑也会日复一日地积累起来。对你们中的一些人来说，交易就像去游乐园一样，你喜欢坐过山车的刺激。当市场没有提供很多机会时，你对行动的渴望会变得难以抑制。

无论是哪种情况，重要的是要意识到这种情绪的升级。在你绘制你的FOMO地图时，密切关注是什么触发了这种情绪，以及预示情绪升级的信号。这将帮助你探究它的驱动因素到底是什么。

● 寻找FOMO的真正原因

FOMO这个说法在交易中使用得太多了，以至于它成了一个缺乏针对性的泛泛之谈。我只发现了一个FOMO特有的潜在缺陷——认为永远不会再有别的机会了。如果这对你来说是个问题，那么，尽管逻辑上你知道会有更多的机会，但你发现你的目光只局限于这次交易。你的思维变得如此局限，你坚信你必须好好利用这次机会，因为不会再有别的机会了。

这种情况往往发生在市场走势缓慢、机会减少的时候，或是当你在经历回撤，对自己的前景感到悲观时。但事实仍旧是——会有更多的机会。你在拥有正确的心态时，对这一点会很清楚。关键是在FOMO有机会加剧之前提醒自己这一事实。这将使你更容易避免参与到你不应参与的交易。

除了这个缺陷之外，造成FOMO的主要原因与其他类型的恐惧以及愤怒和信心问题有关。就像贪婪一样，FOMO是真实存在的，但要解决它，你首先要找出助长它的缺陷、偏差和错觉。

如果你难以挖掘出原因，可以尝试一些刚开始听上去可能有点奇怪的事情。强制让自己采取观望态度来强化自己的情绪。这样做的原因是，当你的情绪变得更加强烈时，就更容易将其原因识别出来。

这在实践中是怎样的呢？为你将要做的交易定义一套更窄的标准；例如，在一天、几天或一周之内只做A+级别的交易。或者你可以有意去掉一些可能导致FOMO的主观型交易。

在你身边放一个记事本或日志并实时记录浮现的情绪和想法。它们将是帮助你完成一张更精确地图的线索，同时为你锁定FOMO的根源并提出纠正方案奠定基础。

如果你发觉自己对这个练习的财务影响感到犹疑，请记住这是一项研究。你正在为你执行的长期改善进行投资，如果成功的话，或许能够数倍弥补那些短期错过的机会。

在完成这项任务之后，你可能会认识到，FOMO是被你所认为的错失良机的后果所驱动的。你可能会早早地进场，因为与利润擦身而过的感觉就像亏钱一样，而你对亏损有一种恐惧。也许看到别人赚钱而你却没有会引发对失败的恐惧，这让你觉得自己不够好。如果你认为错过是一个错误并害怕犯错，你可能是在竭力避免自我批评。讽刺的是，对犯错的恐惧反而会促使你犯错。

FOMO也可能是由想要弥补损失的愤怒的需求所驱动的。它可能源自一种完美主义，你期望抓住每一次变化并从每一笔交易中获取最大的收益。FOMO的出现可能是因为你缺乏信心，你在市场刚开始波动时就入场，为了避免因错失时机让自己看起来很愚蠢或陷入尴尬。或者，就像下一个案例中的卡洛斯一样，你的FOMO实际上与一个技术错误有关。

卡洛斯是一位来自美国的全职外汇和期货交易者。最初他和我一起解决了一些围绕亏损和犯错的愤怒问题。在处理愤怒情绪方面取得重大进展后，FOMO成为一个更棘手的问题。虽然FOMO并不是一个新问题，但因为对他交易的影响远没有愤怒对他的影响那么大，所以FOMO最初没有被当作优先事项来对待。当你在心理博弈中取得进展时，这一情况很常见。一旦你解决了第一个问题，你就可以继续讨论下一个问题了。

在我们解决他的愤怒问题的整个过程中，"心理手史"都是一个重要的工具，它能帮助我们突破并理解问题的根源。心理手史不仅激发了他绘制情绪地图的意愿，还让他了解并解决了问题根源。在一次交流中，我们提出这样一句话，"不要隐瞒；要问为什么"。卡洛斯能够将思维坚定地导向一种观念，即情绪是需要被理解的信号。将这一观念放在首要位置，能够让他从一个新的视角来解决FOMO问题。

有一天，他发现FOMO被一个一直给他带来麻烦的特定设置触发了——限价委托，他等待价格滑落到他设定的范围内，如果价格下跌到这个区间，那它就有可能飞涨。

以往，当市场开始回升，他被这一设置阻拦时，他会想，**天哪，我将错过这波趋势**。他将重新进入他形容为投机的模式，因为他没有为这一转变制定计划。他做了下一笔交易，导致FOMO加剧，并进一步导致更多糟糕的交易，这又引发愤怒——他会把头寸规模扩大至之前的三倍并产生巨亏。

然而，这一次，卡洛斯认识到了自己的紧张情绪，他立即开始在日志中写下自己的想法和情绪，然后从屏幕前离开。这本身就是一种进步，因为他至少避免了情绪的加剧和随之而来的更糟糕的执行。当他远离屏幕时，卡洛斯问自己："为什么我有FOMO的感觉？它在预示着什么？"

他意识到，5分钟的K线图无法让他看清市场的转向，而这种转向正是他需要看到的，因为他只设置了10个点的止损。这让他有了一个想法，即在恰当的时间和恰当的区间里，把焦点缩小至30秒的K线。同时他停止使用限价委托，改为限价止损的委托。因此，过去需要15分钟才能完成的交易，他现在可以在3—4分钟内完成。恐惧感消失了，建仓价格也更精确了。正如他所说："我的执行没有理由不准确，因为我能看到价格的变动。"

在这个案例中，FOMO是一个合理的错失良机的信号，因为卡洛斯不能很好地了解市场在他设定的价格范围内所处的位置，从而无法正确地把握入场的时机。FOMO是正确的，但它并不是一个情绪问题。恐惧凸显了他在执行方面存在的差距。

也许你的FOMO预示着你有机会改善你的执行。即使你像卡洛斯一样，没有严格地完成心理手史的每一个环节，你仍然可以用它来完成你的地图的技术层面——我的许多客户都是这么做的。从步骤1将FOMO作为问题开始，尝试解决技术层面的问题，看看你能得出什么样的结果。如果不是技术问题，那就通过使用该系统来发掘问题的根源，解决情绪层面的问题，然后想出一个纠正方案。

害怕亏损

亏损的威胁总是存在的。鉴于你是在一个竞争异常激烈的环境中工作，损失有时是不可避免的。这显而易见，但你却害怕亏损。你甚至不需要在当天经历一次亏损的交易就能感受到这种恐惧。它潜伏在背景中，因为每笔交易都有可能出现亏损。

对亏损的恐惧迫使你做出一些你明知道不是最优的决定。你过早地锁定赢家，以防回撤，回撤让成功的交易也感觉像是失败的。你在亏损的仓位上加仓，降低平均价格，这样更容易达到盈亏平衡，或不至于损失太多。

在回撤的过程中，你对亏损的恐惧会更加强烈。你放弃了高质量的设置，认为这笔交易会对你不利。你变得更具防御性，减少交易。当你真的进场时，你会紧盯屏幕。你移动止损点来保护资产，但这只会导致更多的损失。这种压力是可以感知的，它还影响到了你的睡眠。

随着恐惧被放大，各种想法在你的脑海中翻腾。**我的优势消失了吗？我怎样才能扭转局面？我无计可施了吗——我要做些什么？**你甚至可能到了这样的地步：损失的威胁制造了太多的紧张情绪，让你在场外观望了很久，你实在是受不了了。对即将亏损的恐惧，而不是对任何实际损失的恐惧，已经变得太过强烈，你愤怒地对自己大喊："去他的"，然后做了一笔交易。你不在乎会发生什么。你只是不想再感受这种恐惧。

你试着听从建议，告诫自己要理解一个现实，那就是，想要交易得更好，损失是不可避免的，你应该接受交易带来的风险。你在交易你能亏得起的钱，但仍然做不到沉着镇静。这些建议并没有缓解你的恐惧，因为它没有完全捕捉到亏损对你来说意味着什么。

● 什么东西面临危险

想要理解你害怕亏损的原因，首先要问自己："亏损对我来说意味着什么？"

当我问我的客户这个问题时，他们的第一反应主要集中在钱上。但通常随着对话的加深，人们会更清晰地意识到亏损的不仅仅是金钱。金钱代表着其他同样"面临危险"的东西。

金钱可以代表你养家糊口的能力，或是你成为全职交易者并回击质疑者的雄心抱负。输掉一连串的交易会让你觉得你无论在完成短期还是长期目标方面都退步了。亏损会威胁到你对自我能力的感觉或是你在同行间的地位。

承受持续的亏损会导致你反应过激、情绪失控，所以你对亏损的恐惧实际上是对失去控制的恐惧。金钱本质上是你交易中的"记分板"，分数不佳会让你对交易总体上失去信心，特别是对你目前的交易系统及其在当前市场上的盈利能力失去信心。亏损感觉上是在浪费时间——如果你赚不到钱，那你到底在做什么？

花点时间想一想，什么对你来说是面临危险的？是金钱带来的好处吗？是你的目标吗？信心？纪律？地位？其他因素？还是多重因素的结合？

如果你很难回答这个问题，或者当下没有产生任何想法，那么在下次你遭受亏损的时候，再过一遍这个清单。问自己一些尖锐的问题：

- 你感觉自己还失去了什么？
- 你是否害怕告诉别人你的损失？
- 你是否担心自己赚钱的能力？
- 你是否担心现在会犯更多的错？
- 你是否感觉自己的进展缓慢，不太可能实现目标？

交易者往往对他们会如此强烈地害怕亏损感到惊讶。识别并接受所有面临危险的事物可以使你的反应正常化。但对你们中的许多人来说，这并不足以解决你们的恐惧问题。相反，你会犯一个典型的错误，即试图通过将谨慎抛之脑后来突破你的恐惧，结果是钟摆会朝另一个方向摆得太远。在恐惧面前，你会变得无所畏惧。虽然这可以消除恐惧的感觉，但你现在有犯别的错误的风险。

当你纠正那些损害你看待亏损的视角的缺陷时，你会自动地在恐惧和无畏之间找到最佳位置。以下是几个通常会让你害怕亏损的行为缺陷。具有强烈恐惧感的交易者往往会被多种缺陷所影响。一定要解决与你相关的每一种问题。

下面是一个心理手史的范例，刻画了对亏损的恐惧：

（1）**问题是什么？** 我想要交易一直获利。一旦进入交易，我的心跳就会加速，如果突然亏损，我的心率就会飙升。当它向错误的方向移动时，我就会紧张，担心会止损出局。

（2）**为什么会存在这个问题？** 我认为交易的第一秒就代表了接下来交易中要发生的事情。如果交易获利了，我就会放松，这其实很愚蠢，但我真的希望能命中靶心。每一次亏损都感觉是一种退步，感觉要花更长时间来实现我的目标。

（3）**哪里有缺陷？** 我无法控制每笔交易的结果。做出好的判断是我所能掌控的全部。我会有很多次亏损。这并不意味着我的目标摇摇欲坠。一次交易并不能说明这一年的交易会是什么样，这就像不能从第一次击球就判断整场棒球比赛的结果一样。

（4）**纠正方案是什么？** 把关注点放在高质量的执行上。一旦进场，大致地了解一下交易，这样我就可以评估它的质量而不被图表干扰。如果我的判断正确，那就接受结果并寻找下一个机会。

（5）**验证该方案的逻辑是什么？** 短期的高质量执行能让我在长期内得到我想要的结果。损失和回撤是博弈的一部分，对任何博弈来说都是如此。胜利者不惧怕失败，他们会尽一切努力去赢。

● 亏损的痛苦

亏损是很痛苦的，以至于你会惧怕亏损的感觉本身。交易者往往是极其好胜的。虽然你知道不可能从每笔交易中获利，但你不喜欢亏损。亏钱永远都不会带来好的感觉。

亏钱很糟糕，一些交易者会反射性地试图避免亏损的痛苦，就像他们会立即本能地跛行，以避免严重扭伤的脚踝所带来的痛苦一样。对亏损的恐惧本质上是对亏损的痛苦进行的自我防护，而迅速获利了结、减少头寸，或避免高风险的交易和一瘸一拐地走路没什么区别。

有些方法能更好地减少亏损带来的痛苦。但在某种程度上，对于那些争强好胜的人来说，痛苦将永远存在，它永远不会让人感觉良好。然后目标就会更多转向如何处理这种痛苦。由于你永远无法完全消除亏损带来的痛苦，你必须意识到痛苦不是一个问题并学会让自己直面痛苦。

想象一下，你是一名专业的马拉松运动员，就在一次大型比赛之前，你的左脚在跑步时感到剧痛。在你等待医生提供给你核磁共振检查的结果时，你的脑海中盘旋着不得不退赛的想法，或者更糟糕的——你的伤势严重到需要手术，需要几个月才能完全康复。不过，你有了一个好消息。虽然你的伤势确实需要手术，但继续参赛不会使它更糟。你只需要忍受疼痛就好。

对你来说，亏损可能永远是痛苦的，但那又怎样？这只是源于你的竞争意识和你对胜利的渴望。不要落入痛苦就是坏事的假设中。有时痛苦不过如此，你必须继续前进。你就像一个下巴脆弱的拳击手，还没有学会如何挨一拳。

你们中的一些人可能缺乏这种韧性，因为你们在交易之前没有经历过很多失败。也许你在高中、大学或其他工作中都很成功，得到过大量的赞誉。或者你在交易之前已经有了成功的事业，你没有经受过同样的挑战。也许你曾经经历过失败，但交易中的失败频率比你以前遭遇过的要高得多。

无论如何，你需要变得更坚强。拥抱这些痛苦，它就会变得更容易忍受。你会习惯于这种感觉，并建立起处理它的力量。当你这样做时，旨在保护你免受痛苦的恐惧就会减少。

让自己变得更坚强的一种实用方法是，在失败后花一分钟来感受痛苦，并鼓励自己克服它。理解这次损失意味着什么——它很可能什么都不是，只是你职业生涯中会遭受的众多损失中的一次。

清楚地认识到你需要在接下来的几次交易中避免犯错。潜心研究并迫使自己去执行你的策略。接受打击，输掉一次交易的痛苦不会比你为了避免痛苦而犯更多错误所带来的痛苦更糟糕。

● 执着于未实现的收益

害怕亏损的另一个原因是对未实现的收益过于执着。比如，在下面这个场景中，你正在经历职业生涯中最好的一个月，你的头寸表现太棒了，而且你相信它们还有更多的增长空间。问题是，有些头寸还没有平掉，但你开始觉得未实现的收益已经就是你的。你浮想联翩，无法自拔。然后你的回报下降了。一个头寸从一个大赢家变成了不亏不赚。

尽管你的仓位在这个月仍大幅上涨了，但你感觉你的利润正在被拿走。恐惧盖过了你清晰思考的能力。你反应过度，恐慌性抛售，锁定了尚有盈利空间的其他头寸的利润。

无论你是有意还是无意，当你相信未实现的收益是属于你的时候，它都会改变你的观点并给你造成恐慌。如果你避免执着于不属于你的钱，你就会自动在交易中保持清醒的头脑。这里的纠正与其说是纠正恐惧，不如说是找出你对还不属于你的钱执着的原因。

所以你为什么会这样？它是否发生在你刚走出回撤并为此而松了一口气的时候？你是否过于渴望实现你的目标，达到更高的水平并且永远不想后退？你是不是一个交易新手，没有真正理解已实现的利润和未实现的利润之间的区别？

不论原因是什么，你都要注意你执着于未实现的收益的迹象。这是你纠正这种恐惧的机会。如果你纠正——最好是能阻止——自己在头脑中预先锁定利润，你就会自动避免对回报回撤的恐惧。

● 做最坏的设想

经历了几次亏损之后，你的大脑是否立即想到了最坏的状况——流落街头、破产、无法养家糊口？你是否进入了一个下降的漩涡，不明白要如何解释账户爆仓？你是否突然确信自己不会成为一名成功的交易者，需要另谋生计？你是否认为你所有的头寸都要归零？

在这一刻，你的头脑被这些想法麻痹了，你无法清晰地进行思考。这些可怕的潜在结果感觉无法避免。

类似这样的过度反应往往是由你过去的失败幻影造成的。例如，如果在某个时候你的账户爆仓了，你艰难地找到一份新的工作并重建你的财富，你曾经经历过的痛苦会潜伏在你的脑海中。一旦出现可能重回地狱的迹象，你就会抓狂。你的思维崩溃的速度好似从陡峭的滑坡上滑下来一样快，但每个交易者的严重程度都不尽相同。有些人的思维是如此脆弱，以至于只要有一次高于平均水平的损失就会让他们陷入困境。

即使真正爆仓的前提是一大堆事情都错得离谱，但过去积累的情绪会迅速压倒你清晰思考的能力，让你觉得有很大的可能性会发生。通过减少过去的痛苦，你基本上关闭了陷阱的大门。你不会忘记过去，你只是不想让它再纠缠你。记住爆仓的经历和让这段经历仍然带有真情实感之间是有差别的。

然而，如果你像许多交易者一样，你就不是从过去中学习，而是试图忘记它并继续前进。但你实际上无法忘怀，恐惧不会让你得逞。你必须从过去的经历中学习，以减少这种恐惧，否则你再次失败的风险就会更高。

为了纠正这个问题，写下你过去失败的原因。利用这些知识来制定一个深思熟虑的计划，以实现你这次的目标。

另一件要考虑的事情是，最坏的情况是否真的那么糟糕。研究表明，人们倾向于高估悲剧事件的持续时间以及它们对我们的幸福和生活质量影响的严重程度。这一情况被称作"影响偏差"，是由《哈佛幸福课》(*Stumbling on Happi-*

ness）的作者丹·吉尔伯特和他的研究伙伴蒂姆·威尔逊提出的。

这种偏差也适用于悲剧事件，如失去肢体或瘫痪。你可能认为，与中彩票相比，失去肢体或不能再使用双腿对你心理的影响会更大。但你错了。他们的研究表明，在这些极端事件发生后的一年内，大多数人的幸福水平都会恢复到之前的水平。

如果你有同感，那就利用这一点来降低你对所担心的事情的糟糕程度的估计。然后，当你感到你的头脑陷入对最坏情况的思考时，告诉自己为什么它不会那么糟糕。进行建设性的思考，想想你现在可以做些什么来实现你的目标。正如吉尔伯特和威尔逊所说："人类是完美的感觉缔造者，他们将新奇的、制造情绪的事件转化为看似平平无奇的事件……"

换句话说，如果最坏的情况真的发生了，你会找到一种方法来理解它并向前迈进。经历这种过程不会是有趣的，但也不会那么糟糕。你不可能知道未来会发生什么，无论是积极的还是消极的。然而，无论发生什么，你都将尽一切努力过得更好，就像你在过去所做的一样。

还有一点值得注意，灾难可以带来创新和适应性变化。例如，交易者被爆仓了，不得不暂时做一个新的工作。在那份工作中，看待情绪稳定性价值的全新视角诞生了，纪律性也得到了提高。当他重新开始交易时，这些得到改善的技能成为长期成功的催化剂。没有人能预料到他们的成功之路会在灾难中蜿蜒前行，但这可能正是他们所需要的。

害怕犯错

对一些交易者来说，犯错是学习过程中不可或缺的一部分。因此，从某种程度上说，害怕犯错本质上意味着你害怕学习。心智正常的人不会害怕有益的东西。但这正是问题的关键所在：在你对错误的恐惧浮现的那一刻，你并没有处在头脑清醒的状态。你对潜在的交易、可能出现的平仓或错过建仓的种种反应表明你对学习过程的看法有误。这些失误，或潜在的缺陷，导致你害怕出错。

通常对犯错的恐惧是微妙的，因为从表面上看，它似乎是对失败的恐惧，所以这些迹象可能难以察觉。以下是需要留意的几件事：

- 不断怀疑自己的决定是否有误；

- 急于平仓，以结束不确定性带来的痛苦；

- 对所有的错误一视同仁——任何不完美的事情都是不可接受的；

- 犹豫不决、过度思考，并反复揣摩你做出的许多决策；

- 学习尽可能多的东西来预防所有可能出现的失误；

- 失误一次就退出交易；

- 用一切手段来避免做出判断或让自己看上去很愚蠢；

- 为了避免出错，在该平仓的时候不平仓。

简单来说，恐惧完全是关于预期。一般来说，紧张、焦虑和恐惧可能会在交易日的预期中形成，在一天中的特定时刻或是当你感觉到有交易机会出现的时候。但是，从表现的角度来看，对错误的预期尤其具有挑战性，因为它会影响你的执行，让你所害怕的事情（错误）更有可能发生。

这可能只是一时的，也许表现为犹豫不决或反复揣摩，但这足以影响你的执行。在那一刻，你甚至可能没有意识到你的神经因为害怕出错而紧张亢奋。但当你深入挖掘你犹豫不决、反复揣摩或不相信自己的直觉的原因时，你会找到证据证明你对错误的恐惧是切实存在的。

每个决定都有出错的可能，但这并不意味着每个决定都会导致你**害怕**犯错。寻找暗示你恐惧的线索。也许某种特定类型的设置或交易让你感到困扰。也许你在经历回撤，感到财务压力时更容易犯错。又或者，你在决定加大头寸后更容易出错。

它也可能与时机有关——比如财报季，或出现突发新闻时。对一些交易者来说，这和一天中的时点有关，比如当他们感到厌倦或走神的时候。它可能更多预示着你交易策略中某个薄弱环节，例如，你很难在开盘或收盘时交易。

你的工作是去识别并了解在哪些情况下恐惧更有可能出现。这可能会带领你发现你易于犯错的策略方面的原因，也就是说，恐惧标志着你的策略、系统或执行方面存在的弱点。你还可能会发现造成你对犯错的不必要恐惧的行为缺陷。在没有战略错误的情况下，你的恐惧可能显得不合逻辑。但是，为避免错误产生的巨大压力并不是在一个单一事件中形成的。当你错误地思考并评估你的错误时，压力就已经在逐渐变大了。

一旦你发现了这些缺陷，你就有机会将预期调整到正常水平。通常，这需要循序渐进地削弱你对错误的预期。当它不断变小的时候，过度思考、犹豫不决和反复揣摩就会被清除，你的执行就会重新变得流畅。

在你评估过去的表现时，有什么错误的方式导致了这种恐惧？由于这些错误与学习交织在一起，以下所有的缺陷在某种程度上都与这一主题有关。

● 期待完美

认为错误永远都不应该出现的另一种说法是期待完美。对完美的渴望和对完美的期望之间存在着很大的差别，前者能激发出交易的巅峰水平。

当你期待完美时，避免出错的压力会变成一种负担，让你在一旁观望，并且讽刺的是，你仍然会犯错——只不过是另一种错误。例如，除非你觉得自己掌握了足够的知识或拥有一个滴水不漏、万无一失的策略，否则你不会去交易新的资产或进入一个全新的市场领域。行动缓慢会让你失去机会。

此外，这种恐惧会自我强化。有时候通过旁观学到的东西是不够的，你必须体验真实的市场，置身其中。但在进入市场之前，你需要学习尽可能多的东西以避免错误。这似乎是一个理想的开始，但如果你期盼完美，所有的知识转而会干扰你的决策过程。你很可能会过度思考或反复揣摩你的策略，犹豫不决。这会加剧你的焦虑。你必须把它做对，但你的大脑却宕机了。因此，你又重新回到场外，去学习更多的东西并巩固你的策略，周而复始。

期待完美也会消除你对错误严重程度的感知——你把它们看做是一样糟糕的。想把事情做好的压力非常大，因为即使是最小的失误也会像大的失误一样让人恐惧。

虽然期望避免低级错误是合情合理的，但当你认为即使是一个轻微的失误也和大失误不相上下时，交易感觉就像在走钢丝，你很容易"坠亡"。

也许你明白错误可能会发生，但你希望永远不会再犯同样的错误。因此，当它再次发生时，你感到震惊，因为你没有料到这一点。问题在你的脑海中盘旋：**这怎么可能会发生？我怎么会如此愚蠢？我还能做什么？！**你做了更多的努力，想把交易做得更好，但你还是犯了同样的错误。你感觉自己的表现不受控制，恐惧感倍增。

当你犯了一个错误时，你的任务是去纠正它，这样你就不会再犯了。但交易者仅仅通过意识到自己做错了什么就期待错误会被纠正。有时错误更为复杂，如果不真正下功夫来了解原因，它们就会一次又一次地发生。

为了从现在开始取得进步，让我们仔细审视一下期望究竟意味着什么。期望是保证的另一种表达。我并不是在做语言上的选择，这当中有一个重要的区别。当你说："我期望自己是完美的。"你其实是在说完美将会发生。虽然你期待完美，但现实是，你只能期待或保证你最糟糕的水平。虽然听上去很可悲，但这确实是事实。

在本书前面的部分，我大致概括了拥有A级博弈、B级博弈和C级博弈是什么样子并介绍了如何描绘你的博弈地图。唯一能保证的就是你的C级博弈，因为这个级别所需的技能，无论好坏，你都已经掌握了。它们很容易自动呈现出来。

另一方面，你的A级博弈和B级博弈，是通过你的学习和回测获得的。努力保持你的身体、心理和情绪的最佳状态，保证你与其他交易者合作的时长，以及你为了成为一个更好的交易者所做的其他努力。总的来说，它们每天都在增强你的能力，让你能够摆脱C级博弈。从这个角度来看，当出现失误时，你必须做一个侦探，带着好奇心去检查你失败的原因并找到改进的方法。

正如尺蠖概念告诉我们的那样，完美是一个移动的靶子，永远无法持续实现。可以追求完美，但不要期待完美。错误是不可避免的，我们的目标是要更快地从错误中学习。

同时，我不是在暗示你应该降低你的期望值。这不是一种纠正方法。相反，将你的期望转化为愿望或目标。当你以完美为目标，而不是期待完美时，你就会自动以正确的方式对待错误——这是成长的必经之路。你能预想到错误是学习过程的一部分，而你的目标是尽快地纠正它们。

● 伤犬综合征

对错误的恐惧会在长期强烈的自我批评中发展起来。恐惧并不是这个问题的起点。而是自我批评造成了持续的痛苦，随着时间的推移，你会产生恐惧，并凭借恐惧来避免自我批评。这就好比一只经常被主人打的狗。在这种情况下，你会看到狗在主人进入房间时变得惊恐。狗很紧张，担心任何错误的举动都会激起主人打它。如果你对错误有严厉和负面的反应，那么你基本上是在躲避来自自己的鞭笞。

虽然你可能不认为自我批评是个问题，但在某些时候对它的恐惧会浮上心头。解决"伤犬综合征"并不是从尝试纠正你的恐惧开始。这种恐惧来自避免自我批评的合理愿望。你的任务是找到批评的根源并加以纠正。

强烈到足以造成痛苦的自我批评通常是某种形式的愤怒。想想你给出反馈时的口吻。它是否可以被描述为严厉、带有惩治意味，或是冷血无情的？如果是这样，那么愤怒就是藏在它背后的情绪。先从阅读下一章关于愤怒的内容开始，纠正你的自我批评。你可能会发现美化自我批评这一节特别有帮助，因为许多有这个问题的人一度认为自我批评对实现自己的目标是有必要的。

　　然后，一旦你开始取得进展，要对消除恐惧的过程保持耐心。如果你把一只挨打的狗从它的主人身边带走，把它安置在一个你能想象到的最充满爱意、最温馨的家里，这只狗并不会立刻变得无忧无虑。狗需要知道新主人不会给它带来痛苦。同样，在恐惧消失之前，你需要学习如何对你的错误做出不同的反应。

　　在你能够有力应对自我批评方面的问题之后，你就可以突破恐惧了。但与狗不同的是，你不能仅仅取代你内心的批评者（主人）。突破恐惧的过程有两个阶段。第一，在犯错之后，你必须努力减少你的愤怒。第二，假设你的愤怒程度降低了，你需要格外注意这一过程，并自我鼓励，相信自己能更好地处理下一个错误。如果你条理清晰且目标明确，你就可以创造一个能迅速建立信任的良性循环。

　　要明确的是，你不是在为错误开脱，也没有试图对犯错感觉良好。但你处理错误的方式决定了你从错误中学习的速度。减少自我批评并更好地处理错误是关乎效率的。围绕错误存在的自我批评和恐惧越多，你的学习过程就越可能减缓或完全停止，你就越有可能继续出错。归根结底，你要更好地处理你的错误，这样你才能更快地纠正它们。

　　下面是一个心理手史的范例，它突出了交易者对批评的恐惧。

　　（1）**问题是什么？** 错误导致焦虑和恐惧。当我看到另一个机会时，我怀疑自己是否正确，即使我进场了，我的仓位也会小很多。在我取得胜利之前，我一直处于紧张和犹豫的状态。

　　（2）**为什么会存在这个问题？** 对错误持批判态度是很自然的。在学校里，我是在批评的威胁下长大的，现在我也在对自己做同样的事情。

　　（3）**哪里出错了？** 这是不可行的！这是一个试图让自己做得更好的错误尝试。当然，我积极地去纠正我的错误，但它们不断发生，而且比本应该发生的还要多。这并不能帮助我按照一贯的方式执行。这种循环不会停止，而且是一种混乱的尝试进步的方式。当然，我可以做得更好。但是，如果我继续为每一个失误而打击自己，我就会让事情变得更糟。

（4）纠正方案是什么？自我批评并没有帮助我发挥潜力。我没有接受良好的训练。我还不知道当我搞砸的时候应该怎么跟自己对话，但我会弄清楚的。

（5）验证该方案的逻辑是什么？意识到我在一个永无止境的循环中陷得有多深这一点促使我去纠正更大的错误——自我批评。我确信之后会有起伏，但我不可能再退回原点了。

● **薄弱环节**

错误引发恐惧的另一个原因是你的过程中存在弱点。例如，在你做决定、培养你作为一个交易者的能力，或调整你的策略以适应市场变化的时候。不确定性会被这些漏洞放大。你需要做出改进，但是在你的内心深处，你知道你并没有尽你所能地去做。

不管怎样，你都能感觉到有什么不对劲，刚进入交易就担心自己会搞砸。你总是犹豫不决，在标准设置里也难以下达指令。你很快就锁定了利润，即使在盈利的日子里也感到不安。

在第4章中我们看到，在接受辅导之前，来自德国的期权交易者亚历克斯在交易中表现不佳。然而，他从未想过自己的过程有什么薄弱环节。虽然他明显意识到自己的心理博弈还需努力，但在我们的第一次交谈后，他发现了交易过程中的几处细微的不足，这些不足最终导致他无法充分把握大的机会。

亚历克斯一年中有四到五次会非常有信心，并认为应该做大赌注的交易，但对失误的恐惧阻止了他的行动。他被一些想法麻痹了，这些想法诸如：**如果我输了一大笔钱怎么办？我不想输那么多。如果我做错了怎么办？我不想输得一塌糊涂。**他会更多地关注商业新闻并征求其他交易者的意见，即使他知道这并没有什么帮助。

这些交易持续了数天，他的思维进入了过度运转的状态——高估风险，低估了正确的价值。由于亚历克斯20%的交易带来了80%的利润，所以他知道单个交易可以产生巨大的影响，但他无法使仓位的规模与盈利机会相匹配。

在我们第一次的交流中，我们发现了问题的一角。对亚历克斯来说，害怕在这些大的机会中出错意味着他的优势已经消失了。在正常情况下，他可以在60秒内轻松诠释他的核心竞争力。但是，如果在他感觉到大的交易机会迫近时要他做这件事，他的头脑就会混乱，他将无法清晰简洁地阐述他的技能宝箱。

这是他交易过程中的第一个缺口。我鼓励他花时间思考他作为交易者的策略、成就和交易能力，这样他就能清楚地解释为什么当他发现潜在的本垒打机会时，他是正确的。

这个练习很容易做到，写下在他脑海中闪现的众多想法，使他更清楚地知道自己有哪些优势。这样做能让他对自己正在做的事情建立信念，这就自动地使他免于焦虑。

他从练习中获得的清晰思路为他提供了一个想法，那就是尝试切断所有外部信息的来源。最开始的几天他有些不习惯，但后来他注意到自己的心智能力有了巨大的提升。他能够更持久地集中注意力，而且不会走神。这第二个改进很快带来了第三个改进。

缺乏外部信息迫使他只关注自己的观点和直觉。后者让他提升了与直觉有关的能力，因此他能分辨出直觉和阻碍他的质疑的声音之间的区别。他把直觉描述为一个把几块拼图拼凑在一起的时刻——他知道接下来会发生什么，他只需要等待信号的出现。

这种体验与恐惧形成鲜明对比，后者包括过度思考和怀疑质疑以及一些生理性的反应：胸口发紧，胃部打结。把这些要点并排写下来，使他能够实时看到差异，并采取相应的行动。

事实证明，对交易过程的这三项改进，尤其是最后一项，是让他克服障碍的关键。虽然在我们的辅导期间没有出现巨大的机会，但我后来又对他做了跟进，以下是他的回答："这让我大开眼界。我意识到了正在发生的事情，所以我休整了几个星期，等待合适的时点。然后，当时机成熟时，我毫不迟疑地进行了交易。我看到了那个时刻。每个人都在船的一侧，我知道什么会导致翻船。我已经计划好了交易规模，它就在我的清单上——多少，为什么，以及在不同条件下我将投入多少比例。当机会来临时，我就这么去做了。"

亚历克斯不仅加大仓位，还让持仓时间更久。此前，他估计自己获得了大约三分之一的潜在利润——这是导致贪婪的一大诱因。现在，退出已经计划好了。他在利润最高的时候退出三分之二的仓位，最后三分之一是他所谓的"顺其自然"的部分，他假设即使在最坏的情况下也能实现盈亏平衡。

以亚历克斯的水平，考虑到他对精准性的要求，交易过程中的这些小弱点事实上是比他所意识到的更大的问题。它们也是恐惧的一个适当的信号。当你的交易环节中存在不足时，你必须变得过于自信才能不感到恐惧——这不是一个理想的纠正。相反，你要理解这种恐惧信号是在提示你需要改善你交易过程中的某些方面。

● 对错误的假设

缺乏完全的掌控是市场唯一能确定的事，不是吗？但有些交易者通过假设市场波动不会影响他们的业绩，人为地消除了这种确定性。他们认为每次亏损或盈利不达预期，都意味着他们犯了错误。

在日内交易中，这种假设诱发了通常在实际错误发生之后出现的紧张、不安和压力，致使你犯了真正的错误，比如因为犹豫不决到手的价格更差，或在利润丰厚的点位放的头寸太少。当你没有考虑到市场波动的影响时，你其实是高估了你的掌控能力。你为你的结果承担了太多的责任。这是一个造成不必要失误的缺陷。

这种高估自己控制力的思维模式通常始于大的胜利。你在一些交易中进场和离场的时机都很完美并使利润最大化。在那一刻发生了两件事：

1. 你没有考虑到正向波动，而且，不论你是否意识到这一点，你其实是假定这些超预期的结果完全归功于你作为交易者的交易技能。

2. 你开始相信你应该从每笔交易中获得最大的利润，或者，你至少认为这种情况应该更频繁地发生。

现在，当你没有获得最大的利润时，你就认为你犯了一个错误，即使你的收益相当不错。你可能不会这么极端，但这种情况发生得越多，你就越是犹豫不决，反复揣摩进场和离场是否合适，对风险的计量是否正确或其他因素，因为你不想再一次"犯类似的错误"。

对掌控全局的渴望创造了一种针对表现的二元编码：正确或不正确。让我们实际一点——这个博弈并没有那么简单。有许多事情是你无法左右也无力掌控的。但是有一些方法可以让你获得更多的掌控，其中一个方法就是改变你编码错误的方式。我在第1章中介绍了下图，这是二元编码的一个很好的替代方案，因为它描述了三个类别的错误。

C级博弈	B级博弈	A级博弈
明显的错误	微小的错误	学习中的错误
根源： 心理或情绪缺陷导致情绪过于强烈，或是你的精力过低	根源： 既有战略决策中的弱点，也有心理或情绪的缺陷	根源： 战略决策中无法避免的弱点

提醒一下，A级博弈的错误是由技术层面的原因造成的——例如，你还没有获得的知识或是你还没有察觉的市场的最新的变化。这些是你无法避免的"学

习失误"，是学习过程中固有的一部分。

在你的B级博弈中，你的一些情绪上的混乱阻碍你进入A级博弈，但还不足以让你跌回C级博弈中。此外，还有一定程度上的战略失误——有一些你需要学习但可能不是特别明显的东西。而在你的C级博弈中发现的错误太过表面，战略层面没有任何值得学习的东西。相反，是心理和情绪方面的缺陷导致了这些错误。

为了解决这个问题，你需要以这种方式来训练自己识别并归纳自己的错误。使用这个图表可以降低你在没有犯错的情况下假定自己犯错的可能性。如果你还没有完成"A级到C级的博弈分析"，写下所有明显的错误和所有你容易犯的微小的（不那么糟糕的）错误。如果你还能找出最近的学习中的错误，那就更好了。如果没有找到，可以不填。

下次当你认为自己犯了错的时候，看看它对应你清单中的哪一点。如果它不属于微小或明显的错误，花点时间思考一下，这一亏损是你没有理解的东西造成的还是能提高你当前能力的新的东西造成的。如果是这样，这很可能是一个学习中的错误，而害怕这种错误标志着你害怕学习本身。

● 明显的错误

对明显的错误的恐惧就像它听上去的一样。你担心自己会犯过于明显的错误，无法想象这些错误是怎么发生的。

让你更苦恼的是，尽管你知道你所做的事是错的，但你仍然这么做了。你无法阻止自己明知故犯，这种震惊和难以置信会造成相当大的忧虑和紧张。你开始一天的工作时已经十分紧绷了，担心如果有一件事对你不利，你就会迅速失控并犯一些大的错误。

即使你努力阻止这类错误也无法缓解恐惧。你不希望你的努力白费，不希望结果还是回到原点，没有丝毫的进展，只有更多的恐惧。

你对一个明显错误的恐惧是合理的，因为你阻止它发生的能力不足。但是，交易者往往过度关注实际的错误而不是造成错误的原因。正如我在上一节所讨论的那样，明显的错误是情绪受影响的结果，你没有机会阻止它。然而，交易者往往没有考虑到造成错误的心理和情绪因素，尤其是那些比较明显的或基础的错误。当他们**确实**犯了一个明显的错误时，他们不会去解决它，因为他们认为自己已经具备了能够避免这个错误的必要知识。他们把这当作意外，或者认为这些错误很容易解决。

为了改进，你必须明白这些错误并不是对你交易能力的指责。相反，把焦点放在致使你犯这些明显错误的心理和情绪的问题上。例如，问题可能是贪婪、害怕亏损、愤怒、失去信心，或过度自信，这些都是最初致使你犯明显错误的问题。之后你对明显错误的恐惧逐渐形成，作为你无力阻止它们发生的回应。解决了真正的问题，你就不会再犯明显的错误，你的恐惧最终也会消失。

为了加快这个过程，你要马上做两件事：制定一个策略来解决你犯这些明显错误的原因；重新建立你对自己表现的信任。这样你的恐惧就会消退。一开始你可能仍然对这些错误的发生感到紧张。这在逻辑上说得通，因为风险仍然很高。这个阶段仍然是脆弱的。随着你不断进步，你会知道它们发生的时间和原因以及如何及时地阻止它们，你犯明显错误的概率也会变得很低。

害怕失败

成功和失败可能是二元对立的。只有一支球队能赢得超级碗，只有一个高尔夫球手能赢得大师赛。从这个角度来看，体育世界中大多充斥着失败——这就是竞技的本质。然而，你如何解读失败会决定接下来将发生什么。

没有竞技者会一心追求失败，但精英们认识到失败在他们追求伟大的过程中起到的重要作用。失败突出了你技术和心理上的弱点。它可以让你意识到你有多渴望成功，让你有更多动力投入更多的时间和精力来进一步培养你的技能。

迈克尔·乔丹在他早期的职业生涯中曾连续6年在季后赛中失利。这些失败并没有让他止步，反而推动他向前。最终，他利用他所学到的东西突破难关，并赢得了6次NBA总冠军。那些努力达到最高水平的人并不会在失败面前退缩。他们接受失败在帮助他们变得更好和提高水平方面所起到的作用。

虽然交易中的成功可能没有像拿到体育冠军那么两极化，但对失败保持正确的心态也同样有价值，即使是在你重新积累资本或声誉的时候也是如此。相反，如果你害怕失败，那么你对失败的解读一定有所欠缺。你过去是否失败过并不重要。问题在于你如何看待它。

失败对每个交易者的意义都不尽相同。对一些人来说，失败只是意味着没能达到目标；对另一些人来说，失败就定义了他们自身。对失败的恐惧不一定是一件坏事，它可以成为令人难以置信的动力，让你努力工作，尽一切可能取得成功；也可以让鲁莽的交易者合理地管控风险。

但对一些人来说，对避免失败的渴望让头脑紧绷，导致思维的崩溃。失败的想法赫然耸立，以至于你过度考量你的决策，只在你感觉完美的时候进行交易，为过小的仓位找借口，并纠结于亏损和错失的机会。你可能会在仓位暴跌的时候思维凝固，只想着控制损失以及怎样避免做愚蠢的事情；或者更糟糕的是，你在亏损的时候进行恐慌性的抛售，结果眼睁睁看着仓位反弹到你的目标位。对于有这类问题的交易者来说，颇具讽刺意味的悲剧是，避免失败的压力使失败更有可能发生。

由于这种恐惧在交易中以及一般的表现中是如此普遍，所以现有的很多建议都是围绕这一问题而写的。你们应该都听过这样的建议："追求小的胜利""拥抱失败""失败指导我们走向成功"，以及"从中吸取教训，继续前进"……这些都很准确且合乎逻辑。然而，如果你对失败的恐惧背后有一个潜藏的、未被发现的缺陷，那么这些建议就不是那么有用了。以下是这类缺陷中最常见的，正如我们所看到的一样，如果你要征服它们，就必须先破解它们。

● **高预期**

高预期的本质意味着它们难以实现，所以多年来你一直未能达到。失败让人怀疑自己是否有能力达到自己设定的标准，而且最终会演变成恐惧。

此处的缺陷不在于你的目标太高。有多大的想象力，就可以有多大的渴望。问题在于你期望达到你的最高目标。渴望所隐含的是达到目标所需的过程，即便你还不完全了解你将采取的所有步骤。期望无关过程，它们只要求结果，没有商量。

假设你渴望成为你公司的头号交易者，你设立阶段性目标、寻求反馈和合作、审查你的所有交易，同时完善你的执行，所有这一切都是为了追求那个结果。你每天都在努力工作，不遗余力地寻找改进的方法。从这个角度来看，如果你失败了，这确实很糟糕，但你仍会有所收获，而且这些教训将被用于之后你继续追逐你的目标。

相反，如果你期望这个结果发生，那么不管你如何努力或市场条件如何，你都会大为震惊，并把整个学习过程视为一种浪费。随着时间的推移，如果这样或那样的失败不断发生，对自己将会失败的恐惧会逐渐形成，并让你不得不放弃追求你的抱负。虽然高预期经常用于激励，但也可能造成自我伤害。

这对弗拉德来说是个问题，他是南非一家公司的交易者兼老板，该公司将算法交易系统应用于他们自己的投资组合。这些系统运行良好，且非常有效。对弗拉德来说，困难的是识别出人为干预的正确时机。他经常在错误的时机干预系统。他让自己对市场走势的偏见取代了系统，并且干预系统自动运行的成本是有量化证据的。

为了弄清楚为什么会发生这些错误，他记录了恐惧档案，并创建了一个电子表格来跟踪自己的情绪。作为一个善用系统的人，他喜欢让自己的情绪变得更加量化且更可度量。这让他能更直观、更及时地看到错误发生的位置并进行标记，然后在盘后使用心理手史来挖掘它。他还跟踪了自己的日常生活，以及睡眠不佳或外部情绪如何影响他在交易中的情绪，反之亦然。

他发现自己有一种欲望——无时无刻不想证明自己是正确的。在我们交谈之前，他经历了一段非常焦虑的时期。他总是在想象最坏的情况——每个人都赎回资金，公司失去了所有的钱，一败涂地。他无法入睡，他一入睡就会梦到交易。他把这种情况描述为没有"关闭"按钮。他的情绪很糟糕，一直对着屏幕发呆，害怕负面的结果发生。

虽然在我们开始合作时，他的情绪状态已经有了明显的改善，但他还没有找到问题的根源。幸运的是，在完成下面这段心理手史的过程中，我们有所发现。

（1）**问题是什么？**我最担心的是资产价值和投资者关系的损失。我的投资者何时会说"不，谢谢"？这不再是一个投入/产出的游戏，即我可以客观地看待结果，并知道我的系统能够长期获利。因为客户的评价，它变成了一件情绪化的事情。我不能亏这么多钱，因为我的客户会吓死了。这种情绪又助长了对价值损失的恐惧。

（2）**为什么会存在这个问题？**如果我审视一下我在生活中的过往，会发现这说不通，因为客观上我并没有失败。然而，我没能达到我的期望，也就是在25岁之前成为百万富翁。从长远来看，我真的相信我将会达到我的目标，但有一种脱离正轨的内在恐惧。我不认为我是一个失败者，但哪怕是轻微失败的可能性也能把我吓得半死。

（3）**哪里出错了？**我对自己的期望实在是太高了。我真的相信，从长远来看，我会得到我想要的东西，但期望在任意的时间段内取得这些成果，这增加了不必要的负担。

（4）**纠正方案是什么？**要更明确我所带来的价值。我很擅长减轻下行风险，创造并部署新的系统，以及像优秀CEO所需要做的发展公司。

（5）**验证该方案的逻辑是什么？**我的期望蒙蔽了我对自己价值的看法，因为我过度关注结果而忽略了发展自己的专长、价值以及对公司发展做出的贡献。

通过以一种有逻辑、有条理的方式来看待他的情绪反应的根源，弗拉德能够在不应该人为干预的时候阻止自己。他还能够利用对自己情绪的了解，以一种更有利的方式调整他在公司中的角色。

当他彻底明白他是一个厌恶风险的人，会对情绪和他人的期望反应过度之后，他改变了自己的工作方式。他退出了一些公司事务，例如他曾过度参与和把控的市场营销等流程，选择相信他的员工，让他们放手去做。正如他所说的，"这就像使一个模型变得多元化。我退出来专注于经营我的公司，这让他们表现得更好。放开手脚，只关注自己的产出，这样缓解了我的很多焦虑"。

当然，没有奇迹，只有努力工作。当然，他仍然有一些控制方面的问题，但现在他可以睡觉了。他的生活质量得到了极大的改善。而且他在工作中的专注力也得到了提高，现在他不再因为试图控制一切而稀释大脑的智力了。

除了弗拉德采取的具体步骤外，这里还有一些你可以采取的步骤，来消除高期望的负面影响。首先，你需要把你的期望转化成渴望，比如我在"害怕犯错"一节中提到的关于对完美的期望。这样你就可以通过专注于宏大的愿景来保持你的动力，而无须承受期待带来的压力。你也能更快地从错误中学习，因为你接受并拥抱它们作为学习过程的一部分。

然而，仅仅转换观点还不够。对失败的恐惧，部分是由过去失败的影响产生的。为了纠正这种累积的情绪，你需要回顾你的交易历史，可能还有你的个人历史，来检视你过往的失败。以下的过程可以帮助你做到这一点：

步骤1：列出所有你认为是失败的事情，包括交易中和交易外的失败。看一看列出的这份清单，问问自己哪些事是你一直还在思考的，哪些会随机出现在你脑海里。当你在想着它们时，哪些还在刺痛你——让你感受到了失败的痛苦，也许甚至是多年之后？

步骤2：关注那些最突出的，或目前感觉最消极的事，并检视你为什么会失败。你犯了什么错误？你之前没能理解的是什么？你学到了什么？它是如何改善你交易或其他方面的能力的？

步骤3：考虑是什么让你对失败耿耿于怀，以及为什么。你是否认为如果没有发生这种情况，你的生活会有所不同？你是否对此感到遗憾？你是否还没有原谅自己导致失败的错误行为？

步骤4：用心理手史来分析你无法放下这次失败的原因，然后纠正这些原因中所包含的缺陷。

定期回顾你所写的内容，直到你对自己过去的失败感觉至少是比较中立的。你可能最终会达到这样的阶段，即因为你学到的东西或者最终赚到的钱，而为过去的失败感到高兴。但是，第一个目标是只要变得不那么消极就可以了。

● 低估你的成就

你可能害怕失败，因为当你对失败的关注超过了对成功的关注时，失败的痛苦就被放大了。这种情况在高预期的情况下很常见，在这种情况下，你假定成功会发生，但它却没有得到应有的关注。你对你取得的成就缺乏满足感、自豪感、成就感、喜悦感或幸福感。即使当你体会到这些积极的情绪时，它们也不会持续很久——你很快会转移到下一个目标。

我并不是说你必须冒着变得自满或过度自信的风险，沉醉于自己的伟大。只是需要保持平衡，否则你就会营造一种失败的阴影变得比正常情况更大的事态。最终的结果是，你对失败的过度关注造成了你的观点失衡。

以下是你可以做的一些事，来重新平衡你对成功和失败的看法。罗列你过往的成功，找出那些往往不被承认或不太受重视的成功。坚持做几周，因为你不可能一下子就记住它们。为什么这项成就是值得重视和赞赏的？是什么让它具有挑战性而且不能保证一定发生？你对什么感到满意？

然后再看一遍这个清单，明白你是如何成功的。取得这些成就你付出了什么？在这个过程中你学到了什么？

你的目标是以同样的方式对待成功和失败。从失败中学习往往更容易，因为我们的不足之处很明显。但从成功中学习在某些方面来说更为重要，无论是从实践中还是从重建你的观点来看都十分重要。

定期回顾你所写的东西来加强认知，直到你能自动地从新的角度思考过去的成功。需要说明的是，这种思维强调的是你已经获得的知识、技能、习惯和过程，同时它培育了你追求下一个目标的能力。它让你以更清晰的情绪去对待下一个目标，并降低你对失败的恐惧。

● 低估你的技能

你已经看到不确定性是如何为恐惧提供温床的。在某些情况下，这种不确定性的存在是因为你没有认识到你作为一个交易者的技能。变得更善于看到你的能力可以提供给你一个坚实的基础，消除交易中固有的不确定性，并减少你的恐惧倾向。你不是在发明或编造不存在的技能。你只是在纠正你的思维中导致你忽略自己拥有的技能的缺陷。

想象一下，你站在一座山的山顶上，这座山高耸入云。你下方的一切都被遮住了，所以看起来你实际上是站在云上。你在那里待得太久了，以至于你已经忘记了你是站在山上的。你感觉脚下没有任何实体，你随时都可能滑下云层，然后自由落体落回到地面。但就在这时，云层完全消散了，你看到了你脚下的庞大的山体。事实上，你一直站在坚实的地面上。

这座山是你作为一个交易者所获得的知识基础。你已经爬到了一个很高的水平。（也许还没有达到你想要的高度，但这没关系。）当你忽视你的能力时，你会感到不稳定，但你大可不必如此——你只是没有看到你脚下的地面并因此产生了恐惧。无论你在这个比喻中的"山"上爬了多高，花点时间巩固那些没有被认可的知识、技能和经验，这样会提高你处理不确定性的能力并减少恐惧。

● 认为自己是个失败者

你在失败的时候有什么感觉？亏损和失败是否对你个人造成打击并让你觉得自己是个失败者？如果是这样，那么当你坐下来交易时，有更多东西处在危险边缘，其中不止有金钱。交易成了评估自己作为交易者能力的事情。

为了避免给自己打上失败的烙印，也许你无意中减少了在研究新的投资想法或在制定策略上下功夫的时间。害怕自己感觉像个失败者，于是你不让自己全力以赴。因为如果你真的全力以赴但还是失败了，这会确立你注定失败的命运，而这将是难以承受的。

这里的潜在缺陷是——相信失败是你性格中永久的一部分。如果你失败了，它就定义了你——你就是失败的原因。你就是这样的人，并且永远是这样的。如果这样看，你就看不到成功的可能性了。你充其量只是把成功看作是对宿命的暂时逃避。也许你以前没有这样想过失败。将失败视为一种性格特征是微妙的，人们往往不会这么想。但当你深入研究恐惧以及失败带来的威胁时，你会发现，在某种程度上，你确实是这样看待它的。

当你对自己怀有这种信念时，你就不可能看到失败所提供的价值，也不可能以一种富有成效的方式去思考它。如果你是一个失败者，就没有必要再去思考它了。要开始破解这种恐惧，你需要纠正一种错觉，即你的性格是永久的。为什么你会如此固执地坚持这种信念？

同样的，回去参考心理手史，将其作为组织你思想的工具。下面是一个例子：

（1）问题是什么？我很害怕，如果我加仓却还失败了，那就完了——就好像我站在悬崖上，要么飞翔，要么坠落。

（2）为什么会存在这个问题？我知道我必须加大头寸以实现我的目标和梦想。这是一个关键阶段，如果我失败了，我就会觉得走到头了，我做不到。

（3）哪里出错了？加大头寸虽然对长期成功至关重要，但对我的业绩来说并不重要。如果不成功，也不是结束，我还有很多机会。它不会演变成在飞翔或坠落中二选一，我其实还不知道它将如何演化，但我知道悬崖并不是真正存在的。

（4）**纠正方案是什么？** 无论规模大小，每笔交易都只是锻炼我优势的一次机会。加大仓位不是绝对的，无论输赢，旅程都在继续。

（5）**验证该方案的逻辑是什么？** 这只是下一个障碍。我已经跳过了许多障碍，还会有更多的障碍。如果我这次没有解决它，后面还会有很多的机会……但先看看我能不能现在就搞定它！

● 失常

你是否曾因为执行的剧烈崩溃而失败过，也就是"失常"，就像运动员在大型竞技舞台上表现的那样？这就相当于高尔夫球员吉姆·福瑞克在2012年美国高尔夫公开赛上一连串异常糟糕的击球，在还剩6个洞的时候失去了领先优势。如果你有过这样的经历，那么你害怕失败的原因就很好理解了。

在重大时刻，你是否已经头脑瘫痪，无法思考，也无力执行？第一次发生时，你可以很简单地把它当作偶发事件而不予理会，但后来它再次发生了。没有明确的触发因素。你不知道它何时会发生，更糟糕的是，你不知道它为什么会发生，也不知道如何阻止它。这些未知因素滋生了一种恐惧，不断潜伏在你的脑海中。也许这就是为什么尽管福瑞克是他那一代人中最好的高尔夫球手之一，但在那场比赛之后再也没有赢得过重大赛事，尽管他曾多次参与角逐。

在交易中，失常是一个复杂的问题，因为每个人出现失常的方式和原因都不一样。但所有人的共同点都是存在强烈的情绪，而最常见的就是恐惧，它能迅速压垮头脑并关停思考的能力。为了纠正这种情况，你需要首先识别累积的情绪，这是导致崩溃的核心，也是你失常的原因。

在大多数情况下，人们有多种情绪和缺陷需要应对，包括愤怒和失去信心。

剖析问题并解决问题的每一个部分。确保缩减仓位或降低风险，以暂时减少交易中引发的情绪。不需要对付那么多情绪，你就能降低失常的可能性。这将给你一些喘息的空间来纠正你的情绪反应。

当大量累积的情绪被触发时，你根本没有机会纠正了。你只会被击溃，注定再一次的失败，并不得不与混乱的后果作斗争。一旦你证明你可以在较低水平的情绪上取得进展，就可以缓慢地加回仓位，就像你在做伤后康复一样。最终，失常将成为过去。

正如我们在本章中所看到的那样，恐惧有很多面具和众多根源。使用心理手史和描绘情绪地图的工具将帮助你系统性地找出恐惧的根源，这样你就可以更有效地改善你的心理博弈。

在我们进入下一个情绪——愤怒的时候，这些工具会更为重要。愤怒出现的方式可能与恐惧截然相反，而且这种感觉本身会使深入挖掘它的模式变得更为复杂。当你被激怒的时候，你不太可能愿意做你需要做的工作来解决愤怒的问题。然而，如果你想一劳永逸地解决问题，你需要剥开愤怒的表层。我们将在第6章"愤怒"中做这件事。

第 **6** 章

愤　怒

愤怒非良友。

—— 捷克谚语 ——

你可能对"倾斜"（tilt）这个单词感到陌生，在扑克游戏中，它常被用来描绘一个玩家因为过于恼怒而表现得一塌糊涂的情况。常见的说法是他们"情绪失控"（on tilt）。此外还有一些巧妙的衍生用语，像是raging monkey tilt，形容扑克玩家不仅做出令人震惊的决定，损失惨重，还在众人面前出尽洋相。可想而知，总会有很多玩家排着队等着与陷入这种状态的对手对弈。

实际上，"倾斜"一词并非起源于扑克，而是弹球游戏。在游戏中，玩家会倾斜机器，以免弹球从底部两端的板子掉下去，或是控制弹球去到他们想要的位置。据我所知，有些交易者已经在用这个词了。

你们中的一些人已经意识到愤怒如何影响你的交易表现的，并且对愤怒的代价也有着敏锐的感知。愤怒会在一整个交易日或连续几天的交易中不断累积，直到达到沸点。你变得更倾向于投机交易，过久地持有赢家和输家，或是变得过于激进。你想要挽回损失，仓促做出决定。愤怒无端地爆发，毫无预警。

也许你完全没意识到自己的愤怒，因为你是一个内在愤怒者。你的愤怒和沮丧都藏匿起来了，甚至连你自己都不知道，你的愤怒不像你看到的其他交易者的那样外露，因此你的愤怒情绪不那么明显。当你的情绪不断蒸腾的时候，

119

你会更安静、更紧绷，就像一个即将爆炸的压力锅一样。

这可能源于你的风格、个性，或是自我表达的方式。也许你已经习惯了掩藏。你们中的一些人可能处于某种工作环境中，在那里，这样的行为是不被接受的，所以你们很快就学会了在交易日里控制情绪。

导致愤怒的因素很多。你的挫折感可能来自交易结果、市场或你自己。你从来不会无端地生气，一定有一些特定的触发因素。也许市场趋势对你不利，也许价格的走势与你期望的方向截然相反。也许，当你想以市场买入价成交并结束交易时，买单就消失了。抑或是，某个基金正在向市场大量下单，引发了市场的剧烈波动。

然后，为应对这些触发愤怒的情况，你可能会：

- 出于懊恼而下了太多单。

- 心想**"去他的，真是见鬼了。这市场是在捉弄我吗！真不敢相信我的运气会这么差！"**

- 强行交易，试图挽回损失，保证当天收益为正。

- 偏离原有策略，而非顺其自然。

- 采用明知是错的交易设置。

- 追逐市场，想着**它不可能涨得或跌得更多了。**

- 相信你比市场更清楚——**他们怎么能在这个价格上买卖呢？这一点都不合理。价格会回落/回升的。**

- 做一个接一个的交易，不假思索，就好像一步错步步错。

在做出这些反应之后，你可能会转向一些策略，例如深呼吸、休息一会儿、退出交易、去健身房或进行正向思考等策略。当在你努力解决问题的时候，这些策略对暂时控制愤怒来说是可以接受的，但它们绝非长久之计。请记住，**愤怒是一个信号，而不是症结所在。**要消除愤怒，你首先要了解你正在抗争的深层缺陷。

愤怒的本质

愤怒本身并不是一件坏事。它可能是你采取行动并进行自我提升的非凡的助推力，但它也会导致种种表现问题，这些问题也是促使你来读这本书的原因。因此，解决你愤怒问题的第一个关键是去了解你的愤怒背后的具体原因。当潜在的缺陷、偏差或错觉与现实发生冲突时，就会产生愤怒。愤怒，究其根本，是这种冲突的一个信号。这些爆发的时刻成为你识别造成愤怒的真正原因的契机。

两个人之间的冲突是最显而易见的，比如互相争论谁是有史以来最伟大的运动员、税收政策的利弊，或是和你的另一半一起做出金钱上的决策。当冲突加剧时，就会产生误解或无法从另一个角度来看问题。如果还有额外的因素，例如时间上的压力，挫败感就会累积，导致冲突变得毫无成效，甚至具有对抗性。

然而，当你调和了分歧并化解了冲突时，愤怒就会消散。有时候，这种冲突实际上是有帮助的，无论它是否变得激烈，都能让双方更好地理解彼此。

在交易中，最常转变成愤怒的冲突发生在你和市场之间，以及你和你自己之间。与市场较量的想法对你来说是合乎情理的，但你内在的冲突呢？这可能会让你抓狂。如果你一度觉得你是在"与自己斗争"，这就是对当下发生的事情的极为精准的描述。事实上，你在与本书中反复提到的行为缺陷进行抗争，例如，认为你自己的运气不如其他交易者，你永远都不应该犯错，或是你应该知道会发生什么。

从逻辑上讲，你知道正确的思考或反应方式，同时你利用这些知识来对抗你的缺陷。例如，在接连亏损四笔交易之后，你一方面希望不要再承受一次亏损，而另一方面你明白这样想有多么荒谬。这是你与自己发生冲突的一个例子。你在自我对抗，防止缺陷造成你对亏损的过度反应。有时候你能赢得这场抗争，把野兽关在笼子里；而在其他时候，你的意识被你强烈的愤怒所淹没，你失去了控制。

这些冲突，相对于其他无数的冲突来看，不一定会演变得很激烈。愤怒并不是一个必然的结果。然而，当冲突的来源不明或未被发现时，挫折感会开始累积并可能转化为愤怒。愤怒就成为问题的信号。

不幸的是，交易者通常不把愤怒看作一个信号，而把它视作问题本身。这就引发了"愤怒的愤怒"，也就是说，你因为生气而生气——为无法控制你的怒火而生气，为做了一笔在正常的心态下绝对不会做的交易而生气，或因为不知道如何解决你的愤怒问题而生气。

这种次级愤怒如同火上浇油。本章将帮助你用理智灭火，减轻它对你执行的影响，并防止未来再度起火。

愤怒也可能在几周甚至几年的时间内都得不到解决。如果你曾经瞬间失控——从感觉平静到思维爆炸——那是因为累积的愤怒情绪。愤怒情绪通常在长期的回撤过程中累积，每一天你都变得越来越容易愤怒，因为前一天的愤怒延续到了下一天。这就像一个总是装满水的杯子。每天你都会把水倒出来，但杯子里仍会剩下一些。这意味着只需要再倒少量的水，水就能溢出来了。

在实际交易中，你可能会在结束又一个糟糕的交易日后发泄一些怒火，但在情绪上你并没有完全重置。第二天你展现出了积极的思考，但随后你会比前一天更快地愤怒。这就是累积的愤怒，它可能潜伏在背后并迅速影响你的执行。

愤怒的常见标志

在某些方面，愤怒的表现方式与恐惧全然相反。在前一章中，我说明了恐惧使我们评估风险、思考、做决策、相信直觉和进行预测的能力与我们为敌。而愤怒让我们丧失这些能力。

当你被恐惧牢牢掌控时，你很可能会过度思考并反复揣测。当处在愤怒时，由于缺乏思考，你会毫不犹豫地进行交易。如果你被恐惧冲昏了头脑，风险厌恶就是一个大问题。如果你处于愤怒的状态，你就会对风险视而不见。当你生气的时候，你看不到出错的可能。你在恐惧时，会不相信自己的直觉，而当你愤怒时，你认为你的直觉是错误的并做出有悖直觉的事。

对大多数交易者来说，在他们看到周围的惨状之后，会发现愤怒的迹象是显而易见的，例如，损失、错误、对同事的过激反应、摔碎的马克杯等等。但在事后认识到愤怒就像看到你本可以做的交易一样——机会已经消失了。

你需要一张清晰的"愤怒情绪地图"，这样你就能及时发现信号，避免愤怒的爆发。让我们深入发掘几种常见的愤怒迹象的细节，来更详细地了解你失控时会发生什么。虽然这些迹象有所重叠，看似相同，但还是存在一些差异，这些差异可以帮你更清晰地描绘出你愤怒的方式。

● 固着

愤怒的典型特征之一是你的思维变得特别固着于某件事，以至于你无法放下，即使它对你不利。固着最常见的情况是你执着于某个特定的结果或过往的错误。

固着于某个结果就像它听上去的那样。你知道自己想要什么，并且在得手之前不会松懈。一方面，这种坚定不移的态度可被视为一种优势，在很多情况下，这种专注是你成功的驱动力。但是，当它被愤怒驱使时，它就变得有破坏性。

这种执拗的心态会迫使你做出非常糟糕的决定，这可能看上去像是缺乏纪律。你知道你不应该再做一笔交易，但在那一刻，把钱赚回来是唯一重要的事情。另一个常见的描述是"隧道视觉"，你像一头狮子一样，在锁定了猎物之后，余下的一切都在你的视线之外了。

对错误的执着也同样明显。犯了一个错误后，你会为之所困，以至于你在一天中剩余的时间都在思考它。它甚至可能盘桓在你的内心深处折磨你数天或数周之久。即使是经年旧错也会引发愤怒——你仍然无法相信自己当时会如此愚蠢。你的头脑像滚雪球一样失去控制，试图弄清楚你做错了什么。所有这些都会影响你感知市场当前情况的能力。你知道你不应该这样做，但你就是不停地纠缠其中。你的思绪不肯放手，而这让你更加煎熬。

快速提示

弄清楚你的大脑容易固着于什么事情。它们会成为你觉醒的信号，让你意识到愤怒正在使你的大脑陷入瘫痪状态，而你却没有意识到这一点。当你识别到这个信号时，在开始纠正愤怒之前，你要做一些动作，例如，深呼吸或站立起身，以此来加强你的觉知力。你必须在某些方面做出改变，这样你的大脑才能开始放下。

● 无视风险

愤怒的另一个常见迹象是无法看到风险或不注重适当的风险管理。这一迹象可能以两种形式出现。愤怒会让你看不见在正常心态下一目了然的风险。这就像是你在开车却看不到停车标志。你正处于一种盲目的愤怒中，忽略了那些你通常会考虑的因素，或是忘记了你之前设定的风险限制。

在第二种情况下，你知道风险的存在，你意识到你所做的事情有可能是错的，但你已经非常愤怒，根本就不在乎。额外的风险在当下看起来似乎是合理的。你想得到你渴望的东西，然后就不管不顾地行动了。

快速提示

虽然我把第一种形式的信号描述为看不见任何风险，但这种"看不见"仍然是有范围的。弄清楚你不愿意承担哪些风险，然后想出最简单的能让你少犯错的纠正方法——就像你从尺蠖概念中学到的那样。第二种形式，如果你到了一种不再关心风险的程度，写下那些值得冒险的常见理由。把这些添加到你的地图上能让事情很快一目了然，即你在试图说服自己相信一些不真实的东西。

● 不经思考

愤怒会让你的思维停止运转，以至于你在做交易时不会考虑通常会考虑到的因素。这不单单指你对风险视而不见，而是涉及你整体的决策过程以及它是如何消失的。愤怒本质上移除了通常为你的决策提供指引以及制止你冲动的护栏，例如，为马上赚钱、弥补错误、纠正不公，或证明他人是错的而进行交易的冲动。这就好比你在一条高速公路上行驶，所有的车道标记和护栏都被移除了，这样你就很容易驶进迎面而来的车流里。

你的行动看似随意，但实际上它们是缺乏正常的思考，而思考通常为你执行战略所需的进场和离场条件设置了障碍。过度思考和反复揣摩是恐惧制造的多余的障碍。愤怒则相反，它消除了障碍。

快速提示

由于这些障碍是正常存在的，所以你要写下你决策过程中的关键因素，并定期提醒自己——即使愤怒并不存在。这将有助于你在平时加固这些"护栏"，这样当愤怒试图推翻它们时，你就更能够缜密地思考这笔交易。

● 有毒的故事

当你无法让你的头脑公允地思考某个损失、错误或情况时，它可能会创造出一个有毒的故事。你对已经发生的事情念念不忘，甚至编造出了一个故事，像是讲述你有多愚蠢、市场是如何被操纵的，或者企业巨头是如何联合与你作对的。你不能以另一种视角来看待这些事。即使他人费尽力气也无法使你摆脱你的头脑已经深陷的负面循环。

在某种程度上，它就像毒药一样把你拉下水，而你甚至没有意识到你正沉浸在自责、后悔、假设和借口中。局面一片混乱，你无法跳出自己去进行思考。你相信你是对的，并说服自己你的想法是正确的。

快速提示

通常情况下，这些有毒的故事会反复出现，要么是你一遍又一遍地诉说着相同的事情，要么是同一个主题会以不同的方式重现。写下这些故事或你所说的事情。认清事实永远是第一步，当你沉溺在愤怒和负面情绪中时，这种认识能让你从中抽离出来。

描绘你的愤怒

尽管有许多共同点，但每个交易者都有他们不同的愤怒方式和原因。完成愤怒情绪地图的绘制流程对于找出愤怒正在影响执行的信号至关重要。这将使你能够及时发现愤怒升级的时间点。此外，它还将帮助你揭开导致你愤怒的缺陷并为你指明在本章中你最应该关注的部分。

遵循下面的步骤来创建一份真实的记录，它将成为你的愤怒情绪地图。

● 步骤1

在接下来的几周里，密切关注你的**愤怒模式**。检查并捕捉标志着愤怒已经成为一个问题的迹象，包括：

- 思想
- 情绪
- 大声说的话
- 行为
- 行动

- 决策的改变

- 你对市场、机会或当前头寸的看法的改变

- 交易中犯的错误

在你交易时，在电脑上打开一个文档或在你手边放一个记事本，并在交易日做一整天的记录。在交易结束后，回顾你所发现的情况并补充额外的细节，要尽可能全面。记住，了解你的愤怒情绪的最佳时机之一就是在愤怒发生的当口。

头脑风暴是这一过程初始阶段最贴切的形容。你不可能在第一次做的时候就完美识别出所有的细节。如果一开始这对你来说很困难，也不用担心。每个人都有自己的起点。利用你的发现，并逐渐在此基础上进行构建。只要你把它放在心上，你就会持续不断地学到比以前更多的东西。无论速度快慢，进步就是进步。以下问题可以帮助你开始。

- 哪些情况通常会激发挫败感、愤怒或暴怒？

- 当你生气时，你的身体有什么反应？例如，双手紧握、头脑发热，或在愤怒中砸鼠标。

- 你能否描述挫败感什么时候开始变得过度并破坏决策或执行吗？

- 你的脑海中具体在闪现什么？你有什么想法？

- 你的决策过程有什么不同？

- 标志着愤怒已经成为一个问题的最早的迹象是什么？

你可能感受过的一些具体标志包括：因沮丧而进行交易，或是对自己说，**该死的市场，真是见鬼了**。你可能会发现自己一直在哀叹运气不好以及你怎么又搞砸了。你开始追逐市场，因为你假定它不可能再下跌了。

你可能会说这样的话："市场太疯狂了！他们怎么能在这个价格买/卖呢？这完全不合逻辑。"有时这感觉就像闸门突然打开，让你一步错步步错——你迅速把亏损的仓位翻倍，不假思索地进行交易，试图抹平先前的损失。

当你识别这些标志时，一定要捕捉尽可能多的触发因素。如果你需要帮助来识别你的诱因，仔细观察你的想法和你大声喊的内容。记住，不要批评你所说的或所想的。你的想法是由行为缺陷造成的，而这种缺陷往往与触发因素有直接的关系。

以下是一些常见的触发因素：

- 刚建仓马上就下跌了；
- 打算以市场买入价成交却发现买单消失了；
- 接连亏损了几笔交易；
- 犯了一个你明知不该犯的错误；
- 当你离开办公桌时，看到其他交易者赚了钱；
- 一个突如其来的事件让一笔交易爆仓；
- 在你生气的时候犯了一个愚蠢的错误，随即引起愤怒；
- 另一个交易者质疑你的交易——这感觉像是对你智力的攻击；
- 思考你本来可以从一笔交易中赚到多少钱。

绘制你的愤怒情绪地图是一个迭代的过程。当你发现新的细节时，哪怕只是轻微的调整，也一定要把它们加进去。小的细节很重要。当进展岌岌可危并且你有机会纠正你的愤怒的根源时，它们会起到决定性的作用。

● 步骤2

一旦你收集到了大量的细节，把你发现的这些细节整理起来，并**按照严重程度**，在1—10级的范围内对每个细节进行排序，其中1级形容轻微的沮丧，10级形容暴怒的结果。在每一个级别上，找出能与其他级别明确区分的细节。

当你评定严重的等级时，还要把它们分成两类：愤怒的心理和情绪层面，以及技术层面。它们是——对应的，所以心理和情绪方面的1级对应技术方面的1级，以此类推。

评分一定要基于**你个人**的愤怒体会，而不是其他交易者应对愤怒的经历。每个人都有自己的能力范围，如果你对照他人来判断自己，你就有可能高估或低估自己的能力。这反过来会降低你的策略的准确性。

你也不需要列出所有10个级别的细节。与我共事的大多数交易者都无法将他们的愤怒模式区分到这种程度。你能做多少就做多少，但至少完成3个等级的细节。以下问题可以帮助你区分每个级别的愤怒。

- 是什么触发了第1级初始的挫折感？它之后是如何积累或上升为愤怒或暴怒的？例如，也许一次普通的失利曾让你猛拍桌子。之后你又亏损了，但这一次你感觉更不公平。你能感觉到你的头脑在发热并有一种强烈的想要强行交易的欲望。你能够克制住，但你的头脑正在积极地寻找一个看起来像本垒打的模式，这能够让你将头寸翻倍。你找到了一个，火速下单，但很快就被止损，彻底错失了机会。

- 当愤怒仍然很微弱并且还是可控的时候，有哪些细节会出现？当愤怒成为一个彻底破坏你的执行的怪物时，又会出现哪些细节？

- 当你的愤怒程度上升时，你对市场的看法有什么不同？有哪些具体的交易错误是你可以在第1级避免，但在第10级却无法阻止的？

然后，把你已经分类的细节放在一张地图上，就像下面的这样：

愤怒等级

描述凸显你的每个愤怒级别的想法、情绪、言语、行为和行动。至少完成3个等级。

1. 握紧鼠标，移动鼠标就像在寻找一个可能不存在的交易。点击我的市场深度（DOM）图表，但不做任何分析。想知道"为什么没有任何东西呈现在我眼前？"我的头脑里一阵紧张。

2.

3. 做了一笔平庸的交易并被止损。如果我没有使用止损，价格就会突破我应该离场的位置，但我还是这么做了。我大脑中的紧张感变成了愤怒。

4.

5.

6. 我增加了仓位，希望能迅速弥补损失。我跟自己较劲："你必须立刻停止！""不，我可以把钱赚回来。"我执着于价格本身，而不是图表告诉我的信息。

7.

8.

9.

10. 我毫不在乎，一直交易到需要追加保证金。我开始咒骂自己，并且摔东西或扔东西。想要退出交易。

技术等级

描述对应你每一级愤怒的决策质量，以及你对市场、机会或当前头寸的看法。

1. 仍然能够发现绝佳的可以做交易的区间，并遵循我所有的指标和图表。但为了能当天参与市场会考虑做次佳的交易。

2.

3. 我寻找有可能获利但不在我做盘前分析时预先决定的区域。最终我做了交易。然后再次做同样的交易，或进入另一个失败的交易。

4.

5.

6. 不关注大局。增加更多的合约，并盲目进入一个高风险的交易。

7.

8.

9.

10. 投机，且只是在点击鼠标，并没有决策过程。我不知道自己在做什么，也不知道自己为什么要这样做。

如果你所有的愤怒迹象都很极端，这一步骤可能看起来有如登天般不可能。如果是这样的话，挫折感就不会持续积累并转化为愤怒——相反，你会突然无缘无故地爆发。因此，你在这个阶段可能缺乏识别能力，无法在你爆发之前看到这些迹象。更小的迹象一直存在，你只是还看不到它们。密切关注愤怒的堆积，特别是在你爆发之后。如果你花时间去看的话，你就能发现相应的线索。

然而，也有可能是你积累了太多的愤怒，瞬间就爆发了，这意味着你需要在交易日之外做更多的功课来减少情绪的累积。

● 步骤3

你现在有了一个坚实的草案，可以在交易时用它来**识别你的模式并迅速做出纠正**。由于这些模式可能需要大量的经验和训练来纠正，在你得到一致的证据证明你的愤怒情绪地图已经发生彻底的改变之前，不要进行改动。

现在，利用你在本节中的发现，将注意力集中在和你的交易最密切相关的特定类型的愤怒上。我强烈建议你浏览所有的类型，无论它们看起来是否和你有关，因为你可能会发现一些第一眼没有意识到的问题。同时你可能会记起更多可以添加到地图上的细节。

讨厌亏损

没有人喜欢亏钱。每一个交易日你坐在这里都是为了赚钱。亏损，特别是亏掉你自己的钱时，并不好笑。虽然有些交易者可以很轻松地接受亏损作为博弈的一部分，但对其他人来说，这永远不会发生，也不应该成为目标。你的目标是达到不会引发愤怒的程度。你的目标是改变你对亏损的反应——因为你的反应让你亏损更多。

你可能很难接受亏损，心想**"市场不会一直这样下去"**。你想要做成交易，在亏损仓位上加仓，试图挽回损失并在当日盈利。你知道你处境很糟，但这个事实无法让你平仓。你亏损了更多，然后强行交易以弥补你的损失。

愤怒蒙蔽了你的双眼，你开始相信既然它们已经下跌了这么多，不如继续坚持到仓位回血。有时它们确实会回调，并且你不计后果地违背了交易策略还得到了回报——这让你更有可能重复这一错误。在其他时候，损失不断增加，你的怒气在市场中爆发。你不能放弃。你会不惜一切代价去赚钱，或者只是为了在这一天回到盈亏平衡点。你也可能会：

- 如果损失过于惨重，在几天内避免进行交易。
- 在恢复盈亏平衡后就结束当日交易。
- 晚上很难放松，因为你觉得还有更多应该做的事。
- 累积的亏损使你陷入了你没有预料到的境地，这让你很生气。

当一天的交易结束或当你能够从愤怒的冲击中抽身出来时，你的大脑会相信所有本可以避免亏损的方式。你<u>显然</u>知道应该做什么，那是再清楚不过的了——在这个价位卖出，不要在这里买入。这很简单。知道应该做什么当即就会让你对亏损感觉好一点。

只不过这是毫无意义的。事后知道什么是正确的与事前知道该怎么做之间有着本质上的区别。你深知这一点，但你偶尔还是忍不住沉浸在幻想中。

你的目标是纠正愤怒，这是毫无疑问的，但要做到这一点，你需要避免在失败后找借口并把错误合理化。相反，你要弄清楚自己为什么不能接受亏损。确切来说，你为什么会讨厌亏损？

- **是因为感觉吗？** 亏损的感觉往往很糟糕，而且这种感觉可能会持续一段时间，甚至会影响到你生活的其他方面，让你在其他领域也感觉不是那么成功。

- **是你太过争强好胜吗?** 过于好胜是许多成功交易者的共同特征。但是,当你对胜利有着强烈的渴望却无法承受亏损时,问题就出现了。

- **是市场的波动吗?** 亏损是所有竞争环境的现实,在交易中尤其如此,因为我们很容易低估市场有时的疯狂程度。波动是博弈固有的一个组成部分,虽然你想和它友好相处,但也许你在内心深处是讨厌它的。

- **是因为钱吗?** 赚钱是你交易表现最具决定性的衡量标准。你讨厌亏损是有道理的。你也可能担心养活不了自己或家人,这让亏损更加难以接受。

不管你厌恶亏损的原因是什么,本节的目标是通过纠正导致更多亏损的愤怒来帮助你减少损失。交易是一个长期博弈。交易不在于每日盈亏多少,而在于执行能让你长期盈利的策略。而讨厌亏损,或者更准确地说,你对亏损的反应,会破坏你的执行并造成更多的损失。

如果你真的这么讨厌亏损,你肯定不想成为亏损的罪魁祸首!虽然没有人会庆祝一笔亏损的交易或当日的亏损,但下面的内容能帮助你和交易中一直存在的事情和平共处。

● 过于好胜

交易是一个竞争激烈的行业,所以拥有强烈的胜负欲与其说是一个问题,倒不如说是一个前提。但是,就像很多事一样,过犹不及。你对亏损的反应过度,表现在你过度交易、持有的仓位过大、不能正确地管理风险、为了盈利或回到盈亏平衡跳入不熟悉的市场。你不允许自己亏损——你对胜利和达成目标的强烈渴望不允许你亏损。

想要每天都能赚钱不是什么问题。你和那些每次比赛都想获胜的运动员没有区别。但交易中的问题在于,赚钱在短期内并不完全由你掌控。期望每天都能盈利是不现实的。

有时你会有亏损，但回过头来看，你还是会做出同样的决定，因为你知道从长远来看，它是有利可图的。在逻辑上你深知这一点，但是在你亏钱的那一刻，你很难看到更广阔的图景。既然这个问题不会发生在每个交易者身上，那么它为什么会发生在你身上？

要想知道你为什么如此讨厌亏损，先看一看，除了财富以外，你还从胜利当中获得了什么（这样做往往会更容易些）。金钱是记分牌。但亏钱并不是你讨厌亏损的唯一原因，问题更在于金钱代表着什么。你每一次交易的时候，处在危险边缘的不只是财富，因此这值得你花时间明确对你而言可能失去的是什么。以下列举了一些对你来说可能很重要的东西。

- 你的目标；
- 向那些质疑你能够在交易上取得成功的人证明，他们的看法是错的；
- 能否有维持生计、支付账单、养家糊口的能力；
- 你作为一个交易者的自信；
- 社会地位；
- 来自你的同行或你尊敬的人的称赞；
- 你在交易中投入的时间、精力和你的付出所带来的实实在在的成果；
- 更好的职业前景和管理更大金额的机会；
- 提前退休并脱离激烈竞争的行业的机会。

当你交易时，你想在竞争中赢得你清单上的所有东西。当你失败时，你失去的不仅仅是金钱，你还失去了信心、他人的尊重、在实现目标的过程中取得的进展，或清单上的任何一条。你讨厌亏损，因为这关系到很多东西。

需要明确一点，具有竞争意识和强烈的求胜欲并不是问题。你有目标，可能失去很多东西，当事情不如你意的时候你会有挫败感，这意味着你很在乎能否得到你想要的东西。此外，你现在知道，轻微的挫折感可以激发你的表现，让你更加努力工作。但这不是问题所在。问题来自那些使你的好胜心偏离正轨并将亏损后的挫折感转化为愤怒、厌恶或暴怒的缺陷。

要弄清你厌恶亏损的根源，请先写下一份清单，列出你在交易时可能失去哪些东西，以及你怎么知道自己是否已经成功。例如，假设你的目标是赢得同行的称赞，当他们明显很重视你在交易方面的想法并听取你的意见时，你就知道你成功了。这样来定义"赢得尊重"非常重要，因为人们很容易把金钱当作默认的衡量标准，但由于身边围绕着众多有能力的交易者，仅靠回报并不能赢得尊重。

无论是他人的尊重还是其他的目标，在交易的时候，仅仅是察觉到哪些东西正处在危险边缘就有可能帮助你减少愤怒。你会自动重新获得长远的眼光，并以此来审视那些无法一蹴而就的事情。你会接受固有的起伏，同时你不会感觉你的社会地位、自信或是朝着目标的进展随着每次输赢而大起大落。

在每个交易日开始时重新阅读这份清单，并将其用作一种界定当日输赢的方式，输赢不仅仅是金钱。调整你的心态，从这个全新的角度来看结果。你很容易陷入旧的思维方式——你不太可能立刻抑制你的胜负欲。

接下来，把你的注意力放在取得金钱以外的胜利上，比如改善你的执行、专注力，以及适应和寻找新机会的能力。确保在这些方面进行清晰可见且可度量的改进。例如，明确定义你的专注程度，就像你在"描绘你的愤怒"一节中所做的那样。每天一次或多次给自己打分。为交易时长或平均质量设定目标。以类似的方式对你的交易执行情况或任何其他的定性因素进行评级。

关键在于要花一些时间来定义衡量的标准，设定基线并跟踪进展。这样你就能看到你在什么时候取得了进步，尤其是在你亏损的日子里。没有这些步骤，你取得进展的一天很容易就被亏损掩盖了，亏损让你觉得你在退步，但这可能并不准确。

这样做的困难在于你的度量可能会出现偏差和不准确的地方。不要担心，获得完美的测量结果并不是重点。你的目标是拓宽你在短期内定义成功的方式并将你的好胜心聚焦在帮助你赚钱的行动上。

试图取得这种性质上的成功永远不会取代赚钱的优先性。但是，你在读这一章节正是因为你的胜负欲已经失控，它让你亏损得更多。你无法掌控每天是盈是亏，但你可以控制你的执行力、专注力和进步。对所有正确的事情都要保持好胜心。

最后，本节可能会从根本上改变你在一般情况下应对亏损的方式，不仅仅是在交易方面。从你有记忆以来，你是否一直厌恶亏损？是否有家人和朋友讲述过你小时候荒谬的过激反应？如果是这样，那么你正在重新训练几十年前的习惯，这需要大量的重复才能纠正。你也可能在与多年来你所遭受的一些重大损失所积累的愤怒情绪作斗争。

为了加速解决过去积累的陈旧情绪，你可以尝试将心理手史应用到某些具体的记忆中，在这些记忆的深处，你仍然可以感受到你对亏损的反应，即使它发生在多年以前。

● 损失的痛苦大过获得的喜悦

当你进入一笔交易时，你不仅是在拿资金冒险，你还把你的情绪状态置于危险的境地。失败是一种伤害，而且对许多人来说，失败的痛苦远甚于胜利带来的喜悦。行为经济学的创始人丹尼尔·卡尼曼和阿莫斯·特沃斯基首次将这一现象概念化并称之为前景理论。

前景理论确定了一种决策模式，该模式表明输钱和赢钱带来的价值不仅仅来自金钱。人们看重规避损失的痛苦，例如，他们会做出预期值较低的决策来避免这种痛苦。这包括在当日、当周或当月已经亏损的情况下，为了摆脱亏损而进行的高风险投注。这种行为还包括选择有保证的收益，而不是选择一个伴有小概率的亏损风险和大概率获得高于确定利润的选项。

由于本节中提到的种种原因，损失会造成痛苦。对许多人来说，损失造成痛苦还因为获得的感觉并没能很好地抵消它。获得更像是逃离损失的折磨，而不是一件本身会制造积极情绪的事情。对你而言，你有更多理由对损失感到难过，而不是为获得感到喜悦。因此，损失带来的阴影会更大，你预感到损失会给你带来沉重的打击，你会做出有风险或规避风险的决策来避免痛苦。

打破这种模式的第一步是要知道前景理论是一种观察，而不是人性的法则。是的，这种模式是存在的。但我们在这里谈论的不是像地心引力一样无法改变的东西，如果你相信你能改变它，你就有这个机会。

在随后以前景理论为基础的文章中，卡尼曼和特沃斯基强调了这一模式是基于每个人的"基准点"，我们每个人都基于这个基准点来对输赢的价值进行分类。本章中的建议可以改变你的基准点。损失的痛苦并不一定大过获得的喜悦。你要解决让损失如此痛苦的根源并提升获得的喜悦，让自己真正从中获得更多的价值。

当你期望赚钱并且真正做到的时候，你可能会找不到什么庆祝的理由，因你做了该做的事，同时你会专注于赚更多的钱上。但是，通过你在市场中的优势，用正确的方式赚钱理应得到认可。

我并不是建议你每次赚到钱都举办一次派对，只要承认你展现了自己的能力并且得到了回报就足够了。给自己一点时间来体会这种美好的感觉。你努力工作，应该带着自豪感或满足感来结束这一天，让自己知道你做得很好。明天你还要继续这样，但你会带着更多的信心和动力开启这一天，继续做一个卓越且不断进步的交易者。

感受到胜利带给个人的价值似乎是一种威胁，这也是剥夺了想要承认胜利的渴望的部分原因。它背后的假设是你要通过避免满足感来保持向上的欲望，但在现实中，当你始终如一地朝着目标迈进时，你的动力会依旧高涨。

● 期望在每笔交易中赚钱

你可能认为，任何一个交易者期望在每笔交易或每个交易时段内都赚钱是很荒谬的，但这比你想象的要普遍。当你亏损时，你是否有过怀疑？你是否立即发现自己内心在上下翻腾，想要说服自己亏损是有可能避免的？同样的，在逻辑上你知道市场变化不会让所有人在每笔交易中或每一天都获利。然而，正如你在本书中已经多次读到的那样，类似的情绪缺陷压倒了逻辑。

这种缺陷得以存在的一个原因是，交易者经常执着于这样的想法，即有一天他们会变得出色到永远不会亏钱，交易大大灌输了这种信念。当你状态正热时，市场就像一台印钞机一样，不停地把钱投入到你的账户里。你对此很兴奋，想象着自己开着法拉利到海滨别墅去。赚得那么多的钱之后，你会梦想着未来将能赚到多少钱，以及你将怎么花这笔钱。就像有人梦想着自己中彩票后会做什么。

如果状态火热导致你有轻松赚钱的想法，那么你会憎恨你不可避免地出现亏损的时候，因为它破坏了你的梦想。由此产生的愤怒是你对幻想与现实的碰撞做出的反应。

虽然亏钱带来的愤怒让你来读这本书，但解决这个问题的方法必然离不开改善你面对盈利的方式。首先要敏锐地意识到你什么时候开始被这些幻想和美梦吸引。在短期内，你无法完全掌控输赢，因为有太多的因素。你的重点需要放在尽可能执行好每笔交易上，因为这是你所能控制的。

如果你能控制住自己的情绪不过于高涨，那么当损失不可避免地发生时，你在局面不利的时候反应过度的可能性就会降低。你在赚钱的时候越是淡定，在亏钱的时候就越不容易低落。

总的来说，你要不断努力，把情绪更多地倾注在短期之内你能掌控的事情上，而不是在你无法控制的事情上。你不会因此对高峰和低谷表现得机械或麻木（人们通常认为他们应该变成那样）。最终，无论在盈利还是亏损时，执行你的策略会变得越来越容易。你会有一个更平衡的视角，并且最终你可能会为你在亏损的那一天表现出色而感到自豪。

相反，当你盈利了却犯了错误时，更多的账户余额并没有使你盲目。你仍然专注在明天如何做得更好上，而且你不会因为今天的盈利而卷入明天也会赚钱的假想中。

以下是跟踪这个问题的心理手史的范例。

（1）**问题是什么？** 如果我在一笔交易中亏了钱，我发现自己会试图寻找一种快速把钱赚回来的方法。这几乎像是对危机的反应——需要迅速采取行动，使损失尽快消失。

（2）**为什么会存在这个问题？** 越早把钱赚回来，我就越能尽快重新做好交易。我的策略是能赚到钱的，所以我可以通过快速做其他的交易来把钱赚回来。

（3）**哪里出错了？** 我期望我所有的交易都能赚钱，因为我的整体策略是能获利的。即使我是一个狙击手，只做最好的设置的交易，我仍然不会赢得每笔交易。让情绪模糊我的判断意味着我做了更多预期收益不太可能为正的糟糕的交易。

（4）**纠正方案是什么？** 我的策略会招致损失。认为我所有的交易都会获利只是一种幻想，抱有这样的期待让我必输无疑。

（5）**验证该方案的逻辑是什么？** 几次亏损造成的损失很小，但愤怒造成的损失可能会很大。

● 执着于未实现的收益

你对亏损的憎恨可能与一些从未属于你的东西纠缠在一起。你建了仓，当你看到价格正朝着你的目标靠近时，你会感到兴奋。尽管你以前曾因为太忘乎所以而被打脸，但在情感上你还是忍不住想要庆祝一下。这些未实现的利润好像已经是你的了。

当头寸朝着对你不利的方向移动时，愤怒就会产生，因为你感觉自己的财富被夺走了。有些人可能会愤怒地结束交易，结果却看到交易逆转并最终达到目标。一想到如果你当时什么都不做就可以达到目标，这可能会让你的大脑爆炸。其他时候，你会将头寸翻倍，或者强行进入另一笔交易，希望能弥补损失。

对运动员来说，不操之过急也很难，特别是在局势岌岌可危的时候。在超级碗的比赛中，亚特兰大猎鹰队在第三局丢掉了对新英格兰爱国者队的25分领先优势，并在加时赛中失利。就像运动员在这样的比赛中一样，你不能让你的思维超越眼前的东西。你要知道，在它完全属于你之前，它都不是你的。

只要你意识到这些操之过急的情况，并通过训练将你的思维始终专注在手头的工作上，你就有可能纠正这一问题。你知道你不应该这样做，但直到现在，你还没有意识到这是导致你愤怒的原因。

对一些人来说，这个建议可能太简单了，就像是说"只要在场就好"。如果你不能控制你急于求成的大脑，那是有原因的，你必须要弄清楚这一点。我注意到，我的客户往往迫切地渴望胜利以及胜利所代表的一切。在"过于好胜"一节中，我谈到了胜利不仅仅是金钱的问题。在这种情况下，你的思维执着于未实现的收益，因为你需要赢得尊重、财务安全、职业巅峰等。

随着你解决好胜心过强的问题，你会更容易避免操之过急。下面是一个心理手史的范例：

（1）**问题是什么？** 当我的交易有3%左右的浮盈时，我觉得这是我在交易中应得的利润，因为我是正确的并且我不希望它回落。一旦它开始回落，我就会更频繁地看图表，而且由于经常盯着图表，我精神上疲惫不堪。这感觉就像我在极力控制价格，使其达到我的目标。

（2）**为什么会存在这个问题？** 我开始考虑如何使用这些钱——我可以支付7个月的房租——我为自己将要赚到的这笔钱感到高兴，我不想失去它。

（3）**哪里出错了？** 这笔交易还没有达到我的目标，这还不是我的钱。我对未实现的利润过于执着了，认为它已经是我的囊中之物。

（4）纠正方案是什么？已经实现的利润才是唯一要紧的。

（5）验证该方案的逻辑是什么？它是真实的。

错误型愤怒

学习意味着犯错。如果你没有出错，那是因为你已经知道什么是正确的。然而，即使你了解它们在学习中的作用，错误仍然会让人感到沮丧。错误是有代价的。你有交易目标，当你的错误导致你亏钱时，这感觉很糟糕。

因为错误而感到沮丧并不一定是个问题。当它提供了纠错的动力并且你确实做到这一点时，坏事甚至会变成好事。愤怒情绪之所以成为问题，是因为挫折感太过强烈，以至于它会导致你犯更多的错误且更加难以纠正。这样的愤怒会使短期的执行力和长期的学习能力瘫痪。

错误型愤怒和其他类型的愤怒之间的一个重要区别是对亏损的反应。如果你是一个有错误型愤怒的交易者，只要你做出了一个好的决定，亏损对你来说就不是大问题。你坚定地认为，亏损是博弈的一部分，你并不讨厌它。但是，犯错**加上**亏损就会让你的头脑爆炸了。

你当即感到自己亏钱的原因很愚蠢，并在脑海中回放过去的错误。突然间，过去的错误如雪崩一般击穿你的大脑，同时还伴有自我批评的想法，像是"**你怎么居然蠢到不遵守自己的规则！**"你无法摆脱这些错误。你不能再承受另一次亏损了，因为这会证实你确实是错的。所以你继续保留仓位，甚至可能追加资金——你加倍地渴望自己不再犯错。

其他时候，一个错误会影响下一笔交易；而现在，一个错误导致了第二个错误。你发誓你再也不会犯这种错误了，但结果呢？

你以为这个错误很容易解决，所以你并没有真正地去努力解决它。或者你真的不理解为什么自己总是犯错，而这种情况一再发生。这个问题像雪球一样越滚越大，导致你对下一个交易想法的坚定信念在短期内受到损害，或是让你在执行过程中犹豫不决。你甚至可能放弃那些相当好的想法，因为你整体的信心已经有所下降。

错误背后的部分挫折感来自你不确定你将从错误中学习到什么。你想当然地认为你只是在烧钱。但如果交易精灵再次出现并告诉你这些错误会带来改变和深刻的见解，让你在未来赚更多的钱，你的感觉马上就会不一样。记住，错误对于提高交易者的交易水平而言至关重要。你可以这样想，如果你讨厌错误，你就是讨厌改进。

你甚至没有意识到你正在经历错误型愤怒，因为它往往被更明显的愤怒原因所掩盖，比如亏钱、感觉不公平和报复心理。为了确认这对你来说是否是一个问题，请问自己"为什么错误让我如此愤怒？"以下是一些可能的原因：

- 感觉因为自己的无能而错过了一个好的机会；
- 一个愚蠢的举动抹去了一天的工作成果；
- 到了你职业生涯的这个阶段，没有任何借口去犯如此明显的错误；
- 感觉自己在前进的过程中倒退了一步；
- 你讨厌别人因此可能对你产生的看法；
- 你觉得你在阻碍着自己实现目标，让自己无法成为一个伟大的交易者。

上面的陈述中隐含的是错误导致交易者愤怒的常见原因。每一个原因都和他们对学习过程和行为本质的理解上的根本错误有某种关联。本节接下来会层层分解这些错误，让你更容易解决它们。

当这些错误得到纠正后，这不仅意味着错误型愤怒的消失，也意味着你能更好地修复你的交易错误并成为一个更强大的交易者。顺便说一句，如果你读过上一章中的"害怕犯错"一节，你会觉得本节其余部分的主题很熟悉（但仍然值得在愤怒的背景下回顾这些内容）。

● 期待完美

完美就在那里，它是可以达到的，但是只能暂时达到。当你处在巅峰状态，相信自己已经找到了永恒的完美境界，即一个永不犯错的轻松交易的天堂时，错误型愤怒的根源就形成了。你忘记了这只是一个幻觉。

完美是一个移动的目标，出于两个原因，它无法在一个大的样本中长久保持。最明显的是，市场的动态变化迫使你不断地完善你的策略，从而使完美的定义也随之改变。不那么明显的是，尺蠖概念向我们展示了，完美的执行不可能长久——正如钟形曲线所示，你的执行总是存在差异。

当然，你会有状态正佳的时候，对市场和时机的感觉都非常精准，并且能轻松赚钱。尽管在理性的层面上你知道这一点，但问题是，你内心的一部分相信你每一天或每笔交易都可以达到这种状态。在内心深处，你觉得你已经弄清并解开了交易的奥秘，还找到了一个新的标准可以让你像"印钞"一样快速地赚钱。现在，这就是你所期望的标准。

达到"完美"意味着你已经创造了一个新的A级博弈。你的最佳表现变得更好了，你对完美的定义提升了。继续期待完美意味着在你的执行提高的同时，你需要继续保持完美，并不断创造新的高点。换句话说，你必须精准预测并击中一个正在向未知目的地移动的靶子。这本身就不可能持续，但你的表现范围变得更宽广，这让你更不可能保持完美。

你的尺蠖后端的进步还跟不上你前端的进步。交易者往往期待相反的结果。他们认为完美会消除后端，但它并不是这样运作的。

对你们中的一些人来说，达到这些新的高度，无论是执行还是收益率，甚至都不能带来满足感。你一直期待着它，然而肯定你期待发生的事情是没有意义的。现在，任何错误（无论多么轻微）都会造成愤怒。你要么对完美的交易反应平淡，要么一有犯错的苗头就毫无理智地鞭打自己。

纠正这一问题的最佳时机是在你处于最佳状态且表现出色的时候。当你的表现达到巅峰时，你要为此感到满意。当你做对所有的事情时，你会有一种肾上腺素爆棚的感觉，这证实了你对市场动态的准确理解和你无懈可击的执行。

看看你是如何达到这种状态的。强化你所采取的步骤以确定下一步要改进的地方。了解自己是如何取得成果的可以增强你在未来取得成绩的能力。此外，如果你消除了学习方式和行为方面的弱点，如分心、拖延或错误型愤怒，那么你在攀登下一个高峰时就会更富有成效且能更快地达到目标。

但同时你也要意识到为什么你不能期望明天也会有同样的状态。当你对学习过程的看法更加现实时，你就能验证为什么不能每时每刻保持完美。一定要留意你的尺蠖，要记住，向前迈进并达到你的下一个高峰的方法是去纠正你的尺蠖范围后端的弱点。只有当你最糟糕的状况得到改善时，你才能向你的下一个巅峰迈进。与其期待完美，不如继续奋斗，不断地纠正你的错误。

这一节的观点对我在第4章中提到的交易者罗德里克来说特别有帮助，他的贪婪其实就是这种错误型愤怒的结果。在我们合作之前，如果罗德里克犯了哪怕是一个轻微的错误，他都觉得有必要纠正它，他往往为了要填补这个错误而损失更多的钱。有一次，他为了弥补一个4000美元的错误，损失了58 000美元——他就是不能接受有轻微错误这样的结果。

作为一个交易者，他的策略运用了全球市场间的关联性，他会关注不同的市场或资产如何一同波动并互相影响，但他经常有一种感觉，好像他错过了一个机会，即便他的计划并不是当日在那个市场交易。他追逐机会，反向操作，结果惨遭收割。罗德里克还把大量时间花在研究上，特别是在经过几天或几个周末的紧张工作后，他期望第二天能马上产生一笔意外之财。

当他第一次和我交谈时，我们很快就发现他期待：

- 从每笔或者每一天的交易中获利；

- 永远不错过任何机会；

- 在投入大量时间强化他的策略后赚更多的钱。

总的来说，这些都是期待完美的标志。有趣的是，罗德里克对完美的期望也延伸到了他的心理博弈中。他很清楚哪些错误是由他失控的情绪造成的，但在内心深处，他认为自己可以破解问题并实现完美的交易。当他相信有一天他会弄清楚这一切，之后情绪就会消散时，在情绪上下功夫就没有多少意义了。

讽刺的是，我们就是这样破解了他完美预期背后的错误逻辑——罗德里克认为他可以变得非常优秀，甚至于摆脱自己的人性并且每时每刻都能达到完美的状态。

尺蠖概念让罗德里克产生了共鸣，他真正可以预期的是他最糟糕的表现，这一点让他大开眼界。当然，这并不意味着这就是会发生的事情。他只需要争取做到最好，奋力追求，然后尝试去理解为什么他的愿望会落空，并解决这个问题。另外，改善他尺蠖后端的这一想法是罗德里克从未优先考虑过的事情。这些都是让他接受进步的周期性的关键所在。

在接受了这个周期的存在之后，他终于开始着手写日志，他知道他应该为了交易以及他的想法和情绪去做这件事。写日志很快提高了他的意识，让他在对抗愤怒升级的方面有了很大的不同。愤怒依然存在，但其严重程度已大大降低。这一点可以从他每天的交易数量上看出来，从70—100笔交易下降到现在的10—20笔。而且，即使他做了次优的交易，他也会迅速意识到并及时中止，而不是让它像雪球一样越滚越大。

罗德里克谦虚地接受了自己是凡人的事实，现在的他更加欣赏自己在10年的交易中所取得的成就，这也让他不再那么愤怒。虽然在一次谈话中，这种认识也让他一度感到很糟糕。他说："我已经做到了一切，但如果我早点学会所有的这些东西，我会更成功。"我很快指出，这是对完美的期望（这是一个阴险的混蛋），再次蒙蔽了他的判断。

● 明显的错误

一个明显的错误是一眼就能发现的——这就是问题所在。这不是一个艰难的决定——如果它碰巧成功了，你就不太确定这个交易是糟糕的。不，这个错误太明显了，愚蠢到令人难以置信，你几乎无法理解。

有时，你在那一刻知道自己即将犯错，却无法阻止。例如，你清楚地知道设置是不正确的，而且进场意味着强行交易，但你还是这么做了。明知是错还要交易是如此不可理喻，你为此感到震惊并问自己："为什么明知不对还要去做呢？！"

这说不通。余下的时间里你结束了交易，但无法把错误从脑海中抹去。你无法放松，而且睡得不好。你怀疑自己是否有能力阻止这些错误发生。这让人泄气，所有这些负面的情绪都会延续到下一个交易时段，更有可能使一个明显的错误再次发生。

从表面上看，期望自己不犯简单的错误似乎完全合理。你为什么要做你明知道不对的事情呢？主要有两个原因。第一，你没有意识到你已经在愤怒了。对你们中的一些人来说，错误型愤怒是预示着你已经愤怒的第一个信号，或者是诸如恐惧或过度自信这样的情绪，已经影响了你的决策。第二，倦怠或其他的纪律问题导致你的表现下滑。无论是哪种情况，你的心理和情绪功能都受到了影响。

纠正这个问题的第一步是改变你不应该犯这种明显错误的预期。在你接下来的交易职业生涯中，盘踞着你C级博弈的错误仍然可能出现。三年后，你的C级博弈将比现在好得多（希望如此），因此你对明显错误的定义也会改变。但是到那时，犯明显的错误仍然是可能的。通过改变你的预期，你会自动地把做好准备、保持精力充沛、情绪平衡，以及准备好纠正可能导致明显错误的心理博弈缺陷放在首要位置。

你要做的第二步是改变你对这些错误的看法。错误不是问题。真正的错误是没有看到情绪的上升或强度的下降，这使得交易错误不可避免。优先改善导致你心智下降的缺陷。

要做到这一点，重点是去识别并绘制你的模式。你必须发现情绪的上升，或下滑至厌倦的趋势。你无法阻止你看不到的东西。你的心理和情绪状态的变化必须是易于识别的。否则，犯一个明显的错误会成为你出现问题的第一个信号。

● 美化自我批评

在朝着目标努力的过程中，我们都会有需要自我指导的时候。对许多人而言，这种内部对话无疑是自我批评。也许陪着你成长的父母、教练或老师会用严厉的措辞来激励你，这成为你头脑中的声音。或者说，这个声音是你自己的，从你有记忆以来就一直存在。

无论是哪种情况，你都会用下面这样的问题来责备自己——"我怎么会这么蠢？为什么我不能按照我的计划，做我应该做的事？"或者你通过这些想法来告诫自己：**"我到底为什么没有卖出？！当我遵守我的规则时，我就会赚钱；当我不遵守时，我就会亏钱。这再简单不过了！"** 如果自我批评对你来说是个问题，你完全知道这个声音听起来像什么以及它在说什么。

在某种程度上，自我批评是一种有用的激励工具。但问题在于，你认为自我批评对你的表现、成长或从错误中学习的能力是必不可少的。其实不然。它实际上会减弱或关停你提升的能力。对大多数人来说，它并不是一个有效的学习工具，而且往往会适得其反。你会陷入负面情绪、自我厌恶、思维反刍、失眠，以及浪费时间、精力和机会的漩涡之中。而且奇怪的是，你最终会依赖这种内在的愤怒来激励你做得更好。

不久它就变成了一个永久存在的问题。你必须犯错，以激发这种动力。例如，在达到最佳状态或完成高水平交易后不久，你可能会有点骄傲、专注涣散，或思维停滞。由于缺乏自我批评，同时又缺乏继续提高的动力，你就会向后倒退。最终，你犯了一个错误，引发了自我批评，循环往复。

自我批评可以激励你，但错误是你用来获得自我批评的货币。错误应当只被用作学习反馈，并且与你的动机无关。你不需要自我批评，你只是没有考虑过用其他方式来激励自己。

为了促成这一转变，要使用二合一的组合拳，降低愤怒或自我批评的强度，同时更加致力于你的目标，让它成为你的主要动力来源。识别并纠正你的自我批评源头，这通常包括你的学习方法中的缺陷，例如对完美的期待或对一个明显错误的厌恶。此外，写下你的短期目标和长期目标，以及你为什么有动力去实现它们，并定期（包括在每个交易时段的开始）回顾这些内容。

之后为了保持进展，你还必须对那些过度自信和破坏你动机的纪律问题的情况加以纠正。一定要做出纠正，这样你才能继续提高。然后，随着自我批评的循环开始瓦解，你会更容易被自然地激励着去实现你的目标。

● 后见之明偏误

本应该，本可以，本来会。你很生气，因为你认为只要你……，你就可以避免一个错误，例如更加努力地工作、阅读某条新闻，或是不去忽略一个初级交易者的想法——随你说什么，借口总是无穷无尽的。

这些想法的核心是由想要变得更好的愿望所驱动的。但在通常情况下，思考你学到了什么教训更多是以一种幻想或愿望的方式展开的。你认为很容易就能看到错误，而实际上并非如此。

你没有意识到，每当你在交易完成或一天结束后进行回顾并认识到错误的时候，你会比你做决定时掌握更多的信息。事后你就拥有了信息优势。

在这种情况下，你考虑的是什么能容易改变结果，但却没有真正弄明白如何从一开始就根据这些信息来交易。你不应该听从其他交易者的意见，而应该相信自己的直觉。你看到了巨大的机会，在2008年股市的顶部附近卖出，或在2013年买入比特币。你惋惜那些失去的财富，并思考它在今时今日对你来说意味着什么。

当然，你也为自己的愚蠢而自责，说什么"如果我当时……"之类的话。你甚至会对自己的情绪进行事后分析，自知不应该出于愤怒或不耐烦而交易。

你在事后分析中没有一处切实地考虑怎样才能做到那些在事后看起来是很容易的事。由于你没有积极地寻找事先更好地掌握信息的办法，你没有取得进步，这样的循环将继续上演。在未来的某个时刻，你会对另一个错误或错过的机会说和现在一样的话。你会用你2.0的视力回望过去，希望自己做出了不同的决定，想着自己有多么笨。

要纠正这个问题，你必须先认识到你怀有一个假设，即在某个时刻你会醒悟而成为一个天才，有能力不再错失任何交易机会或犯错。你很可能从来没有过这种确切的、有意识的想法，但你的想法本质上证明了你在某种程度上是沿着这种思路在进行思考的。在交易过后，你清楚地知道发生了什么，但在交易之前，你并不知道。把这两者画上等号意味着你相信你的内在有一种天分，这种天分会在某一天显露出来，然后你就会知道如何做这些交易。但很明显，事情并非如此。

新的知识是建立在旧的基础之上的。在错过这些机会之后，你需要回答的问题大致是这样的：

- 你如何在当时做出"正确"的交易？
- 你需要采取哪些步骤？
- 你错过了哪些视角？
- 你可以对你的决策过程做出哪些改变？
- 你的心理博弈需要哪些改进？

你需要积极主动地思考如何在未来做得更好。否则，你只是希望你有能力做这些交易。

● 总想要自己是正确的

你是那种给每一个错误找借口的交易者吗？你是否有一连串的理由来解释你为什么没有错，比如你分心了、你可以承受损失，或是晚些进场有时也能成功？这些下意识的反应瞬间涌入大脑，让你确信自己是对的。你必须一直正确下去。糟糕的是，当你阅读本节时，你甚至可能正在为自己辩护，为你想要一直是正确的的渴望找借口。

对正确的渴望是一种有价值的追求，但必须辅以对自身局限性的理解，同时明白错误是可能的结果。较为理想的情况是，你对正确有强烈的渴望，同时接纳错误，从中学习并进行调整。鉴于你读到这里，我猜你在逻辑上也知道你应该有这种平衡的视角，却被一种无法控制的欲望所驱动。

获得对这些下意识反应的控制并采用正确视角的关键是去了解是什么驱使你总是渴望正确。你为什么一定要是正确的？它能给你带来什么？为什么你不能犯错？犯错对你来说意味着什么？

根据我的经验，对正确的需求源于一个有关自信的问题。正确是你自我身份的一部分。做错事对你的自信心来说是一个沉痛的打击。你需要正确，就像你需要食物一样。没有它，你就会感到饥饿，并且你正在丧失自我的一部分，所以你会立即抵御这种情况。

对正确的过度渴望是弗兰茨愤怒问题的根源，他是第2章中提到的交易者，希望通过交易赚到足够的钱，与妻子环游世界。不幸的是，他积累的情绪使他不能耐心地等待他所需要的不常出现的A+级交易。相反，他会强行交易，然后快速进入到另一个交易中以弥补他的错误。

由于他极度的愤怒——他的大脑可能完全宕机——我们需要运用几种策略来解决弗兰茨的问题。首先他创建了一个清晰的愤怒地图，实时记录，并在每次交易后花一个小时详细回顾他的发现。这种盘后的例行工作对释放累积的愤怒情绪特别有帮助，该步骤揭露了很多细节。这让弗兰茨有了更大的警觉，当即阻止了一些错误的发生。但他仍处于愤怒情绪中，当愤怒情绪变得异常强烈时，他对自己正在经历的事情失去了良好的感知。

弗兰茨研究学者的一面占了上风，他决定在交易全程录制自己大声喊叫的情境。这一实用的步骤给了他宝贵的见解，让他得以洞悉自己处于愤怒情绪中时的思维过程。在回看一个特别糟糕的交易时段的视频时，弗兰茨根据他的发现完成了一份心理手史。突破就在此时发生，他明白了他必须是正确的根本原因。下面是这份心理手史的摘录：

（1）问题是什么？ 有许多方法可以对亏损作出反应。我的方式是尽快进行另一笔交易，以挽回损失。我会进入到"进攻"模式，在这种模式下，尊重我的建仓标准和基本的交易规则看上去似乎不再那么重要。当愤怒占据主导时，我的判断力被蒙蔽，我变得冲动。

（2）为什么会存在这个问题？ 为了修复我造成的破坏，我会进行反击，我想要弥补。我告诉自己，当下急需把钱赚回来，因为我不能容忍不成功、失败，或是我的系统没有奏效。尽管我已尽了最大的努力，但我还是不喜欢事情不顺。我不接受亏损，我不应该输。我无法相信我正在亏损。为什么会这样？只要我能有一场胜利，只是一场胜利，我的自我感觉就会好一些。我就不会再觉得自己是失败者。但是为什么行不通？我要怎么做才能成功？

（3）哪里出错了？ 我不接受批评或被挑战，因为我认为自己永远是对的。交易直接挑战了这一点，并让我觉得我的自我价值受到了威胁，这对我来说意义重大。我一直对自己的能力有着不切实际的期望。仿佛我总是应该知道得更多，即使事先缺乏认知和实践。

（4）纠正方案是什么？ 我取得了博士学位和两项博士后奖学金。只要我全心投入并以正确的方式和心态去做，我就有能力实现任何目标。试图一直保持正确就像是认为自己拥有超能力，我应该拥抱交易带来的挑战，弄清楚如何真正做到正确。

（5）验证该方案的逻辑是什么？准确判断自己的能力是将梦想变为现实的唯一途径。

你可以看到这个问题的核心是愤怒和信心的混合体。弗兰茨对于永远正确的渴望有一个出于交易以外的个人因素。这一发现帮助他理解了为什么他的愤怒会变得如此强烈，这也给了他一个机会来解决这两个方面的问题，像运动员一样有效地进行交叉训练。

他还发现了其他可能影响他的注意力、精力和情绪的因素，这些因素在不经意间削弱了他的执行能力并导致了最初的失误。事实上他正在犯错，却不明白为什么，直到他更仔细地观察才知道答案。所有这些努力的成果就是，他的愤怒程度降低了50%以上，而且他还在使用这一流程。

最后，弗兰茨的问题无法被归入一个单一的类别。他同时需要使用上一章里"害怕失败"一节中提到的一些纠正方法，并运用接下来关于自信的一章中的建议来解决过度自信的问题。

如果，像弗兰茨一样，对永远正确的渴望对你来说也是一个问题，请参考下一章去寻找问题的核心。找出如何扩展或重新定义你的身份，这样你就可以采用一个更公允的视角来看待正确这回事。

不公型愤怒

你已经被止损无数次了，此时你怒火中烧，不敢相信自己会这么倒霉，又被止损了一个点。结果却看到市场转向，重回你的盈利目标。你一想到本该赚到的钱就陷入愤怒的情绪中。交易之神已经诅咒了你，市场对你不利。你不应该得到这样的结果，你想知道何时才能得到你应得的那份好运。

你的逻辑告诉你要有耐心，事情最终会如你所愿。但正义的天平却对你不利，你试图与之抗争，结果却失控。

顾名思义，不公型愤怒是关乎公平、公正和正义的。虽然你已经知道交易中没有公平可言，但这并不能阻止你产生下述的反应。

- 说"我不敢相信这再次发生了""我只是不走运"之类的话；
- 认为市场是被操纵的，或者存心与你为敌；
- 将损失归咎于坏运气；
- 确信自己做了所有正确的事情，但在时机上却总是不走运；
- 在经历了几次亏损的交易后，你认为是市场欠你的。

交易是复杂、极具竞争性且有些混乱的。你不是在法庭上操作，交易也不是被精英统治的。你知道这一点，但你仍然经历了这些你无法控制的强烈反应，你觉得自己被坑了，别人亏欠了你。虽然看起来唯一的答案是要基于概率思考，而不是对短期结果反应过度，但这显然没有那么简单，否则这个问题早就解决了。

你可能已经尝试了一些"治疗对策"。你读过《黑天鹅》（*Black Swan*）这本书，你遵循你的风险管理策略，对你的系统进行了回测，你有一个可观的样本来证明你有优势。从智力上和概念上讲，你能很好地理解波动。但这些知识并不足以从根本上改变你对运气不佳的反应。

由于不是每个交易者都会遭受不公造成的愤怒情绪，所以这背后显然还有更多东西。我们必须超越对公平的自然渴望，这种渴望甚至可以在婴儿身上观察到，并审视那些使我们对什么是公平和什么是不公平的观点扭曲的偏差和缺陷。

让我们来看一个简单的例子。你可能觉得自己在市场上一直很不走运，然而，你在读这本书的这个事实意味着你很可能生活在一个富裕的国家，基本需求能够得到满足，并且有资本进行交易。你有没有将这种运气纳入你的视野？很可能没有。虽然我并不是说感激这种幸运是不公型愤怒的解药，但如果没有考虑到交易中或生活中其他方面的幸运，就意味着你的视角是有扭曲的。

对于不公平心理引发的愤怒情绪，有一个类似的扭曲视角需要被揭露。为了帮助你找到导致这种情况的思维缺陷或偏见，在回答这些问题时要考虑到你的愤怒情绪，而不是凭着你在逻辑上对公平的认知：

- 你是否感觉到你从来没有得到你应得的那份好运，或者你总像是被诅咒了？
- 你是否觉得你输掉的钱是被夺走的？
- 在什么情况下，厄运真的会找上你？
- 你是否嫉妒或怨恨其他你认为比你更幸运的交易者？
- 当波动真的很糟糕时，你是否希望交易不是这样的，或者你能以某种方式控制它？

当你的行为造成进一步的损失时，你总是更难接受这个事实。在你失去控制时尤其如此，尽管你努力扩大你的优势，了解市场的随机性和结果的分布。虽然你无法控制运气或波动，但花点时间更好地了解糟糕的波动激起愤怒的原因，你就可以重新掌控你的执行。

● 相信自己不走运

不要只着眼于你认为你应该怎样应对坏运气，而是要向自己坦诚你为什么会生气。你是否觉得你没有得到你应得的好运，觉得自己被诅咒，或碰到的倒霉事超出你本应承受的？如果是这样的话，你可能是从一个自开始交易以来一直在不知不觉中进行的长期研究项目中得出的这一结论。

问题是，你的研究被不良数据所影响，因此你的结论是错误的。你并没有被诅咒，你得到了你应得的那份好运，坏运气也没有看上去的那么多——你只是没有正确地衡量它。

有两个主要的差错导致了这种错误的解读方式。首先，你把你的错误归咎于不走运；其次，当你运气好的时候，你把这些结果归咎于技巧。这些错误使交易的天平出现偏差，使市场波动看起来不公平，其实不然。下面两张图说明了这一点。

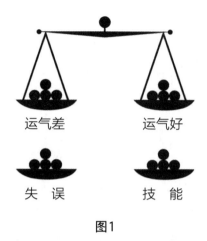

图1

图1代表了一种理论上的理想状态，此时你对随机波动的看法、对自己交易技能的理解，以及对自己所犯错误的评估都是准确的。你对公平有一种平衡的观感。虽然理论上，有些人比其他人更接近这种观点；但实际上，这意味着理解不可避免的异常情况，知道即使运用系统中最好的设置也是会亏损的，更多

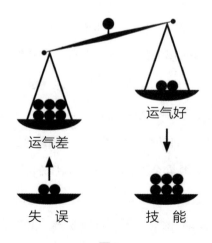

图2

地关注全局，而不仅仅是少数几个交易的结果。通过这种方式过滤波动，可以让你更精确地发现它并专注于你能掌控的东西。

图2突出了我前面提到的两个错误是怎样改变你对波动的看法并造成不公型愤怒的。首先，如果你的错误是造成你损失的主要原因，但你反而把它归咎于坏运气，那么一些坏运气就会被加到天平上。其次，如果你的利润可能更多是好运气的结果，但你认为这仅仅是因为你的技术，那么一些好运就会从天平上被移除。

你可以想象，当这种思维偏差随着时间的推移反复上演时会发生什么。不可避免地，你会认为随机波动对你是不公平的，或者你被诅咒了。你一如既往地将好运归咎于你的技能，而将你的错误归咎于坏运气，使天平偏向一边，让这看起来像是波动对你不利。坏运气似乎发生得更频繁，你陷入了愤怒的情绪还认为自己是被诅咒了，但实际上，你是在精神上自我折磨。

这种模式因为下面这一事实而进一步恶化——通常情况下，交易者对坏运气的记忆比好运的多，特别是在有情绪压力的时候。对坏运气的记忆和更多的关注会制造出片面的观点，道理很简单，当你对某件事情增加关注时，你就能更好地了解它。因此，坏运气会得到更多的关注，在你的脑海中也更为醒目。总的来说，你会很善于发现坏运气，而不是好运气。

更糟糕的是，这种对坏运气的额外关注不仅会使你的视角发生偏差，而且当你因回撤而产生情绪压力时，你唯一能想到的就是不走运。当你只看得到坏运气时，类似"我总是不走运"这样的说法是完全合理的。在那一刻，你真的相信你从未经历过好运，这种情况的发生主要是因为你太不善于识别它了。

尽管这个问题看起来很复杂难解，但你可以改变你的观点和你在大脑中解析结果的方式。首先，要提高你识别正向波动和错误的能力。一种方法是追踪你什么时候运气很好——使用笔记本、电子文档、电子表格，或任何适合你记录的方式。也许你进场和离场的时机都很正确，使得利润最大化；又或许你碰巧离开了电脑桌，错过了你肯定会做的一笔亏损交易或是避免了被止损了一两个点，在你的目标位置退出交易。留意这些情况并进行跟踪。

相反，每当你认为自己不走运的时候，停下来评估一下自己是否犯了错。首先，你的目标是对你可能犯错的想法持开放态度，并考虑这种情况是否属实。有时，是坏运气阻止了一场胜利，而其他时候可能只是因为你犯了一个错误。在短期内，你会继续下意识地对损失做出反应，并假设是运气差所致，或是其他你围绕这一问题发现的任何特定因素。但现在，通过提问，你正在打破这种模式，开始改变你对结果的解读，并使你对波动的看法趋于平衡。

最后，察看你的个人历史。回顾一下你的交易生涯，甚至是你在交易之外的个人或职业生活，找出当时你认为是由于你的技巧而不是随机波动而带来的好运的例子。同时找出你认为自己被诅咒了，但其实你不是在犯错就是根本没有去找明显可以改进的地方的情况。

当你同时在纠正你过往的偏差时，纠正有偏差的观点会变得更容易。你显然无法改变过去所发生的事情，但改变你对过去的看法会让你对当下的看法更加精准和牢固。

● 更注重结果而非质量

在交易这样的行业里，结果是最重要的。这一点永远都不会改变。在重要的职业体育赛事中也是如此，俗话说，没有人会记得第二名是谁。但近年来在体育界，人们越来越强调取得这些成绩的过程。教练们明白，要想持续保持高水平，只是冷冰冰地关注结果是不够的。

各种体育项目的知名教练已经普及了以过程为导向的思维。而在交易领域，瑞·达利欧是这种风格的直言不讳的中坚力量。达利欧在他的畅销书《原则》（*Principles*）中提到："好好选择你的习惯。习惯可能是你大脑工具箱中最强大的工具。"

虽然这不是一个新的概念，但"结果就是一切"的观点必须升级为"更加重视过程"的程度可能没有受到充分重视。现在，当结果不尽如人意时，你的默认反应是觉得自己被坑了。当你处在一个更强大的思维过程或以质量为导向的思维状态时，你会从一个公允的角度来看待结果，你就能够更轻松地、不那么愤怒地应对不走运、损失，甚至你犯的错误。

然而，如果你像大多数交易者一样，"更加注重过程"听上去是一个不错的想法，但你不会积极主动地将自己训练为以过程为导向。这意味着你把它看作不需要努力就能拥有的视角，而不是像其他技能一样需要遵循一个学习过程才能获得。

当你依照以过程为导向的目标追踪你的进展时，能比较容易地认识到进展。你能轻易地看到每天的盈亏数字，你的头脑已被训练得足够好，可以对此进行思考。当你的关注点在追求非金钱目标的表现上时，你就会训练出一种以过程为导向的心态。

当你在交易日末尾写日志时，用过程目标来回顾你的进展，比如降低陷入愤怒情绪的次数、改善执行，或减少分心。有了减少愤怒情绪的目标，你就会注意到，例如，更容易回顾亏损的交易而不马上陷入愤怒情绪的总体能力、在交易日中减少查看你盈亏的频率，以及在你亏钱的时候还能很好地执行策略的成就感。这些结果标志着在减少愤怒和变得更加注重过程方面的进步。这一行动会带给你这两个收获。

最终，你必须达到这样的程度——关注进步的迹象成为你的第二天性。在此之前，你仍然在学习这种新的视角，有时你还是会愤怒，因为你太关注结果了。重新掉到旧的习惯中去是很容易的。因此，要持续专注于训练自己以过程为导向，直到它成为你下意识的习惯。

● 认为自己知道会发生什么

当你看到头寸的走势对你不利时，你的直接反应是认为亏损是必然的结果，唯一的问题是这一次会如何发生。你开始产生这样的想法："又重蹈覆辙了。"或者"真的又这样了？！"你察觉到了即将发生的事情，并在它发生之前就已经对它感到愤怒了。

这种模式通常发生在你已经连连亏损，并积累了一些愤怒情绪的时候。然后这些预测突然冒出来，形成了这样一个循环。你预测会有损失，当它成真时，你告诉自己，"我就知道这会发生"。你在潜意识中强化了一种信念，即你实际上可以做出准确的预测，这一想法夸大了你的控制感。

亏损导致的愤怒有一部分是对自己生气，因为你知道会亏钱但没有立即止损。现在，愤怒情绪开始滚雪球。你变得非常愤怒，以至于你会尽你所能来避免损失。随着时间的推移，这个循环不断持续并强化了你被诅咒了的想法。假设这可能是真的，到目前为止，在你的交易生涯中，你可能已经收获了超出你应得的坏运气。

不管怎么说，这一现实并不能说明你以后会有怎样的运气。你不可能知道未来会发生什么。但你认为你知道，而这就是问题的根源，即你相信自己知道会发生什么。

大脑有预测未来的能力，就像身体一样。当你的身体在移动时，它就不断地做出推测，以做好准备。这种预测出错的一个例子是，你上一段楼梯时，没有注意到还有多少台阶。如果你推测有一级并不存在的台阶，你就会被绊倒，因为你身体的预测是错误的。

无论是关于身体还是头脑，预测都只是基于当时已有的信息。在回撤的期间，你的头脑从一个朝亏损偏倚的数据池中提取数据，因为亏损是近期发生的事情。自然地，你的大脑预测会有更多的损失，并在这种预期的作用下出现愤怒情绪。

但相反的情形也会出现。当你状态正热的时候，你认为利润将持续向你涌来。例如，当你的一笔交易迅速朝你的目标飞驰时，你认为它将达到你的目标，你压根不会想到它会逆转。

无论是哪种情况，当你的预测成真时，你认为自己知道将会发生什么的信念变得更加强烈。然后，在随后的下跌过程中，愤怒情绪更加强烈，因为你越来越确信损失即将到来。

这个问题的根源是你相信自己可以预测未来。但除非你拥有真正的超自然能力（如果是这样，那你为什么还要读这本书呢？），否则相信自己真的知道将要发生什么是一种需要被纠正的错觉。

一定要密切关注你对交易的正面和负面的预测，以及在事后证实你预测的想法。及时发现它们是纠正一个表面上看起来难以理解的缺陷的唯一方法。

● 厌恶波动

对一些人来说，不公正感受的背后是对波动的厌恶。在内心深处，你知道波动是交易中不可分割的事实。你知道有一些因素是你无法控制的。然而……你内心深处的一部分希望交易更容易预测，或是你能对你的结果有更多的控制。你不喜欢事情看上去如此不公平，你讨厌利润可能在几秒钟内就消失殆尽，缺乏控制让你抓狂。

让我们假设你的运气实际上比数学告诉你的要差得多。愤怒是完全能理解的，但问题是这种挫折感或愤怒是否会影响你的表现质量。讨厌波动的交易者最终往往会失去对决策和执行的掌控。

既然你无法控制波动，你只能控制你应对的方式，你的目标应该是让你的心智变得更强健，如此你就能有效地应对并专注于你的执行。当然，这很难。波动是交易如此具有挑战性的一个主要原因。

假设这一切都是对的——很多人已经知道这是对的了——那么，希望交易有更多可预测性到底是出于什么原因？希望交易中没有波动其实是在说，"我无法处理因为波动而带来的情绪"，或者"我无法接受结果不受我控制"，或是"当我遭遇不公平的亏损时，我无法继续很好地执行"。

你无法控制波动，但你可以更好地理解它。诚然，你在这方面可能确实存在缺陷，但你可以理解并纠正由于波动而暴露出来的缺陷。更有可能的是，如果波动没有导致你产生愤怒情绪，你会很高兴它让其他交易者产生了愤怒情绪。

● 嫉妒

嫉妒，确切来说，涉及运气，当你认为你没有得到你应得的那份好运时，你就会羡慕那些你认为得到了好运的人。如果你这么想或对另一个交易者说："我希望有你的运气。"你是否真的有证据证明他们的运气更好？还是只是有这种感觉呢？

想想本节前面提到的正义天平。当你看向其他交易者时，你可能错误地认为他们运气很好，而实际上是因为他们比你想象中的更有技巧。你认为他们的天平是向右（幸运）倾斜的，再加上你可能低估了自己所犯的错误，所以在你的脑海中，你的天平是向左（不走运）倾斜的。这意味着你可能嫉妒一些并不真实的东西。

另外，也许这个交易者真的比你幸运。但即便这是真的，对你来说又意味着什么呢？它的意义不大。你无法控制波动，而且你希望自己有他们的好运也不会成真。

关注他人的财富，究其根本，是一种分散注意力的做法。除非你能从他们身上学到一些东西，能使你变得更好，否则你只是在浪费时间。但嫉妒的来源也可能更深。你的比较是否仅局限于运气？如果不是，你还在哪些事情上与他人进行比较呢？你整体的职业生涯？他们赚了多少钱？他们可能获得的地位、头衔或机遇方面？

不公型愤怒可能预示着更大的问题，比如感觉自己的能力不足，自己的事业没有达到预期，或者是普遍的信心问题。要开始改善嫉妒的问题，请回答以下问题：

- 别人拥有的哪些东西是你反感或希望自己也能拥有的？
- 拥有它对你来说意味着什么？
- 有什么是你能做但现在还没有做的？（一定有这样的一些事，哪怕只是耐心等待。）
- 有哪些成就是你已经获得但还没有好好庆祝一番的？

你的答案会给你一些方向，让你能够减少对别人财富的关注。说"不要关注别人，专注于你自己"很容易，但如果你不去纠正不由自主地关注别人的好运的根源，即使再怎么努力，遵循这一准则也是很困难的。

报复性交易

报复在日常生活中很常见，因此它在交易中存在不足为奇。在市场上，就像在生活中一样，寻求报复的长期结果往往超过了实现报复的短期满足感。

当然，当复仇被触发时，你的行为造成损失的可能性已经被你抛之脑后了。你的眼睛像是粘在屏幕上一样，专注于每一个点位，被一种无休止的冲动所驱使，想夺回你认为属于你的东西。这就好像你在对市场说："哦，不，你不能就这样耍我，然后逃之夭夭！"你没有思考，只有赚钱的纯粹冲动。

只要你的交易结果符合你的预期，那么一切都好。你正在赚钱，没有理由想要报复。但是，一旦你亏了钱、犯了错，或是运气不好，复仇的欲望就会开始上升。你试图控制自己，不要犯像过去那样的大错。但你只能忍耐一段时间，最终你会崩溃，偏离轨道。然后你惊醒了，想知道刚才到底发生了什么，你怎么会失控成那样。

如果你在日常生活中不是这样，（在交易中做出）报复性的回应尤为让人吃惊。不过，思考一下你在以前的竞技领域中是如何反应的。报复的欲望是否是由某个总是胜过你的特定对手引发的？你是否在失利后为自尊而战，或试图向他人证明你有多优秀？当然，你无法真正控制他们的想法，但这并不意味着你没有尝试。

虽然生活中的报复通常是针对某个人的，但在交易中，你没有可以报复的特定对象，你往往在与整个市场为敌。逻辑和理性已经被你的愤怒力量所吞没。由于你的行为可能很莫名其妙，所以爆发后的自我批评鲜少能解决这个问题。相反，你需要了解你寻求报复的原因。

报复性交易与本章前面所讲的三种类型的愤怒不同，因为其来源不仅仅是愤怒。相反，混杂在报复性交易中的神秘成分是信心问题。两者混合在一起可能会爆发，这就是有如此强度的报复心理的特征。

在愤怒层面，要注意对亏损、错误或不公型愤怒的厌恶。但是，如果你有任何与自信无关的愤怒问题，你就不会寻求报复。即使你认为自己没有自信方面的问题，在阅读下一章之前尽量不要轻易下判断。

虽然你在下一章会学到更多有关自信的知识，但有必要指出，自信并不是一个有或无的命题，你并不会单纯地有或是没有。信心有诸多层面，就像拼图的碎片一样。一个细小领域的弱点——比如太过渴望尊重、过度关注结果，或保持控制的错觉——当与愤怒混合在一起时，就足以引发报复心理。

随着你完成你的愤怒情绪地图，你可能会发现这一点。例如，你可能认识到，第1、第2和第3级实际上与信心有关，当你看到一些头寸获利后，你变得过度自信，但在这些头寸没道理地出现亏损后，你的愤怒就被点燃了。

也可能正好相反，低级别愤怒的特点是愤怒，而报复心和绝望（信心问题）的混合体会出现在第6到第10级之间。无论是哪种情况，想要解决报复性交易，你都需要了解并纠正愤怒和信心问题的根源。

即使是在华尔街工作了20年的老手，报复性交易也可能是一个问题。乔目前是纽约市的一名独立交易者，他在一家华尔街的大投行有多年的交易和工作经验，五年前开始独立交易。他的交易背景非常侧重于期权和以20—60天为周期的滚动投资组合进行管理的交易。然而，在独立交易时，乔变得越来越专注于在他现有的策略中加入日内期货交易，这种变化导致了很多愤怒，影响了他后来的表现。

例如，在期权交易中，乔可以在30天的滚动周期内开立30个头寸，如果其中一个爆仓，也没什么大不了的，因为他在一个更大的互补性投资组合中管控风险，风险往往在不同程度上被相互抵消了。

多年来，这样的交易策略一直是他的生计来源。但现在，进行日内期货的方向性交易让他过度关注个别交易的结果，任何一笔交易都可能成为唯一活跃的头寸。他在交易中横冲直撞，将交易削减到目标值以下，并且因为过度关注每笔交易的结果而忽略了总体进程。

当市场在他期望迅速突破的区间内停滞不前时，乔往往会在损失扩大之前立即平仓。之后，如果市场最终朝着他期望的方向发展，他就会想自己是多么倒霉，觉得市场（包括算法做市商）是在与他作对或是在要他。

在他看来，他可以把一切事情都做好，并精确到他想要的程度，然而突然间，例如，尽管达到了他的买价或超过了他的卖价，但交易依然没有成交，因为市场恰好在这个价格上转向了。这就太令人沮丧了。

然后，随着FOMO的残存，他倾向于在一个不那么有利的价格进场却被止损出局，也许还会在止损空间设得太窄时强行重新入场。虽然他一直在管控风险，但他仍然会这么做2—4次，才会意识到自己正处于愤怒状态并离开。

这样的反应让他感觉头都要爆炸了。乔无法理解他怎么会有这样的想法，因为从理智上讲，他知道市场从不会去对付一个孤零零的交易者，并且基本上对参与者的意图毫不关心。但这些情形仍然激发了他在下一次交易中获得成功的强烈愿望。

乔希望自己是对的，不是为了钱，而是因为他为自己的技术和能力而自豪。而当他犯错时，比如当他对价格走势过度解读，相信自己能预知下一步会发生什么时，他的信心就会受到打击。

糟糕的预测是他卖出赢家的一个主要原因，他为自己辩解："哦，你又错了——看看市场的流向正对你不利。你最好在再次溃败之前退出这笔交易。"在其他时候，他提前锁定小的盈利，只是为了让自己感觉良好。

乔不明白自己为什么会搞砸，他对自己和市场都感到恼火。这种不公型愤怒和错误型愤怒以及对正确的渴望（自信中的一个缺陷）混杂在一起，引发了报复心理。他变得冲动起来，想要报复市场。他会过度交易，在过早被止损后一次又一次地进行同样的交易。由于他没有使用硬性止损，这个灰色区间是他报复所需的完美借口，他想：我不会让市场在这次回调的最高点/最低点阻挡我。我一定要把这笔交易做好。

乔非常清楚报复心的问题，他甚至还做了详细的统计，跟踪自己所做过的事情，以及如果他对那些事情置之不理，那每笔交易又会变成什么样。在最近的三年时间里，他创造的收益风险比约为1.5，但如果他设法在管理中更加客观，它本可以达到2至2.25，他轻易地失去了整整三分之一的可获得的潜在利润。

我们的讨论总结在以下的心理手史中，你可以通过它看到潜在的缺陷是如何制造如此多的混乱的。

（1）问题是什么？ 我在这个行业有很多经验，尽管我知道亏损是博弈中不可或缺的一部分，但我在日内交易的框架下变得目光短浅。我没有把赢家和输家看作是一个整体的过程，我只把这一次交易的单一结果看作是一个独立的事件。当它对我不利时，或者有什么意外发生时，我可能会失去镇定并干预交易。

（2）为什么会存在这个问题？ 我确信我完全知道交易将如何演绎。它会马上突破，或者逆转。但比方说，当我做多并看到卖家进场时，交易停滞不前，我就会质疑我的假设，对我的判断失去信任。我觉得我应该退出这笔交易，尽管我知道它不会每次都以同样的方式展开，它本质上是不可预测的，而且我的数据中也有这方面的确凿证据。

（3）**哪里出错了？** 我抱着这样不合理的期望，难以发现这个交易可能是以不同方式展开的那50%的交易中的一个。对交易结果完全按照我预期的方式进行的期望，压倒了我客观看待交易过程的能力。我如此地沉浸在对订单流的解读中，几乎是在自欺欺人，认为自己可以预测接下来会发生什么。此外，我内心的一部分希望我能战无不胜。我也想变得那样优秀。也许我不能得到满分10分，但我相信我有足够的知识和经验来得到10分中的8分。我只是想做好。这一信念让我执着于一些不切实际的东西，但我又不甘愿放弃。对这一事实的任何威胁——比如一次窄幅亏损——都会促使我立即尝试在下一刻去证明它。一旦我进入一个交易当中，我就会想方设法来验证我的精通程度，如果我看到订单流对我不利，我就会尽我所能预测接下来会发生什么，尽管我知道这样的举动是徒劳的。但促使我进入交易的逻辑推论，当明显不成立时，也是让我觉得应该退出交易的理由。

（4）**纠正方案是什么？** 我只能保证每一次交易与我的系统相符，并且随着时间的推移，它是具有优势的。我的目标是得到接近60%的胜率和1.75—2.50的收益风险比，而不是80%的胜率，我认为80%的胜率对我的风格来说是不现实的。我可以取得令人难以置信的成功，但不是这样的成功，因此我需要让交易进行到底。

（5）**验证该方案的逻辑是什么？** 我有一个详尽的数据集，它为我的策略提供了依据。我的交易程序具有长期优势，但我只能在大约一半的交易中赚钱。

从本质上讲，乔其实是把每日盈亏和长期盈利能力混为一谈，他还把盈亏的结果等同于正确与否。在我们的合作中，我敦促他更注重过程，让他重新审视之前草草想过但未经全面探究的跟踪想法。

乔创建了一张表格，里面有100个单元格，每一个方格都和一个独立的交易有关。每当他正确执行他的策略时，他就会在一个格子上打钩，直到他至少连续完成25次，他才会去思考结果。一次性浏览这25笔交易，便于他把这些交易看做一个完整的投资组合，而非独立的交易。这让他更容易避免过度关注每一笔交易，与此同时在一个更熟悉的视野下重塑他的目标。

乔知道他具有某种优势，实施这样的策略使他能够随着时间的推移逐渐地发挥自身优势。以这种方式布局交易让他获得了对自己成功的印证，这是他梦寐以求的成为赢家的感觉。

结果也展现了这一点。他的收益风险比上升到了3，尽管公平地说，他指出在我们辅导的大部分时间里，市场环境相比以往有所变化。但是，他估计，即使环境保持不变，收益风险比仍旧可能达到至少1.75的目标水平。

乔的工作尚未完成。虽然这种以过程为重点的策略显著提高了他的执行能力并消除了他的一些情绪，但仍然有高于理想水平的情绪在四下逡巡。随着这种方法变得更为标准，他将释放出更多心理空间，专注于积极纠正这些递增的情绪，就像他纠正报复性交易操作一样。

如果报复性交易对你来说是个问题，请仔细观察通常会引发报复的交易类型。不可能每笔亏损的交易都会触发这种反应。触发反应的是不是那些需要更多自主裁量的交易，而你对自己的策略不太有信心，或者对结果不太确定？这是否标志着你的策略或技术娴熟度不够？这些问题将帮助你找到愤怒的核心以及你自信中的弱点。

权益型愤怒

当你认为本该属于你的东西被夺走时，就会发生权益型愤怒。获得盈利就像是获得了某种东西。你现在拥有了它，但当损失累积时，感觉就像被市场掠夺走了一样。

在你亏掉了当天预计能产生盈利的第一笔交易后，你可能会感到震惊或不可思议。你甚至可能会笑，因为你几乎无法相信刚刚发生的事情。但这并没什么；你知道交易就是这样的。然而，随着损失不断累积，愤怒情绪出现，你开始失去理智。

权益型愤怒的根源是一种潜在的信念，即你有权获得盈利或你理应赚钱，原因是你比别人更努力工作、更聪明、有更长的职业生涯。你可能会对自己说："我有很好的历史交易记录，并且做了所有正确的事情""我的努力应当得到回报"，或者"我比任何人都遭受了更多痛苦，我现在理应大赚特赚"。

你对"在同等情况下赚得比那些技能、知识和经验不如你的交易者少"这样的想法感到难以置信。他们都能做到，你居然没有成为一个大赢家？这让你非常恼火。在你看来，潜台词是你已经赢得了获得任何你认为应得的东西的权利。

权益是一个你可能没有意识到会影响到你的问题。它不仅是难以察觉的——谁愿意承认自己有这样的权益？仅仅是听上去就让人难以接受，但一旦你近距离地审视你如此恼火的原因，你可能会留意到一种感受，那就是你认为自己应当获得盈利，或者是亏损夺走了本该属于你的东西。

现实情况是，每个人都有一些需要努力克服的弱点，最好能坦诚面对自己的弱点，这样你才能克服它。承认这个问题，不再保护这些谎言，你可能会因此而感到松了一口气。

虽然愤怒是最常见的权益型愤怒的信号，但这个问题实际上是由过度自信引起的。过度自信只是意味着你对自己的技能或结果有夸大或膨胀的信念。换句话说，你相信那些不真实的东西。认为你过去的成果、努力或痛苦为你赢得了赚钱的权利，这种想法是荒谬的。当然，你知道这一点，但交易很善于助长这些错误的观念。

在你赚了很多钱的时期，不仅你的账户余额会有所增加，你的信心也会增长。你幻想着能赚到多少钱，而你内心或多或少会觉得你幻想的这些钱已经是你的了。当市场收回了那些你认为已经属于你的利润时，这种膨胀的信心会让你开始落入愤怒情绪的圈套。

　　愤怒的浮现往往是为了维护虚假的自信。你想要相信自己就是你认为的那么优秀。问题是你为什么需要相信它？为了帮助你解答这个问题，并找到导致你过度自信的核心原因，请继续阅读下一章。

第 7 章

信　心

自信是一种感觉，它能反映出某条信息和处理该信息时所体现的认知放松的一致性。

—— **丹尼尔·卡尼曼** ——

《思考，快与慢》(*Thinking, Fast and Slow*)

现在，有一些新的交易者比20年的老手更有信心。这怎么可能呢？他们之间的技能有着巨大的差距，如果我们来打赌，谁在一年内会赚更多的钱，你只会在想要冒险赌博的情况下才会选择新的交易者。但是他们的信心和技能水平是不相符的。

对你们中的许多人来说，对自己交易的信心并不能准确地衡量你们作为一个交易者的能力。如果能衡量的话，你就不会在结束一笔大额交易后陷入狂喜，然后下有问题的赌注，认为自己不会亏钱。你也不会在回撤的时候对你通常有把握的交易失去信心。

但自信是一种情绪，并且就像本书中描述的其他情绪一样，它很容易受到缺陷和偏见的影响。你基于自己的自信程度来做决定。当感到自信时，你会加仓，承担更多风险，并进行更多交易。如果你过于自信的话，这些行为肯定会出问题。如果信心不足，你可能会犹豫不决，削减头寸，偏向市场共识，并寻找一个新的系统。

　　一些人怀疑信心在表现中起到的作用，我同意他们的观点——信心在过去被夸大为成功的必备条件（事实上并不是）。自信与赚钱多少之间并无因果关联。你不需要感到自信才能成为一个盈利丰厚的交易者。

　　相信自己能赚钱并不意味着你会赚到钱，正如缺乏自信并不意味着你赚不到钱一样。你更需要成为一个能力出色的交易者，而不是一个自信的交易者。无论你觉得自己能力如何，当进行了足够多的交易后，你的业绩就可以反映事实。

　　但是，当你不清楚自己的技能可以取得怎样的结果的时候，自信确实能够在短期内为你指明方向。与缺乏自信的时候相比，拥有自信能帮助你表现得更好。信心就像发动机里的机油，它可以让零件在较小的摩擦下运动——可以让你最大限度地发挥你的交易技能和知识。然而，与机油一样，信心太多或者太少都会导致问题。你需要适量的信心以达到最高效率。

　　当引擎出现故障，信心丧失时，许多人会来到这一章，就像来找我指导一样。人们很自然地会把注意力集中在纠正信心的缺乏上，然而信心过剩可能是更大的问题。让我们进一步审视这两者。

　　在如今，说**自信过多是个问题**可能听上去很奇怪，尤其是在西方社会，自信被誉为是一切成败的关键。"你可能太过自信"的说法与这种观点并不相符。但是，请记住，自信是一种情绪，当情绪升得过高时，由于你正处在激动、贪婪或极度兴奋的状态中，大脑更高级的功能就会减退并酿成错误。

　　过度自信并不意味着公然的傲慢、狂妄或贪婪的吹嘘。许多交易者被过度自信所困扰，却只显露出微不可察的迹象。如果你对市场动向的感觉很笃定，特别是在没有做完整的分析之前，就是过度自信。如果你兴奋地以为自己已经摸清了市场规律并将大赚一笔，也是过度自信。

　　它也可以表现为拒绝承认错误或坚持认为自己是对的。当连连获胜时，你只是为了交易而交易，或者不认为加杠杆意味着自己在增加风险。你走捷径，避开盘前和盘后的常规工作。或者你可能低估了波动的作用，认为如果在交易中完美把握时机，获得了最大收益，就都是你的功劳，与运气无关。

从表现的角度来看，过度自信意味着你高估了自己的真实能力。基本上你是在一个虚幻的泡沫中操作，而非真实的情况。在某种程度上，每个交易者都需要有一点这样的自信。

在短期内，你无法准确地知道自己的优势所在，并且按道理讲，拥有少量的过度自信的好处多于坏处。例如，拥有一点额外的自信有助于你在面对不确定性时执行自己的策略，从错误中学习，并更快地适应市场的变化。

另一方面，**当缺乏自信时**，你可能会容易说"我没感觉"，然后规避自己通常能轻松做的交易。也许你一开始感觉自己比平时更没有信心，慢慢地，这种感觉变成了一个更明显的趋势。你更持续地表现出低落、犹疑、沮丧，或任何与不自信联系在一起的特征。

在某一个时点上，这些特征开始变得更显著也更为普遍。你可能会想，自己是不是出问题了，或者只是不适合做交易。突然间，一切都被厄运和阴霾笼罩，你困在其中，无法脱身。你可能最终会否认这是个问题，并尽可能地淡化自己可能存在信心问题的念头。

但是有一个更实际的思考方式，即信心有许多层面，因为它与交易表现息息相关。把它看作一个拼图的碎片，而不是一个单一的、要么有要么没有的东西。根据我的经验，相较于缺失整个拼图，几块有缺陷的、不完整的或缺失的碎片造成信心不足的情况更为普遍。你只需分离出每个弱点并逐个纠正，就像我们解决书中列举的每一个问题一样。以外科手术的方式，找到缺陷并加以修复，信心就会恢复。

当有些交易者倾向于与过度自信或信心不足作斗争时，其他人则在这两个方面都经历了大起大落。当你的信心主要建立在结果之上时，这种情况更容易发生。你最终会像坐过山车一样经历输赢的高低起伏。你变得更加痴迷于盘中盈亏的上下波动，而你的信心也因此大起大落。你赚得越多，信心就升得越高，就越有可能变得过度自信。

执行在不知不觉中开始恶化。走势朝着对你有利的方向前进，所以小的错误或执行的细微恶化没有受到惩罚。你内心深处的一部分觉得自己会接着赚钱，因此沉浸在上升的浪潮中，没有看到损失的逼近。当业绩急转直下时，这感觉就像是地毯从你脚下被扯掉一样，你的脸先着地，信心被压扁了。你试着说服自己保持乐观。第二天你乐观积极地准备好执行。但是，再次亏损让你很泄气，导致你质疑自己的操作。

阻止这些情绪波动的方法是培养我所说的"稳定的信心"，这意味着你的信心是建立在比结果更坚实、更独立的基础之上的。

当你的观点没有受到造成不稳定的缺陷的影响时，稳定的信心就会产生。你会自动变得更有能力承受市场的混乱、波动和你无法控制的事情，因此可以更快、更准确地调整策略。这就像是你被固定在一个牢固的东西上，足以抵御龙卷风。

稳定的信心使你能够在短期内更多地关注你的执行，而不是盈亏。当然，盈利能力很重要，但在短期内强调执行是你能赚更多钱（或损失更少）和更快学习的方法。

信心的本质

信心是你心理博弈的基础，因为它是直接反映你作为交易者拥有的技能的情绪。将信心视为一种情绪可能是一个新奇的想法，因为它看起来像一个坚实的东西，你要么有要么没有，但想一想你或其他交易者是如何谈论它的。你会经常使用"感觉"这个词，比如"我感觉自己很有信心"，或者"我感觉自己没有信心"。技能是稳固的，难以改变。但信心是流动的，可以在瞬间改变，就像其他情绪一样。

信心问题的产生是由于信念、缺陷、偏差、愿望和幻想改变了你对自己技能的看法。这就是本章的主要内容。但首先要强调的是，信心的下降可能是你的任何个人交易技能出现了问题的信号。

其他更多的辅助性技能也可能出现问题。这可能包括学习或研究、社交、合作，以及作为交易者的心智方面的技能，其中包含专注、纪律、职业道德和情绪控制等。

更有经验的交易者应该首先发现信心的下降是技能下降的一个信号。也许你正处于低迷状态，与市场不同步。博弈已经改变，但你还没有跟上。或者，你的信心下降是因为你执行策略的能力不稳固。尽管尽了最大努力，但你仍在进行意义不大的交易，因为你缺乏必要的纪律或精妙的技巧来驾驭自由裁量的交易。无论怎样，信心的下降不是问题，它标志着真正要解决的问题。

当你像这样失去信心时，它很容易被误解为心理方面的问题，而实际上解决方案来自技术端。信心的下降是理所当然的，因为技术存在问题；你只是还没有发现它。不过，失去一点信心总比过于自信，盲目地继续下去，就好像什么问题都没有发生（问题就是这样加剧的）要好。

关键是不要对信号反应过度，变得悲观或消极，从而失去更多的信心。拥有稳定信心的交易者在这种情况下可以保持比较客观的态度，因为他们知道自己最终会找到办法。

另一方面，信心的激增可以反映出你技能组合的扩展和能力水平的提高。你对某些事情恍然大悟。你的努力让你对这些交易一目了然，简直无法相信自己以前做到这点是很困难的一件事。从实际的角度来看，这种信心的增加证实了你的尺蠖的前端正在扩大。

但是要注意，当你认为自己已经弄明白的时候，很容易变得过度自信。你相信自己会继续赚更多的钱，或者未来目标得到了保证。要把信心的提升当作是对你的工作得到回报的确认，并继续努力；不要把它作为你可以随波逐流的依据，否则你最终会陷入困境。

过度自信的常见标志

过度自信就像你的头在云端，而你却认为自己站在坚实的地面上。我把它想象成一个卡通人物，在不知不觉中摔落悬崖，悬浮在半空中，直到意识到问题所在。

当你变得过于自信时，你没有意识到你的洞察力、分析力和执行力已经开始退化了。随着它们的退化，你对风险管理参数的态度也越来越松散。你寻找新的投资想法或调试系统的专注力和精力都减少了，你开始为进入一笔不重要的交易找理由。你在决策过程中变得更加自满，并推行缺乏一贯的严谨性的、不牢靠的交易想法。

过度自信往往被盈利能力的巨大波动所推动——也许你已经有了一些超额的回报，比如获得了有史以来最多的盈利或进入了盈利最多的一个月。当你开始感觉到自己对市场的理解很深或在交易方面的发展很顺利的时候，它也会出现。你可能会高估自己的知识范围，并开始对市场方向感到很有把握。你变得更加固执，无法承认错误或承受小的损失，也不能接受更资深的交易者的建议。

你认为损失是暂时的，你还会继续像印钞票一样地快速赚钱。你对某项交易过于兴奋，当狂喜到达极点时，你想着这将使你发财，或者你已经摸清了市场规律！有些人的情绪会无比高涨，自我优越感会致使他们批评其他交易者或整个市场，说出"人们不知道他们到底在搞什么"之类的话。

当你认为自己将赚到钱的时候，保持一贯的专注和精力就没有什么意义了。你可能会花更少的时间研究图表，即使坐在那里，与最佳状态相比，你也缺乏警惕性。过度自信会让你充满肾上腺素，让你觉得自己站在世界之巅，但另一方面，这也会造成自满和松懈。

正如我在本章开头中所说的那样，交易者体验过度自信的方式多种多样。

如果你没有以夸张的、戏剧性的方式展露这种情绪，那么可能认为自己没有过度自信的问题。但是过度自信也会以低调的方式表现出来，比如说当你：

- 对某一笔交易过于笃定；
- 拒绝在目标位兑现收益，因为你认为自己会赚得更多；
- 渴望交易，但在准备和执行过程中不够严谨；
- 迅速做出决定，因为你觉得自己不会亏损；
- 为承担更多的风险辩解说"一定会涨"；
- 总是想有所行动，无视风险；
- 忽视有价值的信号，只关注少数几个信号来做出买入/卖出的决定；
- 冲动地进入或退出交易。

过度自信的微妙信号是来自加拿大的商品期货交易者布伦丹没能解决晨间策略执行问题的原因，这导致他的晨间策略比午后策略的胜率要低。他确信某笔交易正朝着对他有利的方向移动，并想着，我100%不会在这里出错。然后，这笔交易就崩溃了。但他的过度自信不允许他退出，他无法承认自己错了。

这导致了巨大的亏损，有时甚至是他账户资金的30%，这也导致了他的报复性交易行为。布伦丹一心想要以获利结束每一天，他强行交易，但却频繁触及他的每日止损点。这尤其令人痛苦，因为更容易的交易在20分钟后突然出现，而他却无法操作。

布伦丹也难以在目标位兑现收益。从逻辑上讲，他知道不值得为争夺绝对高点去冒险，但对完美的渴望迫使他为每一分钱而战。然后，在退出交易之后，他纠结于自己损失了多少资金，因此开始寻找交易，而不是等交易来找他。

过度自信的最后一个迹象，也是布伦丹认为最令人惊讶的，是他的目标设定。如果他在一个月内赚了1万美元，那么他下个月的目标就不是再多赚10%或20%。布伦丹希望能赚到10万美元。他没有意识到这么大的增长给自己带来了多少压力。这促使他做了一些事，比如打破他为晨间能做多少交易而制定的规则。

他的宏大目标让他陷入了失败的境地，而且由于资金大幅缩水，他陷入困境。

当我像这样一一举例时，可能会让这些过度自信的迹象显露无疑，但在日常工作中，这些迹象对布伦丹来说并不明显。直到他和我开始挖掘这些问题，他的过度自信、对完美的渴望和不切实际的目标才变得清晰起来。

在所有这些问题的核心中，我们发现了两个主要缺陷：他相信自己做的每笔交易都是正确的，并期待着完美的结果。通过运用本章的建议和我在第9章中讨论的实时战略，布伦丹得以解决这些问题。

他发现，他从不把任何胜利归功于自己。我在"完美主义"一节中提出的建议对布伦丹特别有用，能帮助他稳定地培养能力，也就是认识到，他知道自己在做什么并且自己的操作是有利可图的。虽然新的观点需要一些时间才能融入他的后天习惯当中，但通过一个大样本的数据，他能看到自己的胜率是60%。现在，当布伦丹遭受损失时，他只是想着，这个交易是（亏损的）40%中的一个，我仍然在博弈中，而且从长远来看，我赚钱了，因为我遵循了自己的策略。

此时，布伦丹在情感和交易方式上都更加稳定了。他可以轻松地接受损失，不强行交易，并"远离危险的操作"，正如他所解释的那样。他能够立即重新观察市场，寻找他以前无法利用的巨大机会。

同样的，对渴望完美的纠正使他能够在达到目标时止盈，并接受只抓住部分收益，而不是全部。他的全新视角使他能够运用此前被完美主义挟持的逻辑，即一分钱是无足轻重的，不值得为此冒险追逐。

总的来说，这些改进对布伦丹的收益产生了实质性的影响。他的胜率保持不变，但对他的回报和情绪造成破坏的巨大亏损已经消失，因此，他的回报正在稳步攀升。

缺乏自信的常见标志

缺乏自信就像汽车陷在淤泥里一样。有时，只要少许努力和运气，你就能很快脱身。其他时候，你越是挣扎，就陷得越深，也越绝望。这就是你在被击垮的时候，想要寻找快速解脱的方法，结果给自己挖了一个更深的坑的情况。

信心可能会因为一些重大损失、持续的回撤、看到别人赚了很多钱而你却没有，或连续错过机会等情况而受挫。突然间，你所有的尝试仿佛都失灵了。你创造新方法，却输得更多。你试图找出不顺利的原因，却找不到答案。这造成了你更多的怀疑和不安。你强行交易，结果亏得更多。你变得消极，想着：我在这方面太差劲了！一次成功的交易也没有，我只是在不停地亏钱。

这天余下的时间你休息，但当看到自己错过的盈利丰厚的交易时，你更加失去信心，现在这和你的情绪控制或心理博弈中的弱点有关。你不知道为什么你在这方面如此受阻，而且你认为别人不会这样。你质疑自己是否如想象的那样是个好的交易者，并纠结，如果你错过了这样的一个大行情，怎么可能是一个好的交易者呢？

如果你不是优秀的交易者，那怎么办？你不能放弃——你已经投入了太多的时间。但你只能得到这些了。你会一无所获吗？你会失败吗？

对一些人来说，这种形容正中他们的要害；对其他人来说，这太过严重了。很明显，交易者失去信心时的表现有很大差异。以下是对你可能经历的情况的一些描述：

- 没有成效地过度关注盈亏、账户余额，或回撤幅度；
- 失去兴趣，找借口不做交易或不去寻找机会；
- 怀疑自己的策略是否已经不再奏效；
- 难以找到新的想法，不相信自己的想法会成功；
- 感到难堪并与其他做得更好的交易者进行比较；
- 为自己能力的欠缺而自责；
- 认为自己已经失败，无法再达到以前的标准；
- 为自己没有进步而灰心丧气；

- 对自己的表现感到沮丧或失望；

- 感觉以前的成功毫无意义；

- 拼命地从一套系统跳到另一套系统，寻找有效并能赚钱的东西，就像在为糟糕的结果寻找答案。

虽然你能轻松识别出一部分迹象，但其他迹象并不那么明显。以下列举了一些你可能不会立即将其与缺乏自信挂钩的情境。

● 试图打出全垒打

缺乏信心的一个隐藏信号是采用可能获得巨大回报的极端设置，即试图打出全垒打。进行这样的交易可能是因为你对自己的策略和持续创造利润的能力缺乏信心。你在追寻暴利，让你相信自己所做的事情是正确的。但是这样的交易超出了你的系统范围，与赌博无异。

即使得到了回报，你也无法正确地验证自己的技能组合，你实际上处于不太利于前进的位置。当然，在那一刻，你的账户里有更多的钱，但这不过是因为你的运气好。并且你深知这一点。这削弱了你的信心，而当你不可避免地再次失去信心时，你更有可能寻找类似的交易。下次你可能就不会这么走运了。

强制进行全垒打式的交易是一种下意识的尝试，是为了弥补之前的损失，并逃避对你的交易的消极想法——大的胜利表明你一定很优秀，并将粉碎任何相反的质疑。当尝试这样的交易时，你不会有意识地想到这一点，交易者往往很难理解他们自己为什么要做这样的交易。这样的做法表面看上去很贪婪，你周围的人可能会因此指责你。

但重要的是要把问题分析清楚。如果有一系列的其他迹象表明你实际上是在与信心的缺失作斗争，那就仔细审视进行这样的交易的真正意图是什么。你很可能是想迅速收获大量的信心。

快速提示

当你感到信心低下时，不要彻底改变你的策略，因为这时候你不太可能操作正确。要格外强调执行你现有的策略。你知道它能让你赚钱，而且你将能够以一种更可持续的、长期的方式来重建信心。当你逐渐重新站稳脚跟时，就可以利用近期学到的东西来调整你的策略。

● 缺乏自信将使你对自己的表现感到惊讶

当你意识到自己做得比意料中的好时，这就是一个信号，标志着你的信心还没有强大到足以支持你产生"我可以做到这么好"的想法。你的技能和信心并不匹配。

你对自己赚了多少钱、这一年的情况、从其他交易者那里得到的反馈，或者你不可思议的市场感知力感到惊讶。你对自己能力的看法被人为地低估了。这往往出现在那些势如破竹或刚经历了职业生涯中最好的一个月的交易者身上。如果你的信心与你的技能相符，你就不会惊讶于自己所取得的成就或你对市场的感知力。你不会对那些符合自我期望的事感到惊讶。你只对真正出乎意料的事情感到讶异。

如果有人按响你的门铃，而且还是你的邻居，你不会感到惊讶，你可能会好奇他们想要什么。如果门口站着的是美国总统，那才是令人惊讶的。如果你真的对自己的表现感到惊讶，那就是你还不相信自己真的这么出色。

快速提示

如果你想建立一个更大的金字塔，就需要建立一个更大的基座。当你为自己表现得有多好，或者你已经变得多么出色而感到惊讶时，不要试图强迫你的直觉，也不要做任何疯狂的事情。回到你的B级博弈，并通过消除C级博弈中的技术和心理失误使你的基座更加宽阔。

稳定的信心

在某种意义上，你可以把稳定的信心看作是过度自信和缺乏信心之间的中间地带。这并不意味着你感情淡漠、变得机械化或麻木。事实恰恰相反。你充满了情感，但这种情感会更准确地反映出你的真实技能，而不是由缺陷、偏差或短期结果造成的错误认知。

拥有稳定的信心意味着你的信心永远不会因为波动或其他任何原因而极度波动。当然，小幅波动是会出现的，因为你表现的提升和变化是常有的，但仍有一定程度的稳定性是不变的。主要的缺陷、习惯或偏差已经被纠正了。因此，你会更容易做到：

- 拥有高水平表现；
- 评估你的优势和劣势；
- 保持清醒的头脑，即使在市场混乱的时期也是如此；
- 获取并信任你的直觉；
- 避免大的错误；
- 适应市场的变化；
- 专注于寻找机会和执行；
- 只关注和交易最密切相关的事，不分心。

由于你的信心水平会影响到交易的执行、交易想法的演变、策略的调整、对市场的感知以及其他围绕交易的决定，所以让你的信心尽可能保持稳定是很重要的。显然，本章的目标是帮助你建立稳定的信心。当你解决了自己交易技能中的缺陷和偏见时，你就会自动达到这个目标。

以大卫为例，他是一个退休的演员，在过去六年里一直在兼职交易债券、期货和期权，并打算将其作为全职工作。当他开始和我谈话时，还没有实现盈利，而信心是问题的一部分。当他做得很好时，会闪过理所当然和过度自信的感觉。市场走势似乎很容易理解，以至于他将仓位开得过大，并过度交易。

另一方面，当他亏损时，信心会大打折扣，"我没有理由相信我的策略会再次奏效"这样的想法会导致他转向另一个他认为更适合该市场的方法。无论是对他自己还是对他试图学习的人，他都有些不信任。

在过去的几年里，大卫有一种"邻家草更绿"的心态，他根据小规模的数据样本或难以预料的市场条件，从一种策略或工具跳到另一种。在"总有更好的路径"这一人生教条的驱使下，他很快就对一套交易方法失去信心，甚至都还没获取到足够大的样本来进行适当的评估。

通过我们的努力，他意识到在不断变化的市场条件下，自己必须致力于某一种战略，更多地关注执行并理解他的规则。通过坚持并收集更大的数据样本，他发现了自己知识的局限性并承认了自己的缺点，而不再不停变换策略，所有这些都让他的信心更加稳定。

减少信心的流失是第一步。在这之后，我们需要解决过度自信的问题。推动他信心大涨的缺陷——觉得自己找到了可以一直往后花园里撒钱的"策略"——与降低他信心的缺陷在本质上是截然相反的。直白地说出这一点很有帮助，但他还需要更多。

在了解了大卫之后，我建议他制作一张海报，详细说明他过度自信的各个方面。大卫把这个想法提升到了一个新的高度，他真的聘请了一位艺术家为他画了一幅卡通漫画，上面列有他的自信档案中的细节，以便在交易时参考。然后，每当他开始向理直气壮的卡通版的自己靠拢时，看着那张漫画能立即帮他获得视野并稳固信心。

对他来说，这个策略确实带来了改变，因为在他寻求情绪自律的过程中，大卫第一次使用了诙谐而非消极情绪。这符合他大体的世界观，即生活是有趣的且往往是荒谬的。认识到自己的情绪状态像卡通一样过度自信让他能更容易地挑战情绪背后的错误逻辑。

这种轻松愉悦的视角使他能够凭借着稳定的信心和始终如一的例行工序来

管理交易的高峰和低谷。现在，他信任自己的操作方法，不再这山望着那山高，这使得他的账户资金持续增长。

描绘你的信心

辨认出信心升得太高或降得过低的信号可以让你迅速抑制情绪并减少其对你的执行造成的损害。经历绘制信号的过程对于及时认识到信心不稳并迅速恢复稳定性来说至关重要。此外，它还能让你深入了解导致你信心波动的缺陷以及本章中你需要强化的部分。依照下面的步骤能帮你创建一个映射出你的信心的真实档案。

● 步骤1

与前三章不同的是，你不只是要专注于识别问题的信号。首先，你要描绘出在你看来怎样才是**稳固或理想的信心**。这给了你一个瞄准的目标，让你更容易识别出什么时候信心升得过高或降得过低。

即使你不常体验到这种情况，你们每个人也都拥有对自己来说稳定的信心。简短地描述它看起来是怎样的。以下问题可以帮助你开始：

- 当你的信心是平稳的，既不过高也不过低的时候是什么感觉？
- 你的决策过程是怎样的？
- 描述一下你专注的质量。
- 描述一下你的精力。你是否感到平静、兴奋，或介于两者之间？
- 你是否正在状态？
- 你的思路是否更加清晰？
- 你感到时间变快了还是变慢了？

当你的信心稳定时，在每个例子后做笔记。建立你对它的理解，直到你的笔记变得重复，而且很明显没有什么可以再补充的了。如果你现在正处于一段挣扎期，信心过低或过高，可能会发现这一步很困难。当下就尽力而为，等下次信心稳定了，再补充更多细节。

● 步骤2

除了描述稳定的信心外，还要密切注意**你的信心的波动情况**。你是否有经常变得过度自信或失去信心的明显倾向？或者你是否在这两者之间来回打转？

检查并捕捉导致你的信心上升和下降的原因。要具体了解过度自信和/或缺乏自信的迹象，包括：

- 思想
- 情绪
- 大声说的话
- 行为
- 行动
- 决策的改变
- 你对市场、机会或当前头寸的看法的改变
- 交易中犯的错误

即使在你信心不足的时候，我也鼓励你去寻找过度自信的微妙迹象，比如深信不疑，对未来过于肯定，或者过于自满。

在你交易时，在电脑上打开一个文档或在你手边放一个记事本并做记录。在交易日结束后，回顾你的发现并补充更多细节。要尽可能全面。绘制情绪地图是一个迭代的过程。你不可能一开始就完美地识别出所有的细节。要留意新的细节，确保将它们添加进来。小细节很重要，它们可能在你有机会改善执行时起到决定性的作用。

如果刚开始很困难，不要担心。每个人的起点都不同。利用你所发现的东西并逐渐在此基础上发展。只要你把它牢记于心，就会不断地学到比你以前所

知道的更多的东西。不论速度快慢，进步就是进步。以下是一些可以帮助你开始的问题：

信心不足

- 通常哪些情况会导致你失去信心？例如：对自己的策略失去信念，看到其他交易者赚钱，或者很难提出新的投资想法。

- 当你信心不足时，你的身体有什么反应？你是否动作更迟缓，或者懒洋洋地坐在椅子上？

- 你能否描述一下从什么时候开始你的信心变得过低并成为问题？

- 你的脑海中具体浮现了什么？你有什么想法？

- 你的决策过程有什么变化？

过度自信

- 哪些情况通常会让你过度自信？例如：大赚一笔，得到很多赞美，或是超过你这个月的目标。

- 当你感到过度自信时，你的身体有什么反应？你是否心浮气躁、坐立不安、兴奋不已，或者感觉到肾上腺素飙升？

- 你能否描述一下从什么时候开始自信变得过度并成为问题？

- 你的脑海中具体在浮现什么？你有什么想法？

- 你的决策过程有什么变化？

- 如果你也经历过信心下降的时期，在你信心下滑之前是否伴有过度自信？

通常交易者会偏向过度自信或缺乏自信两者中的一种。但你可能必须经历几个上下起伏的表现周期，才能得到一个清晰的地图。一些触发信心波动的因素可能不常发生，所以你可能要花比理想中更久的时间才能得到一个"完美"的地图。这就使得发现较小的波动或触发因素变得更为重要，因为它们通常和较大的波动有关。

● 步骤3

一旦你收集到大量的细节，通过评级来整理你的发现。鉴于信心的特质，你有几种操作的办法。如果你容易缺乏自信，可以把理想的自信水平设定为10，1代表你的最低水平。如果你容易过度自信，可以反其道而行之，1代表你的理想水平，10形容你最为过度自信的时候。

最后，如果你倾向于在两者之间摇摆，可以分别操作或两两结合，把5作为你的理想信心水平，1到4级反映信心不足，6到10级反映过度自信。

无论你如何编排自己的等级，确保找出能明确划分每一等级的细节。

在你评定严重程度的时候，要把它们分成两类：信心的心理和情绪层面，以及技术层面。它们是一一对应的，心理和情绪层面的1级与技术层面的1级相对应，以此类推。

以下范例展示了把5级放在中间，作为理想的自信水平等级，而1到4级反映缺乏自信，6到10级反映过度自信的情况。

信心等级

描述凸显每个信心级别的想法、情绪、言语、行为和行动。至少完成3个等级。

10. 感觉自己战无不胜。欣喜若狂。想着怎么花即将到手的钱。

9.

8. 我所做的一切都是对的。不考虑潜在的损失。热血沸腾，感觉血液在我体内流淌。

7.

6. 期待下一次交易的到来。兴奋不已。

5. 自信而平静。没有多余的想法。确定自己正在寻找什么。能够相信直觉。损失几乎不存在。

4. 悲观，认为未平掉的头寸会有亏损。

3.

2. 自我批判，心灰意冷。怀疑策略的可行性。想要放弃但仍在争取。

1. 胃部紧缩。看不出要怎么赚钱。

技术等级

描述对应你每一级信心的决策质量，以及你对市场、机会或当前的头寸的看法。

10. 目标更加激进，确信会击中目标。

9.

8. 采取更大的仓位规模。更难退出交易并遵从止损。做比平常更多的交易。

7.

6. 更快做出决定，承担超出理想水平的风险。

5. 很容易坚持我的博弈计划，同时感知到并适应市场带给我的一切。

4. 有点犹豫不决，但仍能很好地执行。

3.

2. 追求完美的交易，所以不会做很多交易。当我交易的时候，过度担心逆转。

1. 停止交易。

有了这个，你就有了一份坚实的草案，可以在交易时用它来识别你的情绪模式并迅速做出纠正。由于这些模式可能需要通过大量的工作来纠正，在你得到一致的证据证明它已经永久改变之前，不要修改你的地图。

现在，利用你在本节中发现的内容，将焦点放在与你交易最密切相关的、造成信心不稳定的具体原因上。我强烈建议你读完所有的内容，因为你可能会发现一些自己第一眼没有意识到的问题。而且你可能会想到更多的可添加到地图中的细节。

纠正认知错觉和偏差

正如我之前所提到的，有一些人认为认知偏差是无法改变的，你唯一的预防措施就是去了解它们，从而能够避免。然而，当你纠正它们背后的错误逻辑时，你会发现偏差是可以改变的。首先去识别那些影响你的偏差，然后深入研究，看看到底是什么造成了这种错觉或偏差。

影响交易者的偏差和错觉有很多。你在网上搜索一下就能发现成百上千种，比如赌徒谬误（你对概率的认知被改变）和近因效应（你高估了近期听到的信息的重要性）。本节重点讨论导致表现不稳定并影响交易者信心的最常见的偏差。你可能会发现其他影响你个人的偏差，无论如何，请运用我的系统来打破并解决它们。

● 控制错觉

拥有控制力不仅是我们作为交易者，更是我们生而为人存在的根本。我们不断尝试提高掌控自己生活的能力，在交易方面也是如此。但是，当你认为在你控制范围之内的交易、市场或是你的心理博弈方面的一些元素（例如价格走势、赚钱的机会和愤怒）已经脱离你的掌控时，问题就出现了——在你着手解决之前。

通常交易者自认为的对这些元素的掌控度比他们实际拥有的更强，这就进一步影响了信心。在短期内，我们很难知道自己控制的边界。正是在这种不确定的情况下，错觉才会兴起。

自认为的对交易或心理博弈的掌控度高于实际，是导致你信心不稳定的主要原因。

以下是七个常见的原因。

1. 相信你能在每笔交易中赚钱

想从每笔交易中赚钱和相信或预期每笔交易都能赚钱之间存在着明显的差异。这种信念会在你手感正热的时候被强化，助长过度自信。然后，当你的业绩变负时，你强行交易，试图赚取更多的钱。

在回撤初期，一些交易者还保持着高昂姿态且过度自信，制造了更多的错误和损失。其他人则有所动摇，曾经提供信心的信念被击碎。心理滑坡变成了自由落体。在这样的时刻，当信心被击碎后，交易者们希望重新拼凑碎片，重建之前拥有的信心。但是，当你的信心（部分）建立在一种错觉之上时，你的目标就应该是以一种全新的方式重塑信心。

从表面来看，这是你认为自己可以从每笔交易中赚钱的想法。没有一个交易者能够拥有对市场或其业绩的那种掌控力，你深知这一点。

那么，为什么这种想法会在你的脑海中徘徊呢？一定有一个更深层次的原因，让你内心的一部分相信这是有可能的，或希望这是可能的。也许你有一种想要证明自己的愿望，或者相信自己很特别。

也可能是，正如你在下面这个心理手史的例子中所看到的，它来自对完美的渴望：

（1）问题是什么？ 我很难接受回撤的日子，我强行交易来缓和跌幅，移动我的利润目标使每天都能实现盈利。

（2）为什么会存在这个问题？ 我希望每天都能赚钱。我有能力赚取现在收益的5到10倍。对我来说，这就是完美，也是我能够达成的。

（3）哪里出错了？ 我可以赚到现有收益的5到10倍，但也有赔钱的时候。这不是我现在的问题。我的问题是，我失去了理智，抛弃了我知道会奏效的策略，试图做到完美。

（4）**纠正方案是什么？** 完美并不意味着每天都能获利。如果我力求完美，应该专注于做出完美的决策，即使清楚地知道我不可能达成目标，但仍跃跃欲试。

（5）**验证该方案的逻辑是什么？** 我无法在短期内控制市场或我的业绩，所以即使我的执行力很完美，也会经常亏钱。但通过专注于在我的系统范围内做决策，我会少亏很多。

确保纠正这种错觉排在你心中的首要位置。每天从强化你的控制上限和范围开始——你的准备工作、执行、专注等等。这可以训练你的大脑将更多注意力放在你所能掌控的东西上而非你不能控制的东西上。

2. 情绪控制的错觉

还没有在心理博弈上做过大量功课的交易者往往会夸大自己能够控制情绪的程度。简单来说，你期望一切尽在掌握中，无论你的情绪有多激烈。你没有考虑大脑在情绪过度活跃时关闭高级功能的能力。

当这种情况发生时，你不能很好地控制自己的情绪，因为大脑中负责控制情绪的部分已经停止工作。因此，当你无法阻止自己做出贪婪、规避风险或愤怒的交易时，你就会失去信心。你认为自己应该知道得更多，而且这些应该很容易避免。你无法解释为什么不能阻止自己。你觉得自己一定有些问题，但无法确定是什么问题，所以你的信心下降了。

这种控制的错觉是如此成问题，以至于我经常警告客户，一旦他们获得了知识和认知，会错误地相信自己可以控制情绪。尽管有这样的警告，这个问题还是会出现，因为一种隐藏的信念，即他们理应能够一直主导自己的情绪。你要把这句话印在你的大脑中——**认知不等于控制**。

好消息是，这个问题的答案很简单，但对一些人来说，可能需要大量的重复。在内心深处，你相信控制自己的情绪应该像呼吸一样容易。这意味着一个更大的谬论，即你可以魔术一般地控制自己的情绪。但这不是魔术。相反，当你对大脑的运作方式以及如何真正纠正你的情绪反应有了清楚的认识时,你就能建立这种能力——我将在第9章详细讨论这一点。一定要很诚实地告诉自己这种能力有多脆弱,并且,要理解和接受,做到这一点需要一些工作、时间和努力。

3. 预测结果

大脑总是试图预测未来。然而,当你开始相信自己的预测一定会成真时,问题就出现了。例如,当你正处在回撤并且认为下跌将永无休止时,或者当你状态火热,觉得开上你一直想要的兰博基尼只是时间问题时。

你也可能发现自己有时会做出更不易察觉的预测,比如认为今天是你的好日子!你兴奋地开始一天的工作并渴望与市场交锋,这种过度的笃定有助于你管理小的损失或盈利。但如果你的交易结果在任何一个方向上都变得极端,你保持纪律并管理自己反应的能力可能会被一开始的过度自信所削弱。

反之,当你对未来有消极的想法时,它会使你感到疲惫。你认为今天不是你的丰收日,赚不到钱。你在精神上退缩,失去了专注,减少了投入,错失了交易,削减好的交易头寸。你说一些"我没有感觉"之类的话,并停止交易以避免损失。你缺乏信心,只是因为相信自己的负面预测是准确的。

这两种情况都是你的错觉造成的,你认为现在发生的事情将无止境地持续下去。你仿佛按下了大脑中的重复按钮,今天的现实将在未来以同样的形式上演。你认为一次大幅上涨或下跌还会发生,这造成了你的信心的过度上升或下降。

这反过来又影响了你的准备、执行和在问题发生时的反应能力。我在前面两章中谈到了导致愤怒和恐惧的问题。如果你在纠正这些问题方面没有取得想要的进展,那可能是因为这个问题的根源在于信心,而不是纯粹的愤怒或恐惧。

可以通过坚定地理解你的预测不是必然,只是估计,来纠正这一问题。你不是在考虑一系列可能的结果并为其可能性分配概率。相反,你确信自己会在某笔交易中赚钱、在某一天会亏钱、被止损，或在交易中达到盈利目标，即使你只达到了目标的75%。

你觉得这些预测是合情合理的，因为有一种它们会发生的感觉，这样你就会知道有一种错觉在制造影响。你做的不是去知晓会发生什么，而是通过在一套系统中下概率性的赌注来管理市场中固有的不可预测性。

识别出过于笃定的感觉（无论是积极的还是消极的）是你纠正这种错觉并发展稳定信心的重要组成部分。罗列出当你的信念变得过度或处在理想水平时你的想法和言论。这将帮助你及时分辨出其中的差别，让你能够在实际上没有把握的地方下调自己的坚信程度。

你可能还需要深入挖掘，利用心理手史来了解自己为什么需要那种过度确信。你的信心中有什么弱点迫使你对未来做出假设？例如，过度确信可能来自：

- *希望掩盖你决策过程中的弱点。也许是因为你在过程中半途而废，所以没有达到应有的稳健度。*
- *试图模仿你所崇敬的和希望靠拢的交易者的自信。*
- *希望你能预知未来。显然那样你会赚到不少钱。*

找到驱动你对过度确信需求的根源，是你能够始终如一地将预测仅视为预测而不是事实的关键。你知道应如何看待预测，但必须通过练习才能做到。

4. 忽视波动的影响

一些交易者认为，短期结果尽在他们的掌握之中。他们沉醉于不是完全由自己创造的利润，为不是自己造成的亏损而自责。波动是很棘手的，让你难以区分你的回报在多大程度上是你交易优势的结果。但是，那些与控制错觉作斗争的交易者疏于积极发展一种可以稳定他们的信心和情绪反应的技能，即认知波动的技能。

读到这里，你的第一反应可能是你无法提高认知波动的能力。但是想一想与第一年相比，你现在发现波动的能力如何。尽管相较于理想水平，它可能仍然很薄弱，但你已经有所提高了。现在想象一下，如果你直接在这上面下功夫——至少，它将帮助你减少因任何方向的波动而产生的过度反应。

方法是这样的：在查看你当期的盈亏之前，记录下你怀疑波动是主要因素的交易并估算它对你业绩的影响程度。然后，衡量你的表现或执行水平并预估当天的回报。最后，和你的真实业绩进行比较。

遵循这些步骤会带给你不一样的感觉。如果你对自己的执行不满意，但利润高于正常水平，应该减少乐观情绪，更多关注如何更好地执行。

反之，如果你亏了钱，但对你所做的交易非常满意，就不应该像平时一样悲观。此时重要的不是达到完美无缺的程度，而是以一种更审慎的方式考量波动，这样你就能够更客观地看待结果。

如果你已经知道了这一点，也考虑到了这一点，但还会因为亏损而陷入自我责备的浪潮并/或因为胜利变得过于激动，怎么办？这样一来你就知道这其实与波动无关，而是与本章讨论的另一个信心问题有关。

5. 未实现的潜能

相比老手，这个问题在志存高远的交易者中更为常见。你对自己的潜力深信不疑，并设想自己会成功——也许是非常成功。你有很强的动力去证明自己，实现这种潜力。你的信念如此之深，以至于可以真切感受到自己所设想的成功，就好像已经实现了它。

信心会人为地上升，因为想象的结果会产生积极的情绪，即使它们可能需要很长时间才能实现。不出意外，你的信心就像膨胀的市场一样，很快就会崩溃。它是脆弱的，即使是一个普通的亏损日也会暴露这种错觉。

我们很容易沉浸在因对自己的潜能感到激动而产生的自信和鼓舞的情绪之中，这使得这个缺陷很容易被忽略。你没有看到危害，因为其后果并不是立刻呈现的。你享受成功的感觉，却不知道这造成了你信心的波动。例如，常规的风险测算是基于你当日的账户资金规模进行的。然而，当你正处在这种错觉中时，就会急于冒进，承担更多的风险，因为你单纯认为自己账户的资金一定会增长。

当你沉醉在自己未来的成功时，也会让损失变得更加痛苦。为什么？因为此时亏损感觉就像是有什么东西被夺走了，虽然事实上你还没有赚到这些钱。

你必须明白，在对自己的潜力抱有强烈信念的同时认识到实现潜能所需的所有步骤是颇为重要的。你越是积极采纳这些步骤，就越容易避免过早地沉浸在对未来成功的喜悦中。既要志存高远又要脚踏实地。不要对未来太过笃定，继续努力，直到你获得了足够好的业绩、知识和经验来实现你憧憬的胜利。

6. 应对外部反馈

你无法控制别人对你的看法，正如他们无法控制你对他们的看法一样。但在被表扬或被批评时，你很容易反应过激。密切注意你是如何被这些评论过度影响的，因为这凸显了你自信中的弱点。

例如，我的一些职业高尔夫运动员客户是杰出的青少年，他们得到了周围人的大量赞美。人们会说："你会进入巡回赛，与泰格·伍兹同场竞技。"然而，在经历了一场糟糕的锦标赛后，同样的一批人会如连珠炮一般问他们出了什么问题。球员们觉得他们需要为自己辩护，证明他们表现得很好，尽管这并没有反映在他们的分数上。

你也可能有同感，觉得需要为自己辩护，以应对一些失利后的问题。关键是要评估评论者的正统性和能力。

作为初级高尔夫球员，我的客户还不够老练，不明白他们需要对自己收到的赞美持怀疑态度——这些赞美往往来自业余人士。他们自信心的一部分需要这种赞美，并喜欢别人对他们的比赛作出高度评价。但现实是，没有人可以肯定地说他们会在美巡赛（PGA Tour）上大获成功，就像没人能百分百确定，从长远来看，你会成为一名成功的交易者一样。

如果你内心存在需要别人安慰和赞美的部分，就有可能面临被这些评论人为地拔高你的期望值并导致过度自信的风险。另一方面，负面评价会利用你对他人认可的需求，让你对自己的前景更加怀疑，或变得挑衅，迫切地想证明他们是错的。

外部反馈，无论是正面的还是负面的，理想中都只应该代表你整体信心的一小部分。否则，你的心理和情绪状态以及执行会过度依赖于他人的评价。你放弃了主导权。要意识到为自己辩护或沉醉于溢美之词的表现都是你信心不足的信号。

7. 期望永远处于最佳状态

想要在精神上处于最佳状态，你需要完全主宰导致自己的精力、情绪和精神状态波动的各种变量。那些经常处在最佳状态的交易者是在稳定的信心基础上进行操作的。他们并没有通过期望而是通过完成必要的工作来达到这个水平。相比之下，你只是盲目地期望达到最佳状态，这是导致你信心不稳定的一个因素。

还记得在第3章，你从"尺蠖"概念中了解到，你的C级博弈或者说你最差的表现，是你的技能组合中唯一能期望的部分吗？其余的一切都处在学习的过程中，需要付出努力并给予关注才能达到。

你无法控制你的A级博弈。当你期望达到最佳状态时，你就向你的大脑发出信号，让它不要把注意力放在目前正在学习的技能上。你相信你的A级博弈是自然而然发生的，所以自以为完全掌握了产生A级博弈的各种因素。讽刺的是，如果你期望一直处于最佳状态，实际上已经注定你不会做到。做好最坏的预期，努力达到最佳状态。

来自日本的客户五郎的案例凸显了许多交易新手极端的控制错觉，纠正这种错觉十分重要。五郎于2017年年初开始进行交易。他当时还在全职从事工程师的工作，但到了年底，他辞去了全职的工作并开始全职交易。

然而，在从事交易后不久，五郎开始感到巨大的压力。当时市场正处在牛市。他在首次交易中赚了钱，不久之后，他的收入比当全职工程师时要多得多。他开始觉得自己可以辞职，只需每天工作一小时就能轻松赚到六位数。但是市场非常动荡，出现了好几次对他这位新手来说在战术和心理层面都无法应对的重大调整。

他的妻子正怀着他们的第一个孩子，而他们当时住在美国，没有朋友或家人的支持，这一事实加剧了紧张情绪。他开始痴迷地关注市场，而且睡不好觉，因为整夜都会收到预警。这使他的婚姻变得紧张，因为他不仅在妻子怀孕期间和儿子出生后的几个月里没有陪伴他们，并且还开始亏钱。五郎感觉自己辜负了家庭，正是在这个低潮期，他和我开始合作。

在最开始的几次交流中，我们发现，五郎问题的根源在于他幻想自己可以轻松赚钱，而且可以从每笔交易中赚钱，并且总是处在最佳状态。有一天，我们讨论了他是愿意成为世界上最幸运的交易者还是最娴熟的交易者，他立即回答说他宁愿选择幸运。这是一个转折点，而心理手史帮助他清楚地看到了问题所在。

（1）**问题是什么？** 我想拥有超人的力量，能让我以极其不现实的方式将每笔交易的利润最大化并消除损失。

（2）**为什么会存在这个问题？** 我长久以来一直抱有这种幻想，认为有可能获得超人的能力，在内心深处我肯定是这么认为的。

（3）**哪里出错了？** 我25年的生活经验证明了我不可能有这样的能力，如果我继续这样想的话，就基本上是一个七岁小孩。看看这一信念给我的生活带来了多大的混乱——我其实是在想象自己能中彩票。如果我赢了呢？除了钱之外，我还能剩下什么吗？如果我没有中奖，那我就什么都没有了。

（4）**纠正方案是什么？** 既然没有超人的能力，我唯一能做的就是做必要的工作，成为一个娴熟的交易者并接受这样的事实：无论我变得多么优秀，都不可能永远处在最佳状态，并且不是所有的交易都能获利。

（5）验证该方案的逻辑是什么？这是通过交易实现财务自由的唯一途径。除非想成为一条中彩票的锦鲤，否则我需要纠正这种错觉，不然这有可能毁掉我的生活。

从那时起，五郎开始以必要的严肃态度对待交易。三年后，在我写这篇文章时，他继续在多个市场上交易。在情感上，他已经从更深层的幻想走到更实际的问题中去了，就像我通常从资深的交易者身上看到的那样。FOMO和愤怒不时会冒出来，还有一些过度自信闪现。

五郎估计，自我们开始合作以来，他的情绪波动已经减少了大约75%。对于剩下的25%，他非常清楚什么时候会发生，并知道如何纠正。例如，一旦他想着"我是个天才"，就会确保自己按计划行事并寻找一个好的机会来兑现利润或关闭交易。

● 学习的错觉

如果你以前不熟悉尺蠖概念，那么你对学习的看法可能已经产生了偏差。这些偏差导致情绪波动，包括信心问题。你对自己作为一个交易者的发展做出错误假设，制造了困惑和悲观情绪。

或者，相反地，你太容易急于求成，认为自己已经掌握了某些技能，而实际上并没有。纠正这些偏差对发展稳定的信心而言是必不可少的。另外，以下是一些常见的影响信心的学习错觉。

1. 尚未掌握

在进展顺利的时候，你很容易误以为自己已经全面掌握了目前正在学习的技能组合。这个错觉本质上意味着你认为自己已经越过了终点，但其实还没有，就像在马拉松的35公里处——很接近，但还没有到达终点。

也许你已经有好几个星期处于良好的情绪状态中，赚了一些钱，放松了一些，自认为自己的愤怒情绪已经得到解决了。然后，愤怒情绪又意外地反弹，因为你不再积极思考如何纠正愤怒。几次亏损引发了愤怒情绪，你的大脑失灵，犯了一堆错误。

事后，你很容易失去信心，既对自己控制愤怒的能力失去信心，也对纠正愤怒的策略失去信心，尽管实际的问题是你操之过急了。当你犯了自己不再认为是问题的交易错误时，同样的事情也会发生，你开始质疑自己作为一名交易者的能力。

当你达到学习过程的这一阶段时，会感觉自己已经游刃有余，仿佛已经熟练掌握了技能。然而，重新退回能力不足的状态，无论在什么时候，出于什么原因，都证明你还在学习该技能的阶段，在完全精通之前还需要努力。在读这本书之前，你没有理论或体系来理解这些错误发生的原因。

有一件事可以帮助你避免这个问题，那就是了解象征你已经精通的信号。一个关键的标志是在高度紧张的情况下始终保持水准，而此前你可能会犹豫、愤怒、恐惧、贪婪或情绪不稳。另一个信号是你在B级博弈中完全没有出现这些错误，而在此之前，你仍然有愤怒情绪产生或有强行交易的想法或冲动。

在你得到这些信号之前，继续前进——那些错误仍然可能发生。如果你确实犯了一个错误，那就做一个侦探，对你为什么会犯这些错误感到好奇并积极地去纠正它们。

然而，如果你仍然会过早地认为自己已经完全达到精通的程度，有可能是因为你内在的一部分对成功过于迫切。因此，你会紧紧抓住任何显示自己将大放异彩、足以辞职去全职交易并赚得盆丰钵满的迹象。你过早地认为自己达到精通，因为你不顾一切地想要实现目标。（绝望是我在本章后面会讲到的一个话题，一定要读一下。）

2. 认为自己比别人更聪明

就像运动员认为自己的运动天赋比别人高一样，有这种偏见的交易者通过认为自己比别人更聪明来增强他们的信心。这个问题很微妙，对于那些更想战胜他人而不是自己的交易者来说，这是一个更大的问题。

如果你是那种经常观察自己在公司，甚至只是在一个交易小组里的排名的人，你很可能不仅在争夺利润和金钱上的主导地位，还力图证明自己更聪明。你可能会这样评价其他交易者，比如"这家伙是个白痴。我不敢相信他去年赚了这么多"。

当你错失了别人抓住的机会或不断亏损的时候，你会很快找借口。承担责任意味着承认自己不是这里最聪明的人，你不能让自信心受到打击。

造成这种情况的主要原因是对智力的刻板看法，这来自一种老派的观念，即你要么聪明要么不聪明。当利润是你证明智商的方式时，你的信心最终会根据盈亏的变化而上升或下降。你觉得自己有多优秀只取决于上一笔交易。然而交易表现没有持久性。一些交易者对这种波动有更剧烈的感受，而其他人则否认存在问题，他们变得挑衅或傲慢，以防止自己脆弱的信心下滑。

改变你对智力的看法很重要，因为错误的看法损害了你与其他交易者竞争的能力。你最终没有充分利用自己的能力——没有从亏损和错误中学习，或者至少没有有效地学习。你更专注于保持你最聪明的头衔，而不是把智力理解为帮助你执行和学习的工具。

在短期内对自己进行评估并仍然保持信心的关键是接受尺蠖的概念。为了便于讨论，让我们假设你真的是这里最聪明的人。就像太过依赖于天赋的运动员一样，你还是会被那些更努力、更快从错误中学习、思维更开阔的交易者打败。

为了拓宽你对智力的看法，你必须消除盈亏等于智力的假设。接纳你真实的弱点，更坚定地强化每个人都有弱点的想法。你越快接纳你的弱点，就能越快地改进它们，同时让你的整个表现区间向前移动。

如果你还没有这样做，我建议你完成我在第3章描述的A级到C级的博弈分析。它给了你一种不基于金钱的、看待表现的方式。你也会更好地理解自己表现波动的原因，并更快地纠正它们。如果你能以一种更切实可行的方式来转变智力的用途，它将使你的信心更加稳固并提升你的整体表现。

我还建议你阅读卡罗尔·德韦克的书《终身成长：重新定义成功的思维模式》（*Mindset: The New Psychology of Success*）。这是了解关于智力的固化看法的绝佳资源。

3. 后见之明

你相信，如果你多思考一下，如果你查证了别人所说的模糊消息，如果你没有犹豫不决，或者如果……（你可以在省略处填上另一个借口）一次错误或损失就是可以避免的。正如在"错误型愤怒"一节中所讨论的那样，后见之明偏差包含一种近似于幻想的分析方式，分析自己本可以有哪些不同做法。你认为自己的错误应该很容易纠正，因为你现在看到了自己本可以有哪些不一样的做法。那是虚构的。如果有那么简单，你本应该做出不同的决定。这种幻想来自你对自己能力的夸大。

这个问题被称为后见之明偏差，但实际上它源于一种期望，即你可以知晓未来。仿佛你应该有能力知道要考虑哪些因素、浏览哪些内容、什么时候下达指令，或其他本可以避免错误的做法。当你回顾并发现自己的错误时，感觉自己早该知道这些。但要做到这一点，你必须在错误或损失发生之前就知道它将会发生。当然，这是不可能的，所以这到底是怎么回事？

如果你对自己的失败原因坦诚一些，会发生什么？如果你不找借口，而是承认你本可以做得更好，会发生什么？这是否感觉很糟糕？会不会使你失去信心？你是否会对自己作为一个交易者的前景感到悲观？你是否期望自己是完美的或是相信自己可以做到？

对这些问题的回答都能揭示后见之明偏差在保护什么。一旦你知道了自己在维护什么，就发现了要解决的问题。把这个问题作为心理手史的第一步，并利用本章中相应的部分来帮助你填写其余的四个步骤。

● 确认偏差

成功的交易者的基本技能之一是能迅速发现自己正在犯错。当你存有确认偏差时，就失去了这种技能，因为你的信心是建立在对（自己）是正确的需求上的。你会自动寻找信息来证实你现有的信念并忽略反面观点。

你缺乏对哪些信息被准入或过滤掉的透彻分析，并在重新评估你的观点时遇到困难，你更有可能忽视其他交易者的不同观点。在面对越来越多的证据表明它很糟糕的情况下，你还固执地持有某个头寸。或者，你可能会紧紧抓住第一个出现的信息——它能证实你对某一笔潜在交易的看法。

在现实中，你几乎可以对任何事情产生确认偏差。它可能是对另一个交易者的看法，对本季度市场机会的假设，或对CEO的工作类型的思考。也许你认为自己不走运，注定会亏损，或者认为自己会赚到上百万。你可能确信一只股票会上涨，因为你个人喜欢他们的产品。你可能由于媒体的正面报道，相信某只科技股已经蓄势待发了。你如此肯定，以至于你不去评估其广告支出的轨迹，或者其客户基础是否在萎缩。

确认偏差与其说是关乎某些具体的信念，不如说是你对它的一种执念。这种执念拦截了相反的观点，并关闭了严密的分析。或者更糟糕，是更严重的一种确认偏差：你必须是正确的。

作为一个交易者，你的生计在于对正在发生的事情有一个清晰的认识，这样你就可以评估机会的实际情况，而不是你所希望的那样。只有当你实事求是时，才能让自己处在获得长期成功的最佳位置。

要开始瓦解确认偏差，你需要了解是什么在驱动它。为什么你想确认自己已经相信的事情是正确的，而不是找出究竟什么是正确的？为什么你想停止学习？你可能从根本上缺乏在正确评估相反的观点时不失去自己观点的能力。也许你太容易受到他人的影响。

或者你可能是害怕自己看起来很愚蠢。也许你在无意识地保护自己，避免发现自己并不像想象中的那么好，并且你迄今为止的战绩更多是靠运气而不是技巧。也许你想成为你的公司或团体中的佼佼者，希望得到同行的尊重，但你还没有取得业绩来证明这一点。因此，你减少对这些问题的思考以增强你的自信。

确认偏差阻碍了你发现自己的技能组合、知识和视野中的空白。它还阻碍了你的学习。纠正这种偏差最根本的方法是，找出你心中最坚固的信念。寻找那些日复一日、月复一月甚至年复一年地在你脑海中循环往复的信念、想法或表述——它们从未改变过。

如果你真的客观地评估了信息，故事至少会有所发展。如果你没有这么做，故事将不会改变。你的偏差是固定的，并且你不愿意接受反驳。

你要更善于去严谨地分析。学习如何理解另一方的论点，并在该论点面前证明你的观点。盲目地假设是毫无说服力的。试着去理解，让你的观点成长或演变。最后，你的信念可能不会改变，但围绕它的论据会因为必须以更严密的方式来捍卫信念而得到加强。

如果这还不能充分纠正你的偏差，那就说明你有更深层次的对"必须正确"的需求。继续完成心理手史的第二步来发掘你如此执着于正确的原因。这可能是因为我之前举的一些例子中提到的因素，或是因为你在为错误的想法辩护，这表明你有更深层次的不安全感或信心的不足。

在这种情况下，你需要了解导致你犯错误的威胁在哪里。答案有可能超出了交易的范围，是关乎个人的。下面是一个心理手史的范例。

（1）**问题是什么？** 我有一种强烈的冲动，想向自己证明我可以做到这一点。我强行进行一个高收益风险比的交易，这样就能够加速前进。

（2）**为什么会存在这个问题？** 如果我获得了较高的收益风险比，那就证明我做得对，也验证了我应该加速前进。

（3）**哪里出错了？** 事实上，这并不能证明什么。我可能很幸运，但如果得到了自己犯错的验证，就会在不经意间陷入溃败，这将远甚于我在系统范围外交易可能带来的短期"错失机会"的痛苦。我也在养成一些需要在日后纠正的坏习惯。

（4）纠正方案是什么？我希望且需要通过系统进行验证。在接下来的几个月里，我需要完全专注于执行。牢牢地盯住它，这样我才能培养能力，为提升水平打下基础。

（5）验证该方案的逻辑是什么？做到这一步本身就证明了我做的事情是正确的。我不需要每天都从结果中得到验证。

● 邓宁-克鲁格效应

这个概念是指技术水平低的人易于高估自己的能力，反之，技术水平高的人容易低估自己的能力。在交易中，这意味着，一方面，没什么技术的交易者会变得过度自信，因为他们认识不到自己的能力不足。他们不知道自己有多糟糕，而且错误地认为自己比其他交易者懂得更多。另一方面是技术高超的交易者，他们错误地认为其他人与他们的知识水平相同，低估了自己的能力，导致了人为的信心低下。这个概念体现了为什么信心不是能力或未来成功的精准的衡量标准。现实表明在这个问题上，任意一种交易者的感受实际上都与他们的表现截然相反！

双方的共同点是错误地假设了自己与其他交易者的知识量对比。让我们来看看为什么你的分析会因为自信不足而有缺陷。也许你从小就被教育要谦逊，从不为自己、自己拥有的成就或学识而沾沾自喜。或者它可能来自焦虑、紧张或害怕脱颖而出，不希望受到随之而来的关注或感受到别人的期望。

你可能也知道市场上有多少成功的交易者和投资者。由于你没有达到这个水平，你自动低估了自己掌握的知识量。这种错误的观点可能会被强化，因为相比回头看有多少不如你成功的交易者，你更容易看到那些比你成功的交易者，特别是媒体报道的那些。

反过来说，如果你相对于自己的实际能力来说表现得过于自信，那么你为什么不善于识别自己的弱点？其中的一个原因可能是西方社会的一个主流信念，即你可以完成任何全心投入的事情。这往往伴随着一种否认弱点、突出强项的普遍倾向。

或者你的过度自信可能来自不安全感，你贬低其他交易者以提高自己的信心——典型的"踩在别人的肩膀上，让自己感觉更强大"。因此，你认为与你想法不一致的交易者是愚蠢的，即便他们的成就远高于你。

无论你是一个过度自信却能力不足的交易者还是一个自信不足的优秀交易者，都需要纠正这个问题，我建议你完成第3章的A级到C级的博弈分析。虽然你可能永远无法实现滴水不漏的分析，但对自己的优势和劣势有一个更清晰的看法可以帮助你避免采取一种具有误导性的信心水平。

你可能还需要确定自己的信心中是否存在导致过度自信或过度不自信的不安全感或更深层的弱点。心理手史是可以帮助到你的工具。根据我的经验，这往往与超出交易范围的个人问题有关。

在完成心理手史时，我鼓励你从更个人的角度去思考，即使这个问题在你生活中的其他方面并没有出现。通常情况下，交易会以有别于你生活的其他方面的方式来挑战你。因此，未解决的个人问题会在交易中出现，你需要解决这些问题来稳固自己的交易信心。

● 非黑即白的思维

以非黑即白、全有或全无的方式来评估错误、损失、市场或其他人是一个隐藏的缺陷，它可能是我已经描述过的许多错觉和偏差的基础。当你有一个完全两极化的直觉反应时，你的语言会包含"总是"和"从不"这样的词汇。或者你把自己的表现评估为完美或糟糕，而且经常根据自己的业绩在这两者之间摇摆不定。交易结果是黑白分明的，但你作为一个交易者不能这样评价自己，否则会有强烈的过激反应。

想要知道这对你来说是否是个问题，请注意你是否经常对自己、其他交易者、市场或交易机会做出极端的表述。共同点是你对事物有一种两极化的分类方式——对它们的分类没有任何梯度或范围。

对于那些倾向于在过度自信和过度不自信之间辗转的交易者来说，这个缺陷可能是部分原因。你从硬币的一边翻转到另一边。感觉到自信，你就把自己看成是个天才；感觉不到自信，你就认为自己是个骗子，只是运气好而已。

这个缺陷是造成迈克斯贪婪问题并最终导致自信问题的主要原因——我记得他是一个拥有10级贪婪模式地图的外汇波段交易者。如果交易失败了，迈克斯就会开始担心他的能力和金钱回报。他希望比其他交易者盈利更多，以证明自己可以成功。他显然很需要自己的能力被别人和自己认可。

亏损会令他犹豫是否要再做一次交易。他会过度关注自己做错了什么，有时会开始怀疑自己的能力，认为自己不是一个好的交易者。他不得不停止几天交易以恢复状态。

在我们开始会话之前，迈克斯认为所有的交易者都会有干扰他们表现的情绪，他不知道他有消除这些问题的潜力。（另一个非黑即白思维的例子。）在我们的第一次辅导中，我们挖掘出了他存在贪婪和信心问题背后的原因。这份心理手史展示了我们的发现。

（1）问题是什么？在贪婪最严重的时候，我被一种无法控制的冲动所驱使，想要现在就获得绝对的最佳回报。我只专注于当下赚钱，没有长远的考虑。

（2）为什么会存在这个问题？当面临回撤时，我的信心会减弱；我对自己的能力和目标更加怀疑。我更加不确定自己是否能达到目标。我现在需要赚钱，以回到盈亏平衡或盈利状态，消除任何疑问，并有足够的信心宣称自己是一个持续盈利、最终会吸引投资者的交易者。

（3）哪里出错了？我有一种强烈的愿望，想证明我可以做到这一点。我越是能自力更生，就越能证明自己可以做到这一点。这种愿望是合理的，但却被带到了一个极端，因为我现在就需要证明它。我不想在一两年后证明它，而是现在就证明它。

（4）纠正方案是什么？我不能省略步骤。如果想建造一座大房子，我不能在建造第二层之前建造第三层。我知道自己的能力，也知道我已经向自己证明了什么。

（5）验证该方案的逻辑是什么？我的信心之所以薄弱，是因为我对自己技能的认识过于两极化。清晰地了解我的技能基础，可以使我意识到自己的技能中总有一些方面是不会消失的。这使我能够以更加线性的方式进步，并有耐心避免冲动地跳入无意义的交易，而是只做最优质的交易。

为了帮助迈克斯打破两极化地看待自己交易能力的方式，我让他找出自己迄今为止在交易中掌握的所有技能和知识——所有他自然而然变得擅长，无须再思考的事情。例如，能够辨认出市场结构、关键趋势线的位置，以及支撑位和阻力位。

我建议他每天花3到5分钟来阅读并思考这份清单。迈克斯很快意识到，他是一个合格的交易者，有着坚实的基础，这些基础是通过深入市场并进行数千小时的测试建立起来的。

完成这项练习后不久，他就展露出第一个进步的迹象。迈克斯开始从长期角度看待短期决策，这使他能够做自己本来会避免的交易，并接受损失而不是急于立刻把钱赚回来。

他还发现，自己可以避免在低于目标价时平仓的冲动并远离不符合他所有标准的交易。后一种进步是相当显著的，他指出，在两个例子中"采取观望态度变得容易得多了，即使这两次交易都可实现盈利。我很高兴自己没有做这些交易。为什么要打破我花了数千个小时创建的计划呢？"

迈克斯仍然会遭遇贪婪和自信不足的信号，但他现在的感知非常强，这些信号很少会影响到他的执行。此外，有了如此强大的处理亏损的能力，他现在正在进行更多的交易，甚至会做一些日内交易——这是他以前因为情绪波动而无法成功做到的。

要想纠正两极化的评估方式，你必须像迈克斯那样，找出你最容易变得两极化的情况，并将带有层次的视角融入其中。如果你的两极化反应与你自己的能力有关，完成A级到C级的博弈分析是一个很好的开始。你刚开始很可能只有一个A级或C级博弈，而发掘B级博弈的任务将大大有助于纠正这一缺陷。

如果你的归类方式与其他交易者有关，去了解他们的表现与你给他们贴的标签有哪些不同。例如，如果你认为他们是傻瓜，有意识地寻找他们表现优异并有好的想法的标志。相反，如果你把他们奉为无懈可击的人，那就通过找出他们的弱点和犯错的地方，把他们拉下神坛。

如果你的两极化语言与市场有关，因为你"总是被坑，从未得到过应有的对待"，那么开始跟踪波动。寻找能驳斥这些说法的例子，然后留意更多细微的差别。

这些方法可能足以让你改变表现得过于极端的地方。如果没有，你需要进一步调查为什么自己的评价会如此两极化。

完美主义

完美主义是复杂的，有不同程度的严重性。很多书通篇都在写这一个主题。我在本书中也已经有过几次讨论。在"恐惧"一章中，你了解到完美的标准会困扰着你，给你带来巨大的压力，甚至使你的决策陷入瘫痪。在"愤怒"一章中，你看到期待完美是如何引发愤怒，从而进一步降低你的执行力的。现在，让我们再深入一点，探讨完美主义或高预期是如何损害信心的，以及解决这一问题的一些不同方法。

完美主义的症结是对自己的能力有过强的信念。这就是为什么"人无完人"或"失败是学习的良机"这样的建议不能从根本上解决问题。交易者是具有分析能力的，需要更多的信息。你不会根据一般的建议做出交易决策。你要挖掘。此处也是一样的。这并不意味着我们必须深入到个人问题。有一些常见的基于表现的完美主义因素，你可能还没有意识到。

虽然一些交易者对完美有合理健康的追求——这往往是高水平表现的驱动力，但它也可能是一把双刃剑。当追求完美的动力变得过度并造成情绪波动时，就会出现弊端。这种波动会导致你能想象到的各种各样的交易错误。它还可能减缓进展，使你产生不满情绪，继而让你精疲力竭，同时导致你的动力和投入程度双双下滑。

我希望你们都有动力做到最好，并寻觅到你们各自的完美版本。但是如果要强化信心，需要对完美的本质有一定了解。完美主义并不坏。这样的分析太过粗糙，也没有考虑到它带来的好处。

相反，让我们把注意力集中在将完美主义转化为更富有成效的东西上。如此可以钝化双刃剑的一个边缘，将自我伤害降到最低，同时使另一个边缘变得锋利，你将能够出类拔萃。

首先，尺蠖是"人无完人"这句话的解药。做到完美，这个想法太宽泛。没有人是完美的。我们都有C级博弈，也总有相对的弱点。但这并不意味着我们不能在某些时候实现自己的完美版本，当我们在某一刻处于最佳状态并将我们的能力最大化时，就是完美的一种形式。你可以在某些时候达到完美。

这种意义上的完美并不意味着你每天都能获取最大的利润。毕竟存在市场波动，这甚至不在你的控制范围内。它更多是关于在你目前的表现范围内的，你自己的完美决策和执行。另外，一旦你达到了完美，标准就会提高；处在这一表现水平意味着你尺蠖的前端在前进。

你的能力增长了，对完美的新定义也随之浮现。你有了一个新的A级博弈，而再次达到完美的最简单的方法不是从前端向前推进，而是通过纠正你B级或C级博弈的各个方面，从后向前推进。

无论你是否意识到完美主义是自己的一个问题，浏览以下清单可能会有所帮助。这里可能有一些你没有意识到的关于完美主义的迹象：

- 你给自己很大的压力，让自己变得优秀；
- 持续的内部压力不允许你放松休息，让你疲惫不堪；
- 你觉得自己总是不够好，即使在经历了利润可观的交易日之后；
- 你从不称赞好的成绩，并认为任何人都可以取得这些结果；
- 即使是最轻微的失误也会滋生自我批评，同时你对所有的错误都一视同仁；
- 你总是觉得与别人相比，自己做得不够好，总有人能做得更好；
- 你很难继续前进、放下或原谅一个错误，因为你对这些错误耿耿于怀并感到后悔；
- 你不常有巅峰表现；
- 你觉得自己落后了。

考虑到这些，让我们更仔细地看看造成完美主义的两个原因：一个是由累积的信心不足造成的错误的自我评估，另一个是把期望混淆成目标。

● 错误的自我评估

我们每个人，从某种意义上来说，都有一个内部衡量标准，用来评估我们的技能水平，获得我们的表现反馈，并发现需要改进的地方。在本章开头，我提到信心问题来自你对自己技能的看法的漏洞。在这种情况下，完美主义的交易者对自己的评估方法有缺陷。交易者取得里程碑式的成就是很常见的，比如说他们第一个收获五位数的月份，但不久之后他们就不以为然了。他们没有给自己任何肯定，并错过了加强他们信心的机会。

把评估你的技能看成是一场游戏。你的得分或失分是基于你所做的每笔交易的质量。汇总之后你就得到了当天的分数。每天的计算结果计入月度，月度计入年度，以此类推。在你停止交易之前，游戏是不会停止的。完美主义者在这个游戏中总是失败，**本质上是因为累积了大量的负分。**

你的内部衡量标准被用来决定你得到或失去多少分数。完美，或高预期，代表了你所期望的标准，并构成了你的基准。这意味着，当你达到预期时，你会得到零分——你不会因为做了应该做的事而给自己加分。只有当你超过预期时，你才会得分。但是……在你改变目标，或提高期望值之后，分数又会被扣掉。

大多数时候，你的表现低于你的预期，并因此失分。对你们中的一些人来说，这是成比例的，也就是说，当你表现稍差时，你只失去几分，而当你表现严重低下时，你就会失去更多。对其他人来说，不管你是略微低于还是远远低于标准，失败就是失败，你失去的分数是一样的。

在这个游戏中，分数等于信心。那这会把你带到何处呢？负分累累。虽然有时候你赢得了一些分数，但与你失去的大量分数相比，它们出奇地低。这造成了你信心中的漏洞，或者说是一个弱点，这可能是持续缺乏自信和过度自信的根源。

高预期最初会让你陷入负分累累的状况，但随着这个问题的发展，你开始相信达到完美会让你摆脱这一困境。你有一种潜意识认为，如果能有完美的表现，你的负分就会一扫而空，并且能持续地且有理由地感到自信。

然而，一旦你的表现达到了一个新的高度，你就会期望每次都能展现这一水平。目标再次移动。你刚刚跳得高了一些，现在又期望跳得更高。这一刻的满足感转瞬即逝，因为你的心思马上转移到了下一个目标上。或者你甚至没有经历过那短暂的时刻，对你方才收获的价值不屑一顾，已经开始下一个期待了。

无论是哪种情况，你都没有摆脱负分，而是越陷越深。这个过程不断重复，你认为更大的成就，像是更多的钱、地位、责任等，最终会让你达到目的。这就是为什么你会看到极为成功的交易者处境糟糕；他们如此地为金钱所驱使，以至于认为更多的金钱才能最终令他们满足。钱不能让他们摆脱这种负分。外部资源，甚至是来自他们所崇敬的人的大量赞美也不能减少负分。

你需要做的是重新校准你的内部衡量标准，使其更加准确。要做到这一点，你需要认识到，你一直把期望混淆成目标。

● 期望与目标

期望和目标之间的区别是很显著的。事实上，期望意味着一种保证。在这种情况下，它是对达到你想要的结果的保证，这意味着你相信自己要么拥有达到目标的必要技能，要么肯定自己会达到这个目标。另一方面，目标意味着不确定性。通往该目标的确切道路是未知的，虽然所需的技能可能是已知的，但你是否能获得这些技能以及如何获得是未知的。

期望意味着只渴望结果，并不关心如何达到这个期望。目标是在认识到沿途可能出现混乱的情况下被制定出炉的。虽然你可以被同样强度的目标或期望所驱动，但当你追求在一年内赚取50万美元时，会感觉到明显的不同。

如果这是一个期望，当你在过程中面对错误、挫折或失败时，会毫无准备，反应过激。你会出现更多的自我批评，以及有变得过度自信或丧失信心的可能性。如果你真的能够达到预期，你会得到零分并毫无波澜，甚至感觉更糟。

但如果是目标的话，你就会准备好去处理可能遇到的挫折，清楚挫折带来的教训和价值。目标意味着学习，意味着很多的起伏。其隐含的意义是，你在实现目标的道路上会有新的发现。你也会从一路走来的每一步当中获得自豪感和满足感。

一个精准的内部衡量标准的结果是，当你从前进的每一步中取得进展时，就有机会收集分数。你每到达一个里程碑，都是在建立信心储备，所以终点线并不是你第一次感到自豪或满意的地方。最终的结果是更强大的信心根基，你可以利用它来追求你的下一个目标。

也许期望和目标之间最明显的区别是你在功亏一篑的时候评估结果的方式。就目标而言，你可能会失望，但你不会纠结于此，而是积极主动地去看待结果：

- 我是怎样失败的，为什么？
- 有哪些准备我没有做？
- 这是否可以避免？
- 我在哪些方面取得了成功和进步？
- 我学到了什么？
- 我怎样在追求下一个目标上做得更好？

这些问题的答案会立即让你变得更好，不仅是在实现目标方面，也在制定未来的目标方面。

很多人看到这个问题会认为我的建议是去降低你的预期。不，我希望你的志向如你所期望的那样高。问题不在于你想变得完美，而在于你期待完美。纠正的方法不是降低你的期望值，而是将它们转化成你的目标。

从概念上讲，你唯一能真正预期的是你的绝对低谷或你的C级博弈。这是唯一能得到保证的事情。你的其余表现范围——B级博弈和A级博弈——必须通过每天努力来赢得。当你这样做的时候，就会得到奖励，或赢得分数。当然，这是按比例的。当你了解到更多关于你表现浮动的原因，并做出纠正时，也会得到分数。当你如第3章讲述的那样，创建一个A级到C级的博弈分析，并把它当作你的衡量标准，获得实时和日常的反馈时，就更容易看到进步了。

改变你对自己日常表现的评估方式是纠正完美主义的**第一步**。但要让它真正起作用，你必须回到自己的交易历史中去，纠正过去的衡量标准造成的损害。你需要让自己摆脱负分。很明显，你无法改变过去发生的事情。但改变你对它们的看法可以弥补失去的信心——这些信心是你赢得的，但没有被积累起来。

很多时候，过去有一些成就或里程碑，在当时并没有得到应有的尊重、赞扬或肯定。就算你的伴侣、朋友、同事或上司对你赞赏有加，甚至为你开派对，这都不重要。你自己的看法才是最重要的。

回头审视你从交易生涯开始以来取得的所有成就——成功脱离了模拟交易，首个盈利的月份，第一次从单笔交易中赚了1万多美元，等等。无论胜利大小，尽可能多地写下你的成就，特别是那些你觉得无所谓的，没有感到特别自豪或满意的成就。

当你开始回顾自己的成就时，留意在你的大脑中浮现出的"是的，但是"这样的想法。这个常见的措辞是用来淡化你所取得的成就的。"是的，但我本可以赚更多钱／做更多事／更努力地工作。""是的，但与某某相比，这不算什么。"成就永无止境，这就是世界运行的规律。而且他人的成就与你的成就毫无关系。

第二步是罗列出你过去所有的成就，并准确地写出你是如何取得每一项成就的。你采取的步骤是什么？你学到了什么？你遇到了哪些困难？你是如何克服这些困难的？现在，回过头来看，它是如何成为你今天的基石或垫脚石的？

你不必在开始深入研究每项成就之前就拥有一个完整的清单，你可以来回整理。更重要的是你如何去罗列你的成就并记录它们。这不太可能是你某一天花两小时就能完成的任务。你正试图重塑你的观念。定期做这件事要有成效得多，比方说，每天花5到10分钟去做。

累积的负分让你感到对信心极度渴望，而即将到来的下一个成就似乎是最终能满足你的盛宴。但这只是一个海市蜃楼，你只不过是在吃一堆沙子。每天进行5到10分钟甚至多次的练习，这一过程就像吃饭一样。你在摄入自己一直渴求的信心。一旦你针对所有的成就走完这一过程，请进行回顾。在你经历第二轮，进一步植入纠正方案，并强化全新的自我评估方式时，你会学到更多。

第三步是提取并确认你作为交易者所学到的技能或优点，特别是那些你认为是理所当然的。你可以在回顾过往成就的同时做这件事，但是要分别罗列。

你的完美主义并不关心你技能组合的细节，它只要求完美。这是你缓和这一倾向的方法。举例来说，你的技能可能包括：

- 在市场疯狂时做出快速而准确的决定；

- 预估未来的价格；

- 为当天的交易预备一个明确的策略，并在正确的时点应用它。

你的技能和过去的经历赋予了你稳定性，在交易日开始时回顾它们。然后在交易日结束时，用你的A级到C级的博弈分析作为新的衡量标准，并评估表现和进展。这种组合有助于稳步重塑你的视角，填补你信心中的漏洞，并让你攀登得更高。通过站立在你已经建立的基础之上，你将能够充分利用随之而来的机遇。

这不会在一夜之间发生，所以要觉察到在纠正完美主义的过程中的完美主义。它可能会破坏你的进步。

本节的建议对第4章提到的交易者克里斯来说特别重要，他的贪婪与错失改变命运的财富的痛苦息息相关。尽管这是多年前发生的事情，但懊悔一直盘桓在他心里。例如，当克里斯卖出仓位以获取利润时，他就会立即想到自己本可以赚得更多。因此，一旦一笔交易变得有利可图，克里斯往往会变得激进，试图把它变成一个全垒打。

除了贪婪之外，克里斯还经历了其他的情绪波动。有时，他觉得自己所向披靡，仿佛已经破解了市场的奥秘，在这种状态下，他会更努力地去挽回亏损交易，认为自己能赢得下一次交易。（他已经对市场了如指掌了，不是吗？所以下一次必须赢。）毫不意外，他最大的资产缩水发生在这些过度自信的时期之后。大起大落的循环使他信心崩溃，克里斯会怀疑他的策略是否仍然可行。这将引发他强烈的赚钱冲动，以便使自己再次感觉良好。

克里斯也有FOMO的感觉，并对他的策略的可行性产生怀疑。在经历了一连串的亏损之后，他试图通过强行做更多的交易来挽回损失，以确保当日实现盈利。此外，在连续几次被止损后，他也会产生愤怒情绪，变得更加激进和不耐烦，并因过早建仓而偏离策略。无论表面上看起来有多么不同，对克里斯而言，贪婪、恐惧、愤怒、过度自信和缺乏自信的信号都与他对完美的期望有关。

克里斯知道他的交易系统有优势，但他困惑的是为什么自己没有让这种优势在长期内发挥出来。多年来，他阅读了大量的交易书籍，但一直没能直抵问题根源。他被困在一个情绪管理的怪圈中，无法保持进步。克里斯有情绪高涨的时候，也有脆弱低沉的时候，没有中间地带。他从一端摇摆到另一端，这对他的执行有着直接的影响。

在第一次的辅导中，我们讨论了本节的概念和策略。这些内容当下就击中了他的要害，为他提供了一个全新的视角来看待一直困扰他的交易。在第一次和第二次会面之间，克里斯花时间对交易进行了详细的记录，并意识到这是认真对待交易的催化剂。

当时，他一直在做一份没有成就感的工作，工作时间很长，因此他正在寻找一条出路。尽管没有成熟的系统或接受过任何交易培训，但他很幸运，发现了一家有很好的基本面的企业。它正处于破产的边缘，但有消息称一家大名鼎鼎的银行将提供资金。克里斯清掉了他所有的投资组合，并将全部资金投入这只股票，认为这可能会成为他通往更好生活的门票。

虽然他只赚了一点钱，并且为没有赚到更多利润感到痛苦，但这一经历是他生活提升的一大转折点。这让他意识到，如果他真的想做交易，就需要更多的专业知识。他将自己的利润投入到培训中，最终辞职并全职交易。回想起来，他意识到，"我愿意花20万美元来达到我如今的水平"。尽管遗憾仍在，但明显减少了，而且不再引发贪婪。

此外，克里斯从A级到C级的博弈分析以及在交易时写日记中获得了实实在在的收益。他曾经从A级博弈摇摆到C级博弈，但现在，即使出现亏损，他也能稳定保持在B级博弈，不会在他的系统之外做交易。

此外，他对自己情绪的认识足够高，能够在情绪反应过大之前迅速识别并纠正。他的情绪基准水平降低了，而且他不再感觉这是一个他必须进行管理的问题。对克里斯来说，知道自己有一个心理博弈的系统使他有了进步的自由，因为他知道完美不再是一个标准。

绝　望

愤怒和贪婪的混合体瞬间占了上风。去他的。你已经不在乎了，你切换到一分钟K线图，在下跌时将头寸翻了三倍，然后不假思索地又做了几笔交易。对于部分交易者来说，他们的绝望情绪如此强烈，就像是眼前一黑，醒来后根本不知道自己是如何失去所有钱的。

也许你是那些在恐惧中挣扎的人之一，被对确定性的迫切需求所压垮。你所做的一切都行不通，损失不断堆积，恐慌情绪高涨。你从一套系统跳到另一套系统，相信这些新的理念是创新的，但实际上，你只是在狂热地寻找一切行得通的东西。

随着损失的增加，贪婪、愤怒或恐惧也在累积，这使你无法避免想要做些什么的冲动——任何事情。它变得越来越强烈，就像你不得不抓挠的疥疮。对一些人来说，只有获胜才能使瘙痒消失。拥有几笔成功的交易或一个盈利的交易日，你就有了喘息的空间。但这只是暂时的。一旦损失再次堆积，绝望的情绪就会回来，就像它从未离开过一样。

一些交易者为了挠痒，实际上需要亏得更多。亏损的感觉很好，因为它能迅速了结痛苦，并让人从压力和不确定性中得到缓解。

绝望的与众不同之处在于它让你有一种强烈的冲动，愿意做任何事来赚钱或避免当天的亏损。由于你被恐惧麻痹，或被愤怒或贪婪遮住了双眼，往往很难意识到绝望的存在。这种情绪如此显著和明显，它们是你能注意到的东西。但无论绝望是否包括贪婪、恐惧或愤怒，其根源都与自信不足有关。如果你的信心是稳固的，这些情绪就不会达到极端水平。

信心是你的情感基础，而弱点是它的裂痕。此前我在本章中所提及的信心的弱点虽然成问题但都是小范围的。而绝望是一个巨大的缺口。

问题在于，为什么会出现这个信心缺口，是什么缺陷使它变得这么大？这不是一个简单的问题。让你的心态下滑到这样的程度意味着这个问题十分复杂。你的多种缺陷或偏差在本章中显现，也可能在恐惧或愤怒章节中被揭露。自我批评也是很常见的造成这一问题的主要原因，它使得纠正绝望情绪变得异常困难。

绝望还以大量的情绪堆积为标志。贪婪、恐惧和愤怒呈现出的强度是如此剧烈，以至于它们瞬间就侵占了你的头脑，将你淹没在纷繁的情绪之中，让你的反应超出了理性范围。这种程度的强烈情绪会产生一种脱节感，使你做出一些荒唐的事情。

即使你可能在这一刻意识到了自己的反应有多么的不理性——在一些极端的情况下，你会强行控制自己放在鼠标上的手，或者对自己大喊大叫，让自己做些别的事，但你仍然无法阻止自己做出荒谬的错误决定。当你处在这种状态时，就像坐在电影院里看恐怖片，尖叫着"不要打开那扇门！"然后眼看着电影里的人（你）打开那扇门。

如果这个问题已经持续了一段时间，那么这种情绪已经积累了多年。即使它只是最近才在交易中变得严重，停止交易去解决这个问题也是必要的，这样既可以减少旧的情绪，又可以建立纪律——要想有机会在这种情况下保持控制，这样的纪律是必不可少的。

累积的情绪是真正的变数，如果你在没有认真准备的情况下就试图挑战绝望，那么你几乎没有任何机会去纠正它。与其毫无准备地应对，不如带着紧迫感努力，就好像你的交易生涯取决于此。

确实如此。

并不是所有交易者的心理博弈都会退化到这种程度。从表现的角度来看，这是最极端的情况。当它发生在熟练的交易者身上时，事后会让人很难理解为什么他们的表现如此糟糕。正常表现和绝望发作时的表现之间的差距会使交易者看起来像被恶魔附身一样。

就像一个沉迷于毒品的人会不惜一切代价来获得毒品一样，一个绝望的交易者几乎会不惜一切代价来赚钱。

想一想这个问题什么时候最严重，并思考你是否能保持足够的控制力来完成交易者的工作，承受在解决问题的过程中可能出现的经济损失，或是容忍对你个人生活的潜在影响。如果你打算单独使用这本书来解决这个问题，就接受了这些以及其他的潜在风险，你必须准备好要付出努力。你将面临一场战斗。

在其他几个部分中，我提及了影响你信心的缺陷或偏差可能有个人根源。在这种情形下，几乎可以肯定是这样的。当你深入挖掘表现问题时，问问自己为什么你的情绪如此强烈，它们和你的过去有什么联系，以及它们是否出现在你交易以外的生活中。解决这一问题的个人层面是获得任何成功的先决条件，当然，仅靠这本书是无法做到的。

一个能帮助我的客户解决这个问题的方法是，把自己想象成一个受伤的运动员——虽然有时让人难以接受。你们中的一些人可能遭受了特别严重的伤害，以至于需要从交易中抽身出来，以便在几天、几周，或更长的时间内自愈并解决这个问题。你需要利用这段时间来了解造成这种局面的原因，并将以下列举的策略个性化，以防绝望破坏你的交易。

1. 保持紧迫感

过于随意地看待绝望或纠正绝望的步骤是一个重大错误。如果你认为有一天你会顿悟，问题也会消失，那是你在妄想。像这样严重的问题不是一夜之间就能解决的。要想有机会解决这个问题，它必须成为你的首要任务。

2. 描绘你的绝望

描绘贪婪、恐惧和愤怒，这些都是最终会导致绝望的日常问题。这些细节会成为早期的预警系统。绝望在你交易的每一天都有可能发生，直到你能证明它不再会发生。你必须在早期迹象出现时采取积极措施——即使它们可能还没有演变成大的问题，这样才有机会防止绝望。

3. 设置严格的每日止损

当然，你以前可能设置过这些并迅速放弃，但这并不意味着它是一个糟糕的策略。尤其是你不太可能把每日止损与其他步骤结合起来，这意味着你几乎没有机会控制迫使你放弃它的情绪。每日止损的重要性不仅在于对资金的保护，它还能保护信心，以免信心受到太大的打击。

4. 锁定盈利

在正常情况下，你想让你的脚一直踩在油门上。但在纠正绝望的初期阶段，在一些大的盈利之后出现亏损可能比一天刚开始时出现亏损更让你痛苦也更具破坏性。由于过度自信和恐惧会对赚取超额利润后的执行产生负面影响，锁定盈利并退出交易是你应该使用的临时拐杖。

贪婪可能会促使你用力过猛——你被想要立即纠正信心问题的欲望所驱使。即使是最轻微的利润下降也可能会引发愤怒，导致你强行进入一笔意义不大的交易。这些挫折会再次伤害你的信心。锁定一场胜局来保持信心，这样你就可以带着一定的基础投入到明天的交易中。操作的时候脑子里要想着明天。

5. 有规律地休息或使用定时器

在交易期间全程保持情绪控制是至关重要的。如果贪婪、恐惧或愤怒占据了你的思考能力，你就更有可能屈服于紧随其后的强烈情绪堆积。计时器让你更有可能中断并纠正这些问题。虽然这种策略具有一定的干扰，甚至可能使你无法做出最好的交易，但它比其他选择要好得多。

6. 对早期迹象采取积极的行动

为了尽早采取行动，可以按照第9章中的步骤，制定一个实时战略来打破问题并赢得控制。

7. 认识到向前迈出的一小步

对你取得进展的交易环节予以肯定可以增强你的信心，让你能够继续努力工作。记住，提高认识或认知，而不是情绪控制，往往是进步的第一个信号。绝望是一个大问题，消除它需要长期的持续努力。当小的改进没有被注意到时，你可能会放弃一个真正有效的策略。

8. 释放日积月累的情绪

在遏制并纠正你的贪婪、愤怒、恐惧或信心问题的初期阶段，你会制造出一种类似压力锅的效果。你能在交易时段更好地控制情绪，但如果不释放它，几天下来，虽然你确实会觉得在精神和情绪上有所改善，但有一天就会崩溃，感觉情绪就像突然冒出来的一样。

在每个交易时段结束之后，用心理手史来消化并释放情绪。在引发大量情绪的日子里，这一点尤其重要，因为你仍能够防止绝望情绪的出现。庆祝胜利，但要消化并释放情绪。否则，你明天爆发的概率会更大。

9. 纠正自我批评

凡是我所合作过的在绝望中挣扎的人，自我批评一定是他们存在的一个巨大的问题。当你的反应如此失常时，批评这些反应是有道理的。但这并没有任何帮助。你需要切实地思考你为什么会失败，为什么会出现绝望情绪。从中学习并改进你的策略。继续以实际的方式解决这个问题。你越快做到这一点，就越有可能改进这个问题。

10. 纠正那些不管不顾的操作

当你深陷泥潭时，一种常见的倾向是说"去他的"，并试图打出全垒打。这有什么坏处呢？如果得到了回报，你今天就能逃离地狱了。但这也可能强化你的想法，即你可以再次像这样脱身。这使得你对让自己一开始就远离这种处境所需的努力不那么警觉。

在这样的精神状态下打出全垒打的机会是渺茫的。你没有强化高质量的决策。相反，你把赌博的选项作为你表现范畴的一部分来加以强化。当然，当你有资本可以用来逃离（困境）时，真的很难带着损失离开，尤其是大的损失。但你要为将来打算。

你为明天保留的资本和信心的价值有多少？当你足够强大，能够承受损失，并在次日表现得更坚定时，就有了得以建设的基础。不管不顾的操作可能很有趣，当它们获得回报时也可以拼凑出一个好故事，但这不是你来到这里的理由，对吗？

在每个交易时段之前，检查你的策略，以防止绝望，就像为一个很有可能发生的紧急情况进行预演一样。这会让计划的所有细节都清晰地保留在你的脑海中，以便你随时准备好采取行动。在成功的几天或几周后，尤其要坚持这一点。准备工作中的自满是危险的。实际上，需要经历几个市场周期，或者至少三到六个月，然后才会有确切的证据表明绝望正在得到改善或不再是一个问题。

这是一个重大的问题，就像严重的身体伤害，如十字韧带撕裂。康复过程是漫长的，所以要做好准备迎接挑战。但如果你对交易是认真的，就必须要解决这个问题，而最好的办法可能是与心理学家、心理治疗师或教练合作。你甚至可以把本书的这一部分带给他们，以进一步强化你的康复方案。

来自英国的兼职交易者古尔迪普可以证实纠正绝望情绪所需要的时间和努力。使用我以上简述的10个步骤，他花了大约3个月的时间才看到一丝进展，又花了6个月的时间证明自己可以在交易中不爆仓。这还是在我的帮助下。因此，只靠自己将是一项不小的挑战。

让我们进一步审视古尔迪普是如何成功地跨过绝望的。当我们开始合作时，他已经做了三年的日内交易和波段交易，但没有赚到钱。他有一个导师，说他是一个很有潜力的优秀交易者，只要他控制住自己的情绪。

每个月，甚至每隔几周，古尔迪普都会经历一连串的大起大落的周期——赚到1万美元，全部赔掉，然后再赔掉一些。在任何时候，正常的亏损或当天亏损的可能性都可能引发一连串的报复性交易，在亏损的交易上加倍下注，并在随后的交易中提高赌注，所有这些都是为了把钱赚回来，以获得盈利结束这一天。

从一开始，我们就致力于绘制他的报复地图，这是最终可能导致绝望的大问题。花了大约一个月的时间，（古尔迪普）经历了几次大的打击后，我们才得到了一个清晰的地图，之后又花了一个月的时间才使地图精准。古尔迪普真正接受了自己的侦探角色，绘制出他的愤怒细节立刻让他大开眼界——看着每一个步骤呈现在纸上使他信心大增，让他相信自己最终可以战胜这一切。尽管知道解决这个问题需要投入大量的精力，但他从前感到自己被情绪所消耗吞噬，而现在，他能看到情绪的到来，这让他感到很有力量。

在这一阶段，我们制定了一个零容忍政策，决定如果他的愤怒程度上升到他衡量尺度中的3级，他必须停下这一天的交易。这是他有可能保持控制，不借助市场的运气来避免当日的巨大损失的临界点。在接下来的两个月里，高潮和低谷的循环仍在继续，但古尔迪普在每个周期之后都展现了小的进步迹象。

有时，这种进步体现在（他）对造成激烈情绪的行为缺陷或个人问题有了更清楚的认识上。在其他时候，他能够认识到（自己产生了）想要赚回钱并寻求报复的冲动，然后退出了交易。

古尔迪普绝望的核心是个人自信心低下的问题。亏钱是毁灭性的，让他感到自己毫无价值。缺乏对情绪的控制导致了自我引发的损失，同时他越发感觉到自己已经没有时间来实现交易目标，这些都加重了自卑感。对他来说，每一笔交易都让他感到自己的身份和未来都岌岌可危。再加上高预期、强烈的自我批评和常见的行为缺陷，古尔迪普拥有了一个典型的绝望配方。

随着我们解决这些问题，他的情绪开始趋于稳定。我们通过严格管理他的作息来加速推动这一进程。在交易之前，他要花一到两个小时在模拟器上练习执行他的策略。

在交易过程中，每隔15至30分钟就会响起一个警报，提醒他检查自己的情绪状态，并审查对其缺陷的纠正。然后在每个交易时段之后，他要评估交易过程，寻找需要改进的问题和值得赞扬的改进。当他产生愤怒情绪时，并不会自恼，而是试图理解为什么会发生这种情况，以及是什么在驱动他的愤怒。

七个月后，周期起伏变得不那么频繁，严重程度也有所降低，但古尔迪普仍在继续努力。当个人问题给他的交易带来无法控制的情绪波动时，他就会休息几周。他设定了现实的目标来缓解时间压力。他继续努力解决自己的信心问题，也更了解是什么使他成为一个合格的交易者。同时，他非常恪守自己的日常惯例。

所有的努力都得到了回报。现在，古尔迪普的愤怒是由交易者中比较常见的缺陷引起的，比如过于关注盈亏，或者仅仅因为几个点就被止损。更重要的是，他相信自己能够成为一名交易者，并有动力发挥出全部的潜力。

希望和愿望

在经历了"绝望"这样一个紧张严肃的部分之后，你读到这一节的标题时可能会以为我将用一种积极的、振奋人心的方式来谈论希望和愿望。嗯，恰恰相反。我在本节的目标是要扼杀你的希望和愿望。

在你生活的其他方面，总有希望和愿望的一方天地，但在交易的环境中，它们是危险的，会破坏你的信心并阻碍你的进步。

对于那些经常受制于希望和愿望的人来说，这可能是很常见的，或者说是他们行事方式中根深蒂固的一部分，他们甚至可能没有意识到它们的存在。它们只出现在特定的时刻，以孤立的方式呈现，给你留下它们不会带来影响的印象。

● 希望

希望是一种与我们无法控制的事情有关的情绪。希望在社会中可能是一种有用的情绪，因为我们生活的诸多方面都会被我们无法左右的事情所影响。当举办烧烤或参加户外婚礼时，我们希望有好天气。我们会希望飞机安全准时地降落。但是，希望在交易表现中没有位置。

将时间和精力花费在你无法控制的事情上是一种浪费，你需要将时间和精力花费在有机会提升掌控力的地方，比方说你的执行或者处理情绪的方式。以下是希望渗透进交易的一些方式：

- 希望你不会被止损，希望你能达到目标，或者希望你亏损的头寸能回到盈亏平衡点；
- 时刻关注交易，希望你因此能产生更多的利润；
- 希望你这个月会很成功，或者业绩会出现扭转；
- 对自己能够克服困难、实现目标失去希望；
- 对自己的潜力充满希望，感觉自己的未来已经实现。

在最低谷时，你可能觉得无望。本质上，你认为自己没有办法实现目标，并且你会有这样的想法：**我看不到事情会有什么转机；我应该放弃，或者无论我做什么，都不会有什么改变，那么为什么还要自找麻烦？**你相信自己已经无法控制，并且将永远无法控制。你的希望已经破灭了。

要开始纠正这个问题，想想你当初转向希望的原因。首先，由于这一问题在社会上很常见，你可能认为它出现在这里也是正常的。或者你可能对自己获得成功的能力有深深的怀疑。与其应付对自己能力不够的恐惧，不如主动转向希望，作为应对这种情况的一种方式。从找出希望存在的地方开始，问自己。它在保护什么？根本上就是你感觉无法控制的东西，不是吗？

然后——正如我有时和客户开玩笑所说的——去他的希望。就是这么简单。把精力放在你无法控制的东西上，或者更糟糕的是，在你需要掌控的地方放弃掌控，是很危险的。就算希望不起眼，而且看起来无害，但当你希望的事情没有发生时，会发生什么？希望所保护的东西会暴露出来。就像撕掉一个创可贴一样。

你缺乏控制这一点马上就会变得很明显——当你对损失、错误和挫折产生过度反应时，你的情绪波动会更大。或者，如果你希望的事情实现了，你会认为自己可以控制更多这样的重大胜利。

从更广泛的意义上来说，当你依赖希望时，就无法控制所有你实际可以控制的东西。和很多事情一样，第一步是意识。如果你有信心问题，而且到现在还没有弄清楚是什么原因造成的，或者你在分析中遗漏了什么，那么希望可能会以一种微妙的方式影响你。

● 愿望

识别隐藏在你心中的愿望是至关重要的。愿望不仅会导致你的信心不稳定，还会对你纠正已经影响到信心的缺陷、偏差和错觉的能力产生负面冲击。愿望通常隐藏在交易者的头脑深处，例如盼望自己总是可以有最佳表现，知道市场走向，或能够轻松地学习。

许多交易者震惊地发现他们的信心受到了诸如此类愿望的影响。它们是不合逻辑的，这一点很明显。然而，尽管它们可能是不切实际的，许多交易者还是有这样的愿望。

渴望自己总是可以表现得最好，知道市场方向，或轻松地学习是一回事，但渴望这些结果成真是另外一回事。当你有这样的愿望时，意味着你确实相信它们是可能发生的，并抱着有一天愿望会成真的希冀。

如果你在内心深处相信自己可以预测市场的动向，那你为什么还要拼命工作来提高交易水平呢？如果你相信自己的情绪问题可以被轻松纠正，那为什么还要抱着开放的态度，或努力学习心理博弈呢？如果你相信自己的愿望会实现，那么辛勤耕耘就不合逻辑了。

由于发掘这些愿望是很困难的，你需要尝试我在与客户合作时经历的过程。首先，做几次深呼吸，放松你的头脑，暂停逻辑思维。逻辑认为这些愿望是荒谬的，会否认它们的存在。把你脑海中的这一部分暂时搁置在一边，让你的直觉对以下问题做出反应。尽可能诚实地回答它们：

- 你是否希望波动不是交易的一部分，并且你可以赚到自己应得的？
- 你是否希望你能拥有完美的纪律，并且始终正确执行自己的策略？
- 你是否希望你有完美的方法、系统或指标，可以用来像印钞一样快速赚钱？
- 你是否希望你能熟练地操控市场并赚取数百万美元？
- 你是否希望自己每个月、每天或从每笔交易中赚钱？
- 你是否希望能在看完一个视频或读完一本书后马上应用你所学到的一切？
- 当处于巨大亏损时，你是否希望有一笔交易能让你马上重回盈亏平衡？
- 即使你没有上述的希望，但当你浏览这些内容时，是否认为其中任何一项是很棒的呢？

你的答案会落在坚决的否定到全然的肯定的范围之内，或者介于两者之间。愿望并不是两极化的，它们会以不同的程度显现。无论它们看起来有多无关紧要，纠正它们对发展稳定的信心至关重要。

愿望是很难消除的。它们就像顽固的骡子，不肯让步；你越是试图强迫它们消失，它们就越顽固。你无法强行清除它们。你需要直抵愿望的核心并化解它们。

为了使这个过程更加容易理解，这里介绍一个与我合作的交易者的故事，他发现他的一个愿望竟然是他的FOMO问题的核心。尼克是来自英国的一名雄心勃勃的全职交易者。当我们开始合作时，他是当地政府的一名办公室职员，但由于新冠大流行，他得以在美国市场开盘时进行一小时的交易。

以下是尼克在他的心理手史的步骤1和步骤2中描述的内容：

（1）问题是什么？ 我不想错失当天的机会。因此，当我这样做时，是想在某个位置赚回来，并开始寻找能让我赚到本该赚到的钱的交易。这种FOMO情绪甚至可以延续到第二天。我变得非常兴奋，带着**这会是一个丰收日**的想法开启这个交易日，但却以巨大的损失而告终。

（2）为什么会存在这个问题？ 在遇到机会，并且是很明显的机会的日子里，我应该有能力把握它们。我也回顾了一下自己的计划，发现它们是有效的，即使我没有很好地交易。我意识到事后诸葛亮式的交易是没有意义的，但我期望市场在第二天会再次提供同样的机会，并且接下来的那些交易会成功。

当他说"我期望市场第二天会再次提供同样的机会"时，我感觉到这种说法背后可能隐藏着一个愿望。我让他做个直觉上的检查：深吸一口气，关闭大脑逻辑，让直觉来回答他是否希望市场每天都提供相同的机会。他立即说"是的"，并补充说他也希望自己能完美地交易，并保持永远不会结束的大连胜。

我们继续把这些愿望作为心理手史新的第一步。

（1）问题是什么？ 我内心的一部分希望市场每天都能提供足够多的好机会，让我能完美地交易，并踏上永无休止的连胜。

（2）为什么会存在这个问题？ 如果市场提供了完美的机会，而我又能完美地交易，那么我就能抓住所有的大机会，证明自己是成功的。当市场把钱留给我，而我却没有抓住机会时，说明我落后于其他利用了这个交易日的人，因此需要弥补这一点。

（3）哪里出错了？ 机会在事后是很容易看到的。我经常在回过头看一张图表时想着：**那是再明显不过的**。但只有当你已经知道会发生什么的时候，这才是明显的。这并不意味着我在未来能够看到并采取这些措施。我真正寻求的是消除怀疑或不确定性，即我是否有足够的盈利能力来当一个全职交易者。

通过层层推进这个问题，你可以看到，尼克表面上的FOMO实际上是由对他交易能力的更深层次的担忧引起的。当在步骤4和步骤5中确立一个纠正措施时，重要的是使它能同时纠正FOMO和愿望。以下是我们得出的结果：

（4）纠正方案是什么？有不确定性是正常的。这是博弈中固有的一部分。继续学习并提高你的能力，这将使你能够抓住更多的机会，但绝不是所有的机会。

（5）验证该方案的逻辑是什么？我不可能做到完美，而力求完美会把我的梦想置于险境。

对尼克来说，这个过程最大的收获在于意识到这些愿望听上去是多么的愚蠢。他为自己成为一个逻辑思考者而自豪，并承认，对愿望的投入使自己很快意识到，这些愿望是多么的不现实。这立即消除了一些追求完美的压力，他围绕交易的工作也变得更有效率，例如专注于截屏和写日记。

此外，他对市场以及应该怎样操作的看法变得更加现实。理想模式很少以尼克希望的方式出现，而放下这个愿望让他认识到自己之前为追逐完美而忽略的优势。

他也变得更善于发现愿望冒出来的时刻，例如当"啊，我应该能拿下它的"这样的反应出现时。因此，他能够把注意力更多地集中在实际的事情上。他越常这样做，就越能轻易分辨出什么是现实或非现实的，这也进一步减轻了这些愿望对他的影响。此外，他不再做脱离现实情况的白日梦，这使他能够看到市场上的机会，而不像以前那样被错误的叙述所困扰。

那种愿望永远都不可能实现。相信它们与相信圣诞老人会在一个晚上为百千万个孩子送礼物没什么区别。相反，把你的愿望转化成一个实际的目标，并提出相应的一个战略和计划。然后找出你的努力是如何被愿望以微妙的，或不那么微妙的方式挟持的，并及时纠正。随着你循序渐进地在这个过程中努力，你的信心会变得更加稳固，你会发现达到最佳状态变得容易多了。

无论你的信心问题来源于何处，你现在应该已经对如何在交易中建立稳定的信心有了很好的理解。随着你心理博弈的这一层面得到改善，你在决策中保持一致性的能力也会提高。

现在你已经了解到信心以及其他主要的情绪问题是如何干扰你的交易的，现在是时候深入研究纪律性了。在你有经验理清贪婪、恐惧、愤怒和信心对你执行的影响之前，我们无法仔细研究这个问题。但此刻，你已经准备好检验是否存在任何阻碍你前进的纪律问题。这将在第8章中展开。

第 **8** 章

纪　律

> 没有纪律的人才就像踩着冰鞋的章鱼。
> 动作繁多，但你永远不知道是要向前、向后，
> 还是向两侧滑。
>
> —— 小杰克森·布朗 ——

到目前为止，我已经介绍了你从前认为是由缺乏纪律而引发的问题，但实际上它们是由情绪导致的。你现在明白了，情绪会迫使你违背自己的策略进行交易，例如，强行做一笔平庸的交易，在横盘时进场，或者在没有达到目标之前不耐烦地平仓。

你已经知道自己为保持纪律性做出的尝试是行不通的。缺乏纪律并不是问题所在，强烈的情绪才是。如果你已经采取措施去纠正隐藏在情绪问题之下的缺陷，那么你就已经准备好去解决剩下的那些真实存在的纪律问题了。

如果你直接跳到了这一章，或者不确定自己在纠正情绪问题方面是否已经取得了足够的进展，不要担心。你很快就会得到关于问题究竟是与情绪有关还是与纪律有关的反馈。如果你努力运用本章的建议做了两周的全职交易，但没有取得任何进展，那么你很有可能需要先解决潜在的情绪问题。

或者，如果你取得了暂时的进步，但很快又退回至旧的习惯当中，那你应该把纠正情绪问题和遵循本章的建议**同时**放在首要位置。如果你不确定自己是

否已经准备好处理纪律方面的问题，那么请尽可能地做好评估，评估结果会告诉你答案。

对你们当中的一些人来说，情绪问题的化解已经自动带来了纪律方面的改善。从本质上来说，你有能力或技能做到自律，但这种能力被那些情绪问题所掩盖或损害。一旦那些问题被解决，你的自律能力就会展现出全新的面貌。

但对其他人来说，解决问题就像在森林里造房子。情绪问题的解决会将土地清理干净，为新习惯的培养创造空间，但你仍然要走过去建造房子。也就是说，你并不能在清理好场地的瞬间就获得一栋可以入住的漂亮房屋，而是需要在新创造的空间里从头开始建立自己的纪律。

有大量的通用资源能帮助你培养纪律，如查尔斯·都希格的《习惯的力量》（*The Power of Habit*），詹姆斯·克利尔的《掌控习惯》（*Atomic Habits*），还有史蒂芬·柯维的著作。这一主题被专门从事框架和纪律培养的专家广泛研究，他们提出的建议同样适用于交易者。

此外，关于如何成为一个有纪律的交易者已经有了明确的普遍框架。我不会讨论这种框架，或让你每天写交易日志、跟踪交易或分析图表等。

但是，如果你已经知道自己应该怎么做，或已经阅读了上述内容，但仍然缺乏纪律性，那么你缺少了某种东西。我在本章中提供了一些建议来说明如何解决阻碍你建立持之以恒的习惯的问题（这些习惯能提高你的交易水平）。也许我们甚至可以从另一个角度来思考纪律问题。

纪律不是一锤子买卖。你不会突然就成为一个纪律严明的人。纪律的培养不是一项一次性就能达成的静态成就——大喊"我有纪律了！"，然后就置之脑后。你也不会是一个要么纪律严明要么毫无纪律的人，这样的分析太片面了。此刻，你们所有人，都是有纪律的。每个人都拥有不同程度的纪律。你不可能到了人生的这一阶段还一丁点纪律也没有。

无论与其他交易者的优势相比你的优势有多薄弱，你还是有你自己的强项。

也许他们的C级纪律博弈在你的A级纪律博弈之上。但你必须透过自己的区间去审视它，你必须先确定自己当前的弱点才能取得进展。

纪律也遵循着尺蠖原则——你同时拥有一个浮动的范围和一个持续进步的机会。理想的纪律水平的定义随着你目标的变化而变化。但对很多交易者而言，他们渴望达到的水平和当下所处的水平之间存在很大的距离。本章旨在帮助你消除你目前的C级纪律博弈并缩窄你的浮动范围。

你在低迷时有多强大关系到你达到最佳状态的能力。如果你很容易滑落到C级纪律博弈，那么变得更强韧或者少犯些错对于你变得更有纪律性就至关重要。这一观点应该对你有所激励。

你不必专注于变得纪律严明（例如把自律当成一种个人特质），相反，你可以在特定的时候精确地找出特定的习惯并加以改善。随着你不断培养这些习惯，你会在执行交易和围绕交易的行动中变得更有纪律，这就创造了一个有助于成长的内部流程。

然而，纪律总是有代价的。交易伴随着一种自由，尤其是对于独立工作的交易者来说。你可以参与到蕴含着大量机会的全球市场当中。显然，这个行业的运作是有一定规则的，但也提供了开放的道路，你可以把它打造成你想要的样子。纪律与这一想法背道而驰，它可以消除一部分的激动情绪。这会使纪律看上去更像是一件苦差事，而不是释放你的潜力的东西。

在某些方面，交易者就像艺术家。艺术家通常不喜欢受约束，他们希望能自由地释放自己的创造力，听凭本能或直觉的引领。但艺术家需要工具来进行创作——画笔、凿子等——并且他们的创造力受制于他们运用这些工具的能力。提高他们使用这些工具的技术可以释放他们的创作潜力。

同样，纪律是你在交易中使用的一种工具，如果你没有持续地用这种工具来提高你的能力，你的潜力就会受到限制。

纪律的本质

纪律来自精神力和意志力的结合。你的精神力是肌肉，而你的意志力则是推动肌肉的力量。虽然精神力是一个经常被提及的概念，但从运作方式来看，它通常缺乏一个强有力的定义。**精神力是你与某个想法、概念或信念之间联系的力量。**

精神力并不是什么高深莫测、不可捉摸的概念。我们可以对它进行评估，就像运动员评估他们的肌肉力量一样——他们的身体状况在比赛时能保持得多好？哪里强壮？哪里薄弱？哪里会崩溃出问题，以及为什么？在某个时刻，你的肌肉在比赛中或在健身房进行增肌训练时变得虚弱乏力，这给你提供了一个自己当前能力的警示。

当你以同样的方式仔细观察（自己）纪律的瓦解时，检查那些在你脑海中站不住脚的想法、概念或信念。然后尝试查明是什么原因使它们变得脆弱，可能存在哪些缺陷，以及哪些想法可能会与之相悖。

想一想那些在你看来心智强大的人，并思考最能深刻体现这种力量的想法。也许有人是虔诚的宗教徒——他们与自己所遵循的宗教教义有着紧密的关联；或者是一名美国海豹突击队队员，他的生活信条是："如果被击倒，一如既往，我将重新站起来。我将竭尽全力保护我的队友并完成我们的使命。我永远不会退出战斗。"

或者是那些不论遇到什么情况，哪怕是在面对无法逾越的难关时，都始终坚信自己能够取胜的运动员。这些想法在他们心中如此根深蒂固，甚至能帮助他们挺过最紧张的情形，让他们变得心智强韧。

在交易中，我们需要考虑为交易日做准备并在交易后做适当的回顾。这是一个日常习惯，理智上你知道它的重要性，但你与它的联系有多紧密？当你睡眠不好或状态不佳的时候，它能否经得住考验？在大胜或大败的日子里，在长期的下跌中，或在几个月的持续盈利后会怎样呢？

这些情况挑战了日常习惯在你心里的重要程度。当你对它所提供的价值、半途而废的后果、完成它的步骤、适应它的方法有了丰富的了解，同时也已经练习到足以掌握它的程度时，日常习惯的力量就会自动显现。你不得不这样做，这就是你的操作方式。

纪律问题的常见标志

你们中的许多人已经知道了自己缺乏纪律性的情形。想一想你没有遵循日内止损、在厌倦时休息，或是在交易日收盘时做记录的那些时候。更糟糕的是，你知道应该做这些事情，但又无法用意志力命令自己去做。即使你知道没有机会，还是强行进行了交易，你比根据策略得出的时间更早地进场，你陷入了策略之外的其他市场。你只是为了交易而交易。

缺乏意志力去做你知道自己应该做的事是纪律问题最明显的标志。意志力是指促使你遵守纪律的力量。不幸的是，就像体力一样，意志力是一种有限的资源。当你的意志力不足时，你就无法为自己的大脑赋能并维持纪律性。

你的意志力不仅会受到交易活动的影响，还会被你的生活方式所消耗。就像运动员围绕训练和比赛来组织生活一样，你可能需要在交易中做同样的事情。让交易成为你生活的中心，这样你的精神力和意志力在股市开盘时就会处在巅峰水平。

没有意志力，你很容易就会达到最低谷。意志力是你用来建立习惯、常规和过程的能量，这些习惯、常规和过程可以帮你积蓄力量并提高纪律性。意志力应该是自由的。有时候，人们以一种笼统的方式来谈论意志力，例如简单地称一个人是"缺乏意志力"的。但实际上，我们每个人都有意志力。问题在于，我们能够准确地运用它吗？

当涉及交易时，做决策本身就会导致疲惫。做每个决定都会消耗精力，最终你会精疲力竭。想一想交易日中因你缺乏精力而未能好好思考的时段。你很容易走神，在推特上花大量时间，开始寻找策略范围之外的机会，或者思考周末的计划。

史蒂夫·乔布斯著名的高领毛衣和牛仔裤衣柜并不仅仅是塑造品牌的工具，它们还是一个节能装置，让他每天少做一个决定。精力是有限的，虽然有办法在交易日中补充精力，但保存精力可以维持有纪律的执行。

从根本上来说，你只需要实现目标所需的纪律程度。可以说，那些过度工作并不断耗尽精力的交易者可能是过于严苛了。这样的工作量不仅会对交易起到反作用，还会吸走你的生命。你会开始怨愤，工作寿命也会因此降低。

你不会希望自己的自律程度超出实际所需的范围。你们中的许多人来到这里是因为自己的纪律性不足。但这并不是非黑即白的。你在什么场合需要它？以什么样的方式？要回答得精确，因为像所有其他的问题一样，细节很重要——非常重要。

最后，区分纪律瓦解是因为情绪还是缺乏意志力很重要。如果你不确定，可以在纪律瓦解的时候问自己这个问题：你的情绪过于激烈了吗？还是说，你的能量太低了？

如果情绪太激烈，这不是一个纪律问题。情绪确实会给你的工作习惯带来压力，但它们造成影响的方式是我在第4章到第7章中讲到的。另一方面，如果你的能量太低，那么你找对地方了。

提高纪律性的一般策略

交易者常常希望自己更有纪律，但却没有准备好以可持续的方式培养纪律。提高纪律性的最大机会其实出现在你比较低迷且更容易失败的时候。也许你会在某种类型的市场中、做某一类交易时，或在一天中的某个特定时间段里表现不佳。

无论如何，你都需要准备好在机会到来的时候把握住它。除了本章后面提到的专门针对六个纪律问题的建议之外，还有一些能让你提高纪律性的一般做法：

● 承担所有的责任

变得更有纪律性的第一步是承认你在交易中成功与否完全取决于你自己。你是唯一一个要对你的目标、决策、时间和职业道德负责的人。如果你依赖外因、找借口，或希望他人或某些事件能推动你的成功，你将永远达不到自己所渴望的纪律水平。

即使你在一家企业或一家自营交易公司工作，成功最终还是掌握在你自己的手中。无论你在工作中的汇报体系是什么样的，你其实就是自己的老板并需要以这种方式行事。当然，你可以争辩说在办公室环境中不是这样的，在那里你要向某个限制你的交易风险和可操作的交易类型的人汇报。

但如果你想在公司占有一席之地，就需要做出重要的决策，并且如果出了什么问题，你要为此负责，道理是一样的。你仍然是自己的老板，即使你不能做所有的决策——把这种情况想象成你已经下定决心要在他们的办公室里建立自己的空间。

你可能对这个想法望而却步的原因是，当别人在主持大局时，你会感觉压力比较小。因为最终的责任会落在他们身上，而不是你身上。认识到你的命运由自己掌控，会让你觉得肩上的负担很重。有时它变得难以承受，而纪律问题是为了减轻这种负担而做出的尝试。

承担责任并不仅仅是做出这样的声明，你还需要清楚地知道为什么自己一开始抛弃了责任。意料之中的是，往往有一些未知的因素和影响削弱了你的努力。你需要把它们找出来，这样才能纠正它们。

快速提示

回顾一下你的纪律瓦解的方式，并写下破坏你的规则带来的好处。纪律的瓦解对你有益，这一观点可能听上去很奇怪，但我们做出的行为总是会带来一些好处。完成这一练习可以让你更清楚地意识到，你为什么愿意放弃对自己纪律的责任。

● 增强精神力和意志力

打破"你要么有纪律，要么没有纪律"的想法。你有，你只是想要更多的纪律。建立更多的纪律很大程度上需要你**同时**提高自己的精神力和意志力。正如我前面提到的，精神力是你的习惯背后的肌肉，而意志力是推动这些习惯形成所需的重复练习的能量。

通过在艰难时刻逼迫自己变得更加自律，你可以增强精神力和意志力。这个过程很简单。在你有可能屈服于自己纪律中的弱点时，督促自己做得更好。同时，强化围绕着你日常习惯的基本逻辑。

举例来说，如果你总是无法记录交易，不做盘前的例行工作，也不分析图表，那么就从你能做到的最小程度开始。即使只是短到可怜的一分钟也没关系。选择你在任何情况下都能**坚持**去做的最低限度——除了突发的紧急情况之外。

即使当你想放弃的时候，也要想一想自己的目标，并推动自己朝目标迈进。有时候，哪怕只是取得一点点进步也能带来翻天覆地的变化。

当然，如果你进展顺利，就可以做得比最低限度更多。随着时间的推移和习惯的增强，你可以逐渐加大力度，努力在小事上变得自觉，然后将你的纪律应用到其他习惯的培养当中。这不是能在一天内完成的事情，它需要连贯性。如果你不能保持这种连贯性，反而会使坏习惯根深蒂固，使好习惯更难建立。

快速提示

交易者经常会犯这样的错误——以超出他们尺蠖前端的纪律水平为目标。这就像是走进健身房，试图仰卧推举100公斤，而你实际上只能举起50公斤。虽然这没有超出你的潜力范围，但还不现实。从你能做的事情开始，在此基础上逐渐提升。而且要强化你正在取得的进展，而不是你仍然缺乏的东西。否则，自我批评会减慢建立更严格纪律的进程。

● 运用（不要滥用）激励人心的事物

激励人心的事物是一种工具。当以正确的方式使用时，它可以帮助你培养纪律。如果不正确地使用或者滥用它，你就会延续把你带到本章的同样的问题。为了避免犯这种错误，让我先解释一些背景知识。

尽管你可能认为它们是同一种东西，但动力和激励之间有很大的差别。虽然两者在培养纪律方面都起着至关重要的作用，但动力就像马拉松运动员，而激励则像短跑运动员。动力是一种更稳定的能量，使你能够长期持续地努力。激励则是一种高能量，它会带来短暂而剧烈的能量爆发，这种能量是让你火力全开或坚持下去所需要的。

激励并不能让你持之以恒地训练自己，以适应作为一个交易者所需的所有习惯。为此，你需要持续且稳定的能量来源，以保持长期的动力。

我们都有一些已经自动养成的习惯，其中一些我们称之为坏习惯并把它们的形成归因于纪律的缺失。过度交易、不断检查盈亏、因为社交媒体分心，这些都是你很擅长的习惯，即使你认为它们是"坏的"。如果你依靠激励人心的事物来改变这些旧习惯，就会滥用。

如果你每天都需要一些事物来激发自己的动力，比如挑战或与其他交易者打赌、观看《华尔街之狼》（*The Wolf of Wall Street*）的片段，或新的交易课程，那么你就是在弥补一个潜在的问题。激励人心的事物让你觉得自己的坏习惯已经消失了，但最终它们会卷土重来，因为你没有改善或纠正它们。

激励人心的事物最好有节制地使用，你可以仅在最有可能失败的时候将它当作额外的助推力，就像鼓励你做完最后几组动作的私人教练一样。如果你甚至需要教练来推动你去健身房，就说明你有一个更深层次的纪律问题，而这是激励人心的事物无法解决的。它可能是本章所讲述的你尝试处理纪律问题的方式，也可能是你处理恐惧或信心问题的方式。

快速提示

如果你要使用激励人心的事物，请事先计划好具体内容。当纪律瓦解的时候，你不会有心思去寻找任何能激励自己的东西。提前准备好音乐、电影片段、名言、视频、口头禅等——任何能在你最需要的时候快速可靠地激励你的东西都可以。

描绘需要纪律的地方

加强自律性的能力必须来自你对当前的优势和局限的现实评估。记住，这不是黑白分明的。如果你认为自己是一个精神坚毅、强大、有胆识或有良好意志力的人，或者认为自己不是，你都错失了重点。尺蠖教给我们的是，我们仍有改进的余地。

完成纪律地图的绘制会让你对自己需要做的工作有一个很好的了解。由此你可以明确训练的内容——你的弱点和可以加强的地方。以下步骤将帮助你创建一个文档，这将成为你当前纪律水平的地图。

● 步骤1

首先简短地描述一下你**理想中的或最佳的纪律水平**是什么样子的。思考一下你曾经展现出理想水平的例子。具体说明这对你的日常工作、动力、专注力、精力、交易策略的执行以及你围绕交易采取的行动来说意味着什么。

书面描述不仅可以明确你的努力方向，还可以让你更容易地识别出纪律正在瓦解的细微迹象。这一点至关重要。当问题很小的时候，恢复纪律总是更加容易。以下问题可以帮助你思考对你来说最佳的纪律意味着什么。

- 你的决策过程和执行有什么独特之处？
- 你是如何管理盈亏的起伏的？
- 描述你的专注力、动力和精力。
- 描述一下你在交易时段和交易日开始和结束时都做了什么。
- 你在什么条件下拥有最佳纪律？
- 如果你从未达到某种（最佳的）纪律水平，你目前实际的巅峰水平是什么样的？

● 步骤2

在接下来几周的时间里，密切关注**纪律瓦解的情况**。检查并捕捉瓦解的信号，包括：

- 思考
- 情绪
- 大声说的话
- 行为
- 行动
- 决策的改变
- 你对市场、机会或当前头寸的看法的改变
- 交易中犯的错误

交易时在电脑上打开一个文档，或在你手边放一个记事本，并全天做记录。在一天交易结束后回顾你发现的信息并补充一些细节，要尽可能全面。请

记住，失去纪律是查明经过并了解原因的好时机。你可以通过以下的问题开始：

- 你通常以何种方式失去纪律（不耐烦、厌倦、分心、懒惰等等）？
- 你做了哪些不该做的事情？
- 这种情况发生的频率如何？
- 在什么情况下，你最有可能缺乏纪律？这些问题更多发生在你获利还是亏损的时候？或是发生在某些特定的市场中？是发生在交易开始、中途还是结束时？在交易时段之前还是之后？
- 睡眠、饮食和运动方面的波动对你的交易有多大影响？
- 当你不遵守纪律时，会找什么借口？
- 纪律正在瓦解的第一个信号是什么？

例如，你不能被动等待。你知道自己只需要离开即可，但你的眼睛仍然粘在屏幕上，观察盈亏的波动，并寻找更多可做的交易。或者，当波动枯竭时，你感到无聊，开始看社交媒体，但错过了仍然存在的机会。

也许在经历了一个艰难的亏损时段后，你没有睡好，第二天早上你过早地查看了盘前数据。睡眠不足和准备不足的叠加导致你冲动地进场，追逐价格，并随意地进行策略之外的交易。

留意诸如此类的信号和模式。并记住，描绘纪律是一个迭代的过程。当你发现新的细节时，哪怕只是轻微的变化，也要记下来。小细节很重要，当有机会取得进展时，这些小细节会起到决定性的作用。

● 步骤3

一旦你收集到大量的细节，在文档中把你的发现按照严重程度进行排序，10代表最佳的纪律水平，1代表最差的纪律水平。找出能明确区分每一等级的细节。

当你设置严重等级时，将它们分为两类：纪律的心理和情绪层面以及技术层面。它们是一一对应的，所以纪律的10级对应技术的10级，以此类推。

不过，你不需要掌握所有十个级别的细节，与我共事的大多数交易者并不能将他们的纪律水平区分到这种程度。能做多少就做多少，但至少要完成三个。然后把你归类的细节整理成一个类似这样的地图：

纪律等级

描述凸显每个纪律级别的想法、情绪、言语、行为和行动。至少完成3个等级。

10. 精力充沛，完全沉浸在交易过程中，等机会主动找上我，不关心钱。

9.

8. 想知道为什么不成功，试图说服自己还能成功。有点紧张，腿在颤动。

7.

6.

5. 心跳加速。移动鼠标的速度加快。关心其他交易者的想法，寻找有新闻价值的东西。思考如何以盈利结束这一天。

4.

3.

2. 无法抽身，尽管我知道自己应该这么做。每10分钟检查一次盈亏。感觉浑身都不舒服。

1.

技术等级

描述对应你每一级纪律的决策质量，以及你对市场、机会或当前的头寸的看法。

10. 只在我预设的点位上采取行动，能做到让交易进行下去。

9.

8. 难以放下亏损的头寸，想要比策略中的时间更早地进入新的交易。

7.

6.

5. 因正当的理由强行交易，但并不是我理想中的交易。

4.

3.

2. 过度交易。更加随意地建仓平仓。移动我的止损点。

1.

在这个案例中，没有耐心是主要问题。然而，如果你有多个纪律问题，可以将它们纳入同一张地图。

现在，你有了一个挖掘纪律问题的起点，因此你可以找出原因，并制定战略来推动你的C级博弈。

不耐烦

不耐烦的程度或高或低，既存在于微观层面也存在于宏观层面。想一想你在下跌过程中以及当市场缺乏机会时的感受。也许你已经厌倦了等待，无法再观望了。你对交易的渴望如此强烈，甚至为一笔平庸的交易找出了一个正当理由。或者，你很难在头寸接近你的目标时继续观望；上下波动让你抓狂——你希望现在就命中目标！你就像一个球迷，在焦灼的比赛回合中倍感煎熬，你过早地结束交易，只是为了消除紧张感。

也许你做决定太仓促了——看到一连串行情就想跳进去。你没有花足够多的时间来适当地管理风险，紧接着就对一个市场波动反应过激，最终追逐它。所有这些都是不耐烦在你日常交易生活中的**微观层面**上呈现出的信号。

你可能对这些微观层面上的不耐烦有所察觉，但还没能在宏观层面上认识到它。你可能对事业上的停滞不前感到不耐，或者恨不得快点赚大钱。你可能对学习过程没有耐心，实际上是希望能瞬间或者以比现实快很多的速度学会本领。又或者，你不能容忍一个新的策略或交易系统不可避免的回撤，所以不断寻找新的策略或系统。

其他**宏观层面的不耐烦**的迹象还有：相信自己可以创造机会（一种控制错觉）、内心深处不信任或不确定自己的整体战略，以及忘记自己是怎么赚钱的。

我们在书中提到的所有情绪问题都是导致你没有耐心的重要因素，最明显的是贪婪、FOMO和愤怒。你根本做不到观望，任由交易进行下去，或者在做决定时合理地考虑所有的关键因素，因为情绪就像高压锅中的气体一样堆积起来，你觉得有必要采取行动。

当你把不耐烦当作一个纪律问题来解决时，就无法强迫自己变得更有耐心。耐心是工作过程中的一个副产品。当你对过程有了坚定的把握时——无论是建立一项事业、执行一笔交易，还是纠正一个心理博弈问题——你都会自动变得有耐心。只要没有潜在的缺陷改变你对这一过程的看法，不耐烦就不再是一个问题。

这一点之所以如此重要，是因为当有人告诉你"要有耐心"的时候，他们是在建议你放慢速度，慢慢来。这并不是你应该做的，你应该做的是在维持成功所需过程的同时，尽可能快地前进。想象一下，如果一条流水线移动得太快，最终的产品会出现零件缺失或损坏的现象。另一方面，你也不希望这个过程进展得太慢，因为流水线需要满足定额。

当不耐烦致使你的决策过程崩溃时，解决办法不是简单地"放慢速度"，而是训练自己自觉地考虑那些在你缺乏耐心时通常被遗漏的环节。对你们中的一些人来说，这是不现实的。你的决策中有太多的自主空间。但不耐烦出现的地方仍然可能指向你战略中存在的漏洞或弱点。例如，你可能不完全清楚为什么自己的行为是正确的或不正确的，这就导致了不耐烦。

问问自己：为什么你觉得有必要加快行动？是什么在推动或迫使你这样做？如果只是单纯的竞争动机，也许你并没有不耐烦。也许这只是你从那些没有你积极的人那里听到的批评。

另一个可能的原因是，你希望可以瞬间获得某种技能或能力。表面上，你可能十分致力于学习的过程，但在内心深处，你希望你不必经历所有随之而来的高低起伏。

有时，交易者们太想成功和赚大钱了，以至于他们没有考虑到持久性以及建立坚实的技能基础。但是想想看，你想一鸣惊人，大捞一笔，然后面临利润回吐的高风险？还是你更喜欢走低风险路线，在市场上长期稳定地建立优势？有时候，交易者们竞相追求财务安全，却没有意识到安全感也来自形成一个能在市场上创造并保持优势的过程。

厌　倦

厌倦是缺乏机会的信号——无论是执行交易的机会还是学习发展的机会。或者是你已经精疲力竭，没有精力像平时那样专注。

从执行方面来看，感到厌倦可能表明当前的市场条件对你的策略或系统不利。在这样的情况下，你的头脑会停止工作或变得迟钝。你会对自己看到的一切失去热情。此时你应该适当地调整自己的预期。

问题是，你的头脑没有刻度，只有一个开关。在这种情况下，很容易对机会减少的幅度反应过激。机会数量下降50%会让你突然感觉到市场毫无波澜，自己甚至不应该交易。结果，你错过了交易，因为你的头脑中缺乏捕捉交易的兴趣。

计算这些失去的机会成本是很难的，但它们确实存在。你需要让你的头脑保持足够敏锐，以充分利用它们。是的，你可能不会像在正常市场中那样赚得多，但有总比没有好。

从执行的角度来看，你很容易反应过度，认为自己无能为力。你的肉体在交易，精神上却处于自动驾驶状态。关键是把你的心态从首发四分卫切换到替补四分卫。假如有机会，你只需要做好准备就够了。记住，认为自己无能为力就是认为自己知道即将发生什么——而你其实并不知道。对一些人来说，他们需要将专注力或脑力活动提高到一个新水平。你需要把它看作一种技能并加以训练。

清晰地描述一下准备就绪对你来说看上去是什么样的，以及感觉上是什么样的。比如说，有一种强烈、投入、不过度紧张的能量，聚焦当下而不超然。之后，当疲倦感来袭时挑战自己——找出在这种类型的市场当中获得更大优势的方式。有哪些小事是你能做的？

专注于让你的思维保持活跃的事情。像这样的市场周期将继续上演。如果你能找到方法，不断改进，就找到了应对厌倦的对策。你不能改变市场，但可以改变自己在市场中的操作方式。

事实证明，这个建议对来自美国的能源交易者迈克尔很有帮助。他于2004年成立了自己的基金。他每隔几年就会遇到明显的厌倦期。和我交谈之前，他误以为自己这是精力耗尽了，于是请了二到六个星期的假来减压，以为回来后就会神清气爽，继而攻克问题。

然而，在收获多年的巨大成功之后，迈克尔注意到了一些不同。他想要的不是休假，而是离开。曾经忙碌的、动态的、充满行动的日子现在让人感觉很无趣，其中部分原因在于市场。2014年左右，天然气市场的波动性和流动性逐渐枯竭，市场真的不那么繁忙了。他从每天做100多笔交易下降到做20笔。风险和回报的机会都减少了，迈克尔开始怀疑自己是否应该退出。

然而，事实证明，默默地扼杀他对交易的热情的并不是机会的减少，而是一种假设，即不会出现机会了。虽然迈克尔的身体在做交易，但如果没有太多机会，他在精神上就会放弃。通过交谈，迈克尔重新调整了他的预期。

当然，每天交易量下降80%是非常大的变化，但剩下的20%也不等于零。迈克尔下决心在晨间的头几个小时里严肃认真地参与交易，之后如果没什么行情，他会结束一天的工作，做其他事，如慈善事业或其他投资。

努力参与让他重新感受到了只有辛勤耕耘才能带来的自豪感和满足感。他很快就回忆起了自己对交易的热爱。但是，使他得以长期保持进步的是他对自己付出的认可。迈克尔每天在以下方面给自己打分：

- 努力程度
- 精力旺盛程度
- 对市场感兴趣的程度
- 外部情绪的影响

每天的重复训练培养了强烈的责任感和使命感。即使当天的结果并不理想，但当迈克尔知道自己付出了全部努力时，他对自己和自己的表现感觉更好了。如果他在进行思考并全心投入，就会感到自己更高产，无论结果如何，他都会更开心地结束一天的工作。

● 厌倦导致过度交易

其他交易者对横盘或平静无波的市场有不同的反应。厌倦预示着他们会过度交易。在这种情况下，我经常听到的一句话是："我的工作是交易，所以不交易就感觉不对。观望是毫无意义的。"这通常是由一种微妙的恐惧心理造成的，这种恐惧使厌倦成为你交易操作的威胁。或者，它是由对行动的需求所驱动的，而这种需求来源于过度自信或轻微的绝望情绪。

如果厌倦提醒你的头脑去过度交易，你需要挖掘原因。你的头脑是否进入了高速运转的状态？你是否在担心这个市场还能持续多久？为什么你是唯一没有赚到钱的人，或者它将如何影响你的目标或奖金？如果这些问题是由厌倦带来的，那它们就不是纪律问题了，它们与恐惧有关，你会在"恐惧"一章中找到答案。

过度交易也可能来源于过度自信。认为你能控制结果并操控利润的幻觉和想要始终保持头寸的需求是绝望或缺乏信心的表现。请重温第7章。

你也可以利用产生厌倦的时段来纠正自己决策过程中导致过度交易等错误的薄弱环节。搞清楚你的决策过程产生变化的具体方式。当你感到厌倦时，锻炼你的纠错能力，例如，对市场情况做整体的思考，如果这是一件你在厌倦的时候不会考量的事，那就训练自己这样做，这最终能使你本能地思考它。

我并不是说你可以自然而然地对整个市场做出完美的解读或自动做出决定。而是说你可以通过训练自己思考那些在厌倦时忽略的因素来提升决策过程。最终的结果是，避免过度交易会变得更加容易。

● 认为没什么可学的

厌倦也可能标志着你认为缺乏学习和发展的机会。但你猜如何？总会有学习的机会。在这些时候，你只是对机会缺乏清晰的认识。你很容易忽视自己尝试改进的地方，并且在调整策略以适应这样的市场方面过于松懈。厌倦的发生是因为你没有受到挑战。

在这样的市场中交易对你来说可能很容易。在这种情况下，厌倦是一个信号，表明你有额外的脑力带宽，可以被有效地利用。你可以把这当作一个机会，审视一下交易有哪些方面是你想下功夫却被搁置的。

交易一直处在多种多样的动态变化中，这也是你们中许多人热爱它的一个重要原因——每一天都是独一无二的。总是有新的领域可以让你发挥优势。交易总是在演化，总是有更多的东西需要学习。想清楚如何利用你多余的带宽。

● 精力耗尽时的厌倦

厌倦可能是一个信号，表明你已经精疲力竭——如果你确实如此，唯一的纠正办法就是延长休息时间。精力耗尽可能很容易被忽略。你可能认为自己是在偷懒，或者为自己没有平时的精力找借口。

你需要的是一种通过搜寻关键标记，将精力耗尽与其他的纪律问题（如懒惰）区分开的方法。你不能只是盲目地继续逼迫自己。精力耗尽有点像皮肤被灼伤——这是程度问题，情况越严重，恢复的时间就越长。

真正耗尽精力的一个最明显的指标就是对交易的重复性感到厌倦——感觉它只是一种苦差事。你已经失去了通常的兴奋和乐趣。而如果你偷懒，你更有可能找借口，把时间花在其他地方。例如，当你偷懒的时候，你对交易没有问题——这仍然是令人兴奋的，但研究或分析交易的想法听上去很痛苦。但是当你精疲力竭时，整个事情就会让人不堪重负，或者看上去令人厌倦。

说白了，精力耗尽并不是永久性的，也不是坏事。实际上，我很喜欢把自己逼到略微有些力竭的地步，因为这表示你已经到达了极限。如果你从未精疲力竭，就不知道自己还有多少潜力可以发挥。能够认识到力竭的迹象，例如厌倦，是一项重要的技能。它让你能够倾尽所有的努力，然后知道何时放松。

过分注重结果

结果显然是很重要的。但是，当过度关注结果导致你的进程崩溃时，问题就出现了——你变得过度关注日内盈利，过早锁定赢家，追逐超额利润，忽视自己的原则，并且/或者在你的系统或策略之外交易。通常这背后有一个情绪因素，但从纪律的角度来看，你可能只是认为结果是唯一重要的。

归根结底，你的成功是由你赚钱的多少决定的，当结果占据了你每天的注意力时，你会很容易忽视自己如何赚钱。这是一种分心。你会为一个闪闪发光的东西——你的回报——而分神。你无视决策过程的要素，如风险管理，并进行优势较小甚至根本没有优势的交易。你跳入新的市场，完全不考虑自己缺乏经验，从而忽略了过程。

结果型目标和过程型目标是共同作用的。结果型目标是终点，而过程型目标决定了你将如何到达这个终点。美国宇航员在1969年登上月球的过程就是一个很好的例子，说明了结果型目标和过程型目标是如何协作的。

1961年，肯尼迪总统确立了在十年内登陆月球的目标。在他宣布之前，大多数科学家怀疑这是否可行。但随着投入的增加，科学界、政府和私营企业需要弄清楚如何使之成为现实。

你如何建造一个能够在月球上着陆并返回地球的航天器？你如何训练宇航员在太空中导航？你如何让最终参与该项目的40万人一起工作？这些步骤和其他数以千计的步骤，或者说以过程为导向的目标，为人类登月并返回铺平了道路。

更多地关注过程，以及你将如何实现自己想在交易中达成的崇高目标。如果你过于注重结果，其中一个原因可能是你对实现这些目标的过程缺乏清晰的认识。例如，明确一个连贯一致的决策过程，创建一个强大的盘前盘后的例行工序，同时减少愤怒情绪。这样的目标使你能够将注意力从结果的起伏或日常的盈亏转移到导向结果的过程。

要说明一点，你并不是在消除结果型目标。我不是希望你停止对结果的关注，而是希望你能以一种更加训练有素的方式来实现它们。赚钱仍然是长期的主要焦点，但如何赚钱是你短期的主要焦点。这样做的方法是提高过程型目标的重要性。

你们每天抱着赚钱的目标到场交易，但没有一个人会在做出一系列错误的决定之后凭运气来赚钱。你很看重自己交易过程的质量，无论你是否意识到这一点。提升你以过程为导向的目标的重要性，你的注意力就不会被结果所支配。把这看成是目标多样化——它在交易中尤为重要，因为你可以控制自己在短期内实现过程型目标。

当你在决定如何实现每一个目标时，这些以过程为导向的目标可以更加具体详细。以提高纪律性为目标，解释你将如何做到这一点。比如说，努力创建一个清晰的A级到C级纪律的博弈地图，提高对纪律下滑的初期迹象的识别能力，并积极努力地去及时纠正它。之后，即使你已疲惫不堪或处于回撤中——这两种情况通常会使你更难维持纪律——你也能够看到进步，而只关注结果是看不到的。

归根结底，你为实现过程型目标而投入的精力是由你对实现结果型目标的强烈愿望所推动的。你对实现结果型目标的愿望越强烈，就会越努力地实现过程型目标。

以过程为导向的目标在交易类的行业尤其重要，因为波动使你很难完全掌控自己的金钱收益。如果在一天结束时，你没有达到自己的金钱目标，但能够保持专注五个小时而不被干扰，执行自己的策略并始终遵循例行工序，那么你至少已经有所提高并掌控了自己所能掌控之事。

分 心

当今世界，注意力分散的程度令人震惊，交易者也不能幸免。事实上，你在某些方面特别容易受到它的影响。你必须筛选来自四面八方的数据流来解析并充分利用机会。

但当你接触这些数据流时，很容易让那些与你的交易决策无关的信息流入。你打开了图表，却也试图在一旁做一些别的事情，最终你做了一笔不合格的交易，因为你的注意力不够集中，无法做出正确的判断。

你可能会认为这样的分心不会影响你。但这里有一个快速的方法来展示当头脑试图同时做两件事时会发生什么。在阅读接下来的几行字时，把注意力集中在你的腿靠在椅子上的感觉或你的脚踩在地上的感觉。迫使自己感受腿部或脚部的感觉，同时密切关注你正在阅读的内容。看看你是否能注意到，自己的大脑正在阅读和感知腿脚之间游移。

你是否注意到，每次你的关注点切换时，就会失去来自另一个焦点的信息？你的眼睛可能在继续扫描页面，但你不再能捕捉到每一个字，你甚至可能不得不重读它们。每当你只专注于阅读时，你就会失去对腿和脚知觉的感知。

想象一下在交易时发生这种情况。每当你把注意力集中在推特、短信或无关的讨论上时，就可能无法获取与交易决策有关的数据。

专注力可被拆解为两部分：注意力和专心程度。虽然人们经常在形容专注时将这两个词语作为同义词来使用，但其中有一个重要的区别。**注意力代表你专注的方向**，由你的目标、需求、动机、兴趣、优先事项和价值观决定。**专心程度代表你专注的程度**，最终由你的精力水平决定。

如果你不太明白这些细微的差别，可以想一想人们谈论专注的方式。当有人说"注意"时，是在告诉你应该专注于哪里。当他们说"集中注意力"时，是希望你能提高自己的专注程度。这一区别很重要，因为它说明了提高专注力的两种方法——更好地指明方向并提升它的程度。

● 注意力

想象一下，你置身于一个黑暗的房间里。隐藏在黑暗中的是在你生活中争夺你注意力的方方面面。交易、家庭、推特、猫咪视频、诱惑的标题、锻炼、一顿美味、下一次旅行、取干洗衣物等等。从字面上看，你可能感兴趣的一切都体现在地板、天花板和墙壁上。你现在看不到它们，因为房间很暗，但它们就在那里。

现在，想象一下打开手电筒，就像你第一次睁开眼睛，开始新的一天一样。你用手电筒照亮四周以确定方位并了解所有的选项。然后是抉择的时候了。你决定交易。你把手电筒照向那个方向，所有成功不可或缺的东西都被照亮了：你的例行工作、盘前核对清单和交易日志都在那里。

你马上就知道注意力应该放在什么地方，因为关注点都被手电筒照亮了，同样重要的是，所有不相关的东西都在黑暗中被藏匿了起来——光线没有照亮其他的选项。交易变成了你的全部，因为其他所有的选择都无法被看到。

这就是你的目标的力量。将你的焦点指向正确的方向，并屏蔽掉所有其他无足轻重的东西。在你的目标或动机的指引下，焦点成为你收集决策所需信息的工具。

然而，在交易日当中，你的焦点实际是怎样的？它是否在正确的地方停留了一个小时左右，然后就像电池快耗尽了一样逐渐消退？它是否是一束宽广的光束，能同时照亮许多东西？还是，它只是一束狭窄的光束，四处跳跃？如果你的目标不是与时俱进的，如果它们缺乏深刻的个人意义，如果它们太遥远，让人觉得虚无缥缈或者缺乏明确的细节，你的专注力将永远无法达到实际有可能达到的水平。不仅如此，你用来修复焦点的每一项策略都只会是一个创可贴。

你希望自己的注意力完全消耗在想要聚焦的东西上。问题是：为什么当你在交易时，它指向了不那么相关甚至毫不相关的东西？注意力分散的说法太简单了。

当你仔细观察自己选择将注意力转移到其他地方的动机或原因时，就会发现一个冲突。在意识层面，你可能知道应该将所有的注意力放在交易上，但想要照亮别的东西的欲望影响了你将注意力保持在正确的地方。

打个比方，假如你发现自己无法停止关注推特上其他交易者或交易小组的想法，这是为什么？也许你想娱乐一下，或者想社交。但为了让自己持续专注在图表上并在专注力方面做到自律，你就需要了解自己在交易日中试图转移注意力的原因。你要使用心理手史来了解冲突的根源。

这一观点对来自加拿大的布莱恩非常有帮助。还记得第3章中的他吗？他的尺蠖范围太宽了，少犯错的想法以及实现宏伟目标的框架帮助他迅速识别并纠正贪婪和恐惧。虽然这些问题已经得到解决，但他的注意力仍需努力提高。

长久以来，他处理这种情绪的方式就是拖延、失去焦点，以及思考未来。他的思绪经常会游离到体育、财务或对理想生活的想象上。在消除了贪婪和恐惧之后，我们的目标首先是通过采用一种策略来提高他的专注力，即在交易日当中，每当他感到心烦意乱的时候，按规定时间休息5分钟。以往发生这种情况时，他离开的时间可比5分钟多得多，往往是当天干脆不再进行该项工作了。他不明白如何通过可靠的方式回到图表研究当中。

起初，他按照番茄时间管理技巧，设定了每工作25分钟休息5分钟的模式。在休息期间，他首先会记录自己的想法，然后给自己几分钟的时间来放松，再重复强调下一个25分钟的工作流程、焦点和执行。这确实帮助了他调整并重新聚焦。

我还让他全天把每一次分心记录下来，逐一说明专注力不在最佳状态的情况。这些分心小到简单的对体育运动的思考，大到在社交媒体中的迷失，或是对未来的畅想。

最后，我们发现他的注意力问题与他在学校和上一家企业中工作的经历有关。他是一个聪明勤奋的人，自然而然地在两种环境中都能从容应对，并且非常成功。他还期望在交易中取得同样的结果，尽管交易环境大不相同。不确定性和缺乏体系暴露了自学生时代就出现的专注力不足的问题，因为他不需要全神贯注就能获得全A的成绩。

他的心理手史揭示了潜在的问题。

（1）问题是什么？我对自己赚多少钱和达到什么目标有很高的期望。而且我经常设想未来的收入水平和生活方式，其中包括环游世界和住在加勒比海。

（2）为什么会存在这个问题？交易是为这种生活方式提供资金的收入来源，但这很艰难，而且可能是一场实实在在的奋斗。那些想法可以很容易地让人从奋斗和为了达到目标当下必须投入的工作中逃避出来。

（3）哪里出错了？我认为不用付出就能达到自己想要的结果。我知道自己在学校和以前的公司工作时必须做什么，我期望自己可以依靠聪明才智得到想要的东西，而不需要为此付出努力。过去的经验给了我一种错误的确定感，期望自己可以在交易中像从前一样取得成功。

（4）**纠正方案是什么？** 我需要超越自己过去的期望。现在这样是得不到（成功的）保证的。我有很多信念，也有很多渴望。我是毫不费力地走到今天的。想想看，如果我现在全力以赴地完成必要的工作，会有什么成就！我必须拥抱非舒适区，投入实现目标所需的专注。

（5）**验证这种方案的逻辑是什么？** 我以前曾成功面对过不确定性。我只是不喜欢它。我需要直面交易以及让我达到想要实现的目标的过程。如果我感到舒适，就做错了。要去承担风险。失败是正常的。交易中亏损也没关系。如果我逃避，就会阻碍自己的学习并剥夺自己实现梦想的机会。

综上所述，他每天重复这个过程，随着时间的推移，他自然而然地跃过了25分钟的区间。现在，他能一直保持专注力，直到注意力的分散造成干扰。有时，他的注意力可以维持几个小时之久，有时只有20分钟这么短——这时他就会按照5分钟的休息程序进行调整并重新开始。

● 专心程度

当你确定目标之后，注意力被引导到它应该投向的地方，所有的冲突都被移除了，方程式的下一个组成部分就是提高专心程度。提高专心程度与提高纪律性的总体思路大同小异。持续提高专心程度需要一定的能量。你们中的许多人刚开始有足够的精力，但很快就失去了，因为你们缺乏与目标的紧密联结。在理想的情况下，你应该对自己的目标了如指掌。

另一方面，你们中的一些人缺乏耐力——就像身材走样的运动员一样。为了培养耐力，你必须设计一个锻炼计划，以延长高质量聚焦的时长。就像运动员的训练方式存在着很大的区别，交易者的操作方式也有相当大的差异，所以为每个人创建一种明确的锻炼方式是很困难的。归根结底，你必须做最适合你的事情。

也就是说，对我的客户行之有效的通用建议是，争取每周将专注力训练的时间增加10%，同时每四到六周有一周停止增加时间。这个标准可能听上去很低，但关键是找到一种实现可持续增长的方法，而不是获得由励志事物推动的暂时性的进步。

在本章开头你已经描绘了自己的纪律问题，现在可以更深入地了解你的注意力变得分散的具体方式。请遵循以下步骤：

1. 列出你关注的所有价值很低的事情，或是你认为让自己分心的事情。例如，交易小组的调侃、每日盈亏、头寸，或者相关市场的不同走势。

2. 确定它们何时容易出现。比如，它们更多出现在交易开始、中途还是结束的时候？

3. 将注意力分散的严重程度划分为轻度、中度或重度。

4. 从最严重的类别中选出一到两个。

5. 当出现冲动，并想要投入到分散注意力的事物当中时，逼迫自己在能做到、可接受的时间段内集中注意力——5分钟、10分钟或20分钟。

大多数时候，交易者试图一次性解决他们所有的注意力分散的问题，并认为只要把这件事记在心里就很容易获得提高。想要分心的欲望很强烈，你越是抗拒，它就越强烈。短期内的情况可能会是这样的。你正在为建立与注意力有关的纪律奋斗。这需要重复和经验。

努力保持5分钟、10分钟或20分钟的聚焦，然后再进行一次，或在再次开始之前短暂休息一下。试图一次性集中注意力长达三、四或五个多小时会让人感到难以承受。但把时间分割开会使事情变得更容易，感觉更像是锻炼。

你还可以尝试一件我称之为"为完美做准备"的事情。这是一项实验，对那些容易分心的人或者注意力此前被情绪问题左右的人来说是有益的。如果你有一段时间不在状态，甚至忘记了处于最佳状态的感觉，这对你来说也是有用的。

你做这个实验的目的是创造最佳条件，使专注力在交易时达到最高水平。

把你的下一个交易时段想象成是你整个生命中最重要的时刻。你会采取什么措施来确保你的专注度是最佳的？这只是一个实验，所以要全力以赴，不要担心定期这样做是否可行。

确认让你处在最佳状态所需的一切——充足的睡眠、合理的饮食计划及习惯、中等强度的锻炼、24小时内避免使用社交媒体等等。然后做你认为需要做的任何事情，即使这意味着要留出几天时间为交易时段做适当的准备。

这个实验的目标是体验理想的专注度。通过它，你会深入了解你将怎样达到巅峰状态，也许最重要的是，你能更轻易地在注意力不集中的时候有所察觉并发现原因，这将加强你自我推动的能力，每次增加5分钟、10分钟或20分钟的聚焦时间。

最后，我在本节中谈到的所有内容都是围绕着提高交易的注意力展开的，但所有的概念和策略也同样适用于交易以外的工作。

懒 惰

称自己懒惰其实就是懒惰的表现。你不去分析自己为什么缺乏动力去做该做的事，而是一口认定自己只是懒惰，并把它视为一种不治之症，或是你性格中不可更改的一部分。懒惰寻求的就是这种安慰。相信懒惰是你无法改变的特质很容易。懒惰让你能少做一点是一点。

如果你内心深处相信懒惰是永久性的，哪怕它只是你性格中的一小部分，那么任何试图改变它的做法都是不合逻辑的。懒惰并不是一个固定的特质。摆脱这个毛病需要一些努力，本节可以使这项任务变得更容易。

你可能会把懒惰等同于零动力。但实际上，没有动力是不可能的。相反，你可以把懒惰想成是一种强烈的意愿——恨不得睡上几个小时、看电视，或者心不在焉地浏览网页。虽然看起来可能像是偷换概念，但这样的描述对于理解和解决这个问题十分重要。

懒惰实际上是一种技能，无论好坏，都是你已经掌握的。你已经学会了做一些你不该做的事情的技能。你没有学习如何提高效率反而学会了如何偷懒——而且你很善于偷懒。

在交易中，相较于对行动和交易的渴望，懒惰更容易体现在围绕交易的任务上，像是回顾过往的交易、形成新的交易想法和阅读研报。交易的强度会给你带来冲动，这使交易变得有趣且令人振奋。另一方面，研究可能是乏味无聊的。你必须制造强度，使其有价值。如果做一些机械化的事更容易，为什么还要研究或分析你的交易呢？

懒惰的形成有多种原因。如果你没有被推动着去追求卓越，或者，如果环境对你来说没那么具有挑战性，也许它早就出现在你的生活中了。我不是说所有懒惰的人都很聪明，但我见过许多非常聪明的人在他们的教育环境没有带来挑战时养成了不良的工作习惯。他们所做的足以让他们达到目标，要么是轻松拿到A，要么是不需要很努力就能过关还进入了一所好大学。

相对于外界给他们设定的标准，他们并不懒惰。然而，相较于他们自身的潜力，他们是非常懒惰的。不过，他们的潜力既不是外部的衡量基准，也不是内部的衡量基准。那段时间形成的习惯一直延续至今。

当固有的生活结构消失时，人们也会变得懒惰。无论是和家人生活在一起、上学，还是为别人工作，你都无须过多考虑接下来要做什么，去做就好了。拥有现成的生活结构的好处往往不为人知，直到它消失。现在你必须同时做两件事——决定要做什么并采取实际行动。这项额外的操作可能看起来没什么，但它使生活或交易变得更具挑战性，并可能导致懒惰。

或者，在开始赚大钱并取得一些成功后，你不再感到有任何紧迫感。也许在你的生活和交易生涯的大部分时间里，你都有惊人的积极性。但是，在达到了梦寐以求的目标之后——无论是能够辞去工作全职进行交易，还是在经济上享有足够的安全感，可以很多年不为钱发愁——懒惰意外地冒了出来。

问题是，现在你要么是在既往的成功道路上继续滑行，期望能一直轻松下去，要么是根本没有设定一个新的目标或确立新的挑战。这样来看，懒惰只是标志着你缺乏自我驱动的方向。

最后，交易是一个吸引着有轻松赚大钱的梦想的人的事业。他们在做交易之前缺乏正确的职业道德，作为一个交易者，难以付出坚实的努力。交易是令人愉悦的，不需要像工作一样。但我们很可能不会考虑如何获得成功。选择富有成效的活动并培养更严格的工作态度一开始看起来可能很乏味，但这绝对比经历失败、做一份普通的工作或为怀疑者提供佐证来得更有意思。

成功同样也是令人欣慰的，它使实现成功所需的单调工作变得不那么痛苦。但这并不意味着投入额外的工作时间比和朋友出去玩或抽空旅行更有趣。但是，当这些决定让你有更大的可能实现目标时，它们就有了不同的意义。

要开始纠正这个问题，你需要改变对自己的看法。你并不懒惰。你有强烈的动机去做其他的事情，而不是你应该做的事。动机只是你在目标背后拥有的力量。而当你更仔细地观察自己逃离的具体习惯和转而去养成的习惯时，你就能洞悉自己偏爱无效活动背后的原因。

你可能会改变懒惰是一种性格特征的错误观点，打破你的潜能由他人定义的模式，学会对自己的生活架构负责，打破交易的钱来得容易的错觉。找到驱动自己朝着愿景前进的动力。重新定义你的交易目标或为你的职业生涯制定的目标。

然后将注意力瞄准日常的微观决策。下面列举了你应该做的事和你实际正在做的事。为了持续选择更多你应该做的事，找出懒惰背后的原因并培养自己做出更优决策的能力。

1. 写下你为了偷懒而找的借口。

2. 写下这些借口的漏洞和错误。

3. 罗列所有你可以转而去做的更有效益的事情以及每个活动的价值。

之后，当这些情况出现时，想一想和低价值、带来即时满足感的懒惰习惯相比，富有效益的习惯有哪些短期和长期的价值。当下做一些不那么有趣的事情意味着你在未来可以获得更多的乐趣。在困难的时候加倍努力，最终这项工作会变得容易。不要躲在你的潜力背后，你应该看看你究竟能变得多优秀。

懒惰寻求舒适，但你不能再自欺欺人地认为懒惰是你无法改变的东西。你不能再懒洋洋地称自己为懒人。也许这将迫使你潜心研究自己形成这些习惯、模式或技能的原因，从而发展新的习惯。

拖 延

不断地推迟重要的事情是拖延技能的特征。当然，你有很多事情可以做，比如回顾交易日志、研究新的策略、提升你阅读图表的技能。但把这些工作推迟到明天更容易。问题是，明天对于你们这些技能娴熟的拖延症患者来说，是一个永远都无法实现的幻想。

你是一个拖延当日工作的高手。但是，当明天变成今天时，你还是不擅长把工作做完——你擅长的是把工作推迟到明天。你的幻想是自己明天真的会去做工作，但我刚才的描述已经揭示了为什么这不会发生，因此这种模式将持续下去。

最终，你厌倦了自己的滑稽行为，意识到需要赚一些钱，担心可能会被解雇，或是有一些别的原因让你觉得无路可退。处于这种境地会使灵感迸发。你埋头苦干并在长久以来一再拖延躲闪的事情上取得飞速进展。

不幸的是，当成功地避免了最坏的情况时，你更有可能再次滑向那个习惯。除了浪费一些时间和机会之外，并没有任何实际的后果，而这是你愿意承担的业务代价。你的行为似乎已经得到了回报并且你没有理由去改变它。但你还是来到了这里。这意味着你知道拖延症正在造成某种伤害，是时候做出改变了。

如果你想停止拖延，首先必须消除"总是有明天"的信念，并培养自己做一般会拖延的工作的能力。这意味着要学习如何在没有强烈的压力或紧张的情况下工作。在退无可退的情况下工作很容易，你别无选择，只能把它做完。临阵磨枪剥夺了你的选择权，但为了让你聚焦并激励你，它也造成了很大的压力和紧张感。

为了打破这个循环，你需要有力量和意志力来消除拖延这个选项。记住，今天是你改善的时候，不仅是提升你的交易也是减少拖延的时候。今天是你进步的唯一机会。"明天"只是一个幻觉。

拖延的其中一个问题是，你在强大的压力下最终完成工作的价值会带给你一种对自己力量和掌控度的错误感受。显然，如果你是在为与工作相关的考试而学习，情况就不同了。但是，如果我们谈论的是提升你作为一个交易者的能力，那么在高度紧张的时候，你主要是在提升尺蠖前端向前推进的能力，而不是永久性地提升自己的C级博弈。

相反，你最终会得到一个更宽广的浮动范围和所有随之而来的问题。纠正拖延有助于缩小你的尺蠖范围，并以一种更稳定连贯的方式打造你的能力。

培养连续一贯地工作的技能并不是一朝一夕就能完成的。正如我之前所讨论的那样，从你保证能规律进行的事情开始，即使这意味着每天只练习5到10分钟。当然，你可以做得更多，但你现在还不能持续地保持这种产出。

当5到10分钟开始变得容易时，你可以增加时间，并最终达到理想状态。最后，你会发现这是一种比拖延和突击更持久的提升能力的方式。

在这一章中，我们探讨了如何分辨你面对的是情绪问题还是实际的纪律问题、纪律问题的诸多标志，以及纪律问题可能的表现形式。你还学习了解决纪律难题的多种策略，从跟踪专注力和时间管理技巧到心理手史的运用。你在强化纪律的道路上应该可以行走顺畅了——或者你至少知道你需要采取什么措施来改善你的纪律问题。

本书开头部分讲到控制并不是一种解决方案，化解问题才是。问题的化解将你从与贪婪、恐惧、愤怒、过度自信、缺乏自信和不良纪律的持续斗争中解放出来。相反，当你永久性地纠正导致这些问题的行为缺陷时，你的头脑就会被解放出来，从而专注于交易并想办法赚更多的钱。在全书中，我们自始至终都在稳步朝着化解问题的方向而努力。

现在我们已经探讨了情绪和纪律问题挟持交易表现的多种方式，以及如何识别它们，并找出根本原因，你已经准备好采取最后一步了。我将进一步深入探讨大脑的工作原理，这样你就可以及时纠正问题，同时避免大脑产生霸占你的良好意愿的倾向。

第 **9** 章

纠正你的问题

授人以鱼，能解一日之饥。

授人以渔，能解长久之饥。

—— 来源不详 ——

你现在已经意识到自己的心理博弈问题是多么不利了。想象一下如果问题消失会怎么样。这就是化解问题所能做到的，而这是一个值得付出艰辛努力来实现的结果。

我想你们中的一些人对目前所读到的内容感到不知所措，而另一些人则对这套系统的作用感到乐观。请放心，到了这一阶段，你已经具备了识别问题和纠正反应的基础。现在，你应该把目光坚定地投向解决问题所需的工作上。化解问题是你的最终目标，因为这样你才能真正把自己的表现提升到另一个层次。

对你们中的许多人来说，化解问题的道路并不是一条直线，而且看上去与你们的预期不同。作为一个教龄超过15年的教练，我学到了很多化解问题的流程。我精心设计了这一章，无论你的起点是什么都能使这一过程更轻松也更快捷。

交易者常常认为他们的错误，尤其是心理和情绪上的错误，应该很容易就能得到解决。你知道错误是什么。所以只要不再犯就行了，不是吗？这似乎是一个很简单的策略。但到了关键时刻，就没那么简单了。错误接连发生，你可能会生气、倍感压力、失去信心、失去动力、注意力分散，以此来否认问题、随意指摘、找借口，或者是上述行为的组合。

你知道失去理智的定义是反复做同样的事情，期望得到不同的结果，但你固执地认为问题应该很容易解决，因此仍然不去努力。此外，由于你现在更加意识到了这一点，你想着，**我不可能再犯这种错误了**。

当它在几天、一周甚至一个月内都没有再出现时，你会有一种盲目的自信。但最终错误又发生了，而这次你的情绪反应更为强烈。

本章会带领你摆脱这种混乱的循环。你将更深入地了解自己的大脑是如何工作的，以及它是怎样绊倒你的，这样你就可以避免它可能造成的问题。你将学习如何及时纠正你的问题，以及如何将你的策略发展成一种日常习惯，因为重复是化解问题最重要的因素。最后，你将了解如何衡量你的进步并避免可能导致偏离轨道的常见因素。

让我们先开始审视你的头脑可能劫持你良好意图的一些潜在形式。

大脑失灵

我们可以花数年时间来讨论人类大脑的复杂性。已经有不计其数的人撰写图书和论文来破解它的工作原理，而且这种研究将继续下去。但你真正需要知道的是几个关键的原则。

大脑的组织结构是分层的。第一层是储存大脑所有最重要功能的地方，如心率、呼吸、平衡以及睡眠和觉醒周期。你已经掌握的技能，如骑自行车或输入命令也在这里。

大脑的第二个层次是情绪系统。第三个层次是心理层次，包含所有更高级的大脑功能，如思考、计划、自我意识、组织和情绪控制。但这个层次有一个问题，而且是一个很大的问题——**当情绪系统变得过度活跃时，它就会关闭更高级的大脑功能**。

这就是为什么当你的情绪过于激烈时，就会做出糟糕的决定。大脑在阻止你正确地处理信息。当情绪变得过度活跃时，大脑高级功能的丧失是任何人都无法控制的。

积极和消极的情绪都会导致这种心智功能的崩溃。例如，你在第7章中了解到，虽然拥有自信对交易表现很重要，但过度自信也可能成为一个问题。当你过度自信时，过多的情绪充斥着你的大脑，影响你的决策。这可能导致你忽略一些因素或高估你的观点的准确性，而这会进一步改变你对风险的评估。

不论是哪种情绪，以下情况都有可能发生：

- 当情绪到达顶峰时——震惊、狂喜、盲目的愤怒——你的头脑一片空白，完全停止思考。
- 你的思维移动得太快，以至于错过了关键的数据片段，因此你的决策过程是不完整的。
- 你高估了一些因素的重要程度，而没有考虑相关的因素。
- 你知道正确答案，但却无法得到它——就像你的大脑正处于迷雾中一样。
- 你重新陷入坏习惯，惊讶地发现自己还在做这些事。
- 你意识到所做的事是错误的，但无法阻止自己。这就像你被迫做更大的交易并承担过高的风险一样。
- 你的视野变得狭窄，局限在其中一个指标，忽略了其他常用的指标。
- 你发现了一个利润可观的交易，但却无法执行它。

花一分钟时间，充分领会过度活跃的情绪是怎样关闭你的更高级大脑功能的。如果你的策略没有考虑到这一点，那么你几乎没有可能解决任何问题，除了纯粹的运气以外。

甚至有一个科学原理描述了情绪与表现之间的关系。耶基斯-多德森定律指出你的表现会随着情绪的上升而提高，但只会提升到一定程度。

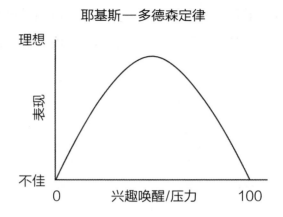

耶基斯—多德森定律

根据这一定义，你的阈值是曲线右侧的临界点，情绪从此处开始变得过于强烈。表现达到这个点后会逐渐下滑，因为情绪系统开始关闭更高级的大脑功能，如思考、决策和情绪控制。当这种情况发生时，你将（与情绪强度成正比地）失去正在学习的知识和技能。

你越过情绪阈值越多，失去的知识就越多。最先失去的总是全新的东西。而那些更为人所熟知的、几近掌握的技能，则是最后消失的。

当情绪开始损害你的想法、行动、观点和决策过程时，你就知道自己的情绪已经迈过了阈值，变得过度活跃。当然，每个人的阈值是不同的。这是一个非常个性化的衡量标准。留意你的思维偏差何时开始出现，你的决策能力何时开始改变，以及你对特定信息的获取何时开始收缩。

在曲线的左侧，情况刚好相反。当你没有足够的能量或情绪来进行思考，就像在感到疲惫、无聊、倦怠或缺乏纪律时那样，你就需要建立足够的情绪来驱动大脑进行思考。情绪对表现至关重要。只有当情绪太多或太少时，问题才会出现。本章介绍的心理博弈策略旨在让你的情绪水平保持在曲线的顶端，这样一来你的表现就可以在更多时候达到巅峰水平。

从表面上看，这个概念似乎很简单，但它对如何解决情绪问题有着重大的意义。虽然你无法改变情绪系统能够让你停止思考这一事实，但你并非无能为力——你只是需要在这一限制下工作。

你必须在情绪超过你的阈值之前尝试掌控它。时机很重要。如果你没有及早捕捉到情绪的攀升，让它变得过于强烈，就会卷入一场争夺控制权的艰苦搏斗中。

前额皮质是大脑中负责情绪控制的区域，情绪控制是随着情绪变得激烈而被削弱的大脑的高级功能之一。就在你最需要这部分大脑功能的时候，由于这种情绪强度，大脑不能做出很好的反应。简单来说，情绪有能力削弱你控制它的能力。而你的情绪越是超过你的阈值，你能够重新取得控制权的概率就越低。很多时候，交易者在思考能力减弱后才开始尝试控制自己的情绪。这就像是带着一把水枪来参加枪战。

无论大脑高级功能的丧失是由过度自信、愤怒还是恐惧造成的，其后果对交易者来说都是相当显著的。你依靠大脑的高级功能来赚钱，这是大脑中最有价值的区域。在这里你思考并权衡来自多个渠道的信息，如先验知识、经验、行动，当然还有实时的市场数据。

了解你的大脑是如何发生故障的将带给你另一个工具，让你离实现问题化解更近一步。现在，让我们来探究一个实时战略，来到争取进步的"战争前线"。

实时战略

那么，要如何解决心理博弈问题呢？你必须做到在反应出现时就进行纠正。

一旦你学会了识别行为缺陷触发的时点，就获得了反击的信号，及时纠错，能迅速为你带来更强大的心理和情绪控制能力。这套系统的强大之处在于，当你及时运用该纠正策略时，还实现了最终化解问题所需的重复练习——这一项操作带来了两种益处。

纠正你的反应既要有正确的逻辑，还要确保你的逻辑在脑海中被清晰地界

定，强大到足以让你的情绪模式刹车。

通过在第4章到第8章绘制你的情绪模式并使用心理手史，你已经找到了纠正的方法——现在到了运用它的时候了。要做到这一点，你需要利用下面的四个步骤。这项说明所涉及的细节可能看起来有点多，但你一旦掌握了窍门，就会发现自己可以在几秒钟内完成这个过程。

学会纠正反应是该系统中的难点。首先要找到缺陷，然后想出一个纠正方案。但要真正改变缺陷、偏差、愿望和错觉，你必须一次又一次地重复纠错。你会变得像专业运动员一样，花特定的时间专注于磨炼技术，使之强大到足以让你参赛。

此处你会学到一项针对大脑的技巧。通过这种方式，你掌握了纠正方法，使其升级并永久性地纠正缺陷。一旦缺陷得到永久性的纠正，你就到达了终点。旧有的反应模式已经失效，你自动拥有了在最高水平上交易所需的心态。

我把这个过程比作伐木。你可能想要一把链锯，但却得到了一把斧头。对你们中的一些人来说，这棵树很高大，你很弱小，并且斧头的刀刃很钝。随着你不断在这一过程中努力，久而久之，就会变得更加强大并学会把你的斧头磨得尖锐。就像成为一个技能娴熟的交易者一样，你必须投入大量的工作，别无他法。

● 步骤1：认识到问题已被触发

这就是绘制你情绪模式的真正用处。正如我在第2章开头所说的，你无法阻止或纠正自己看不到的问题。现在，你有机会利用自己的情绪模式地图来识别问题已被触发的信号。

最终，你要达到将地图内化的程度，这样就可以在情绪激烈的情况下轻松地回忆起它。在这之前，把它放在身边，以便你能迅速进行参考。

一旦你识别出一个信号，就获得了进入第二步的提示。

● 步骤2：中断动能

牛顿第一运动定律告诉我们，运动中的物体会一直保持运动状态，直到受到外力的作用。你的模式就像一个运动中的物体。有一种确凿的动力推动着你的情绪反应朝着同一个糟糕的结果飞驰，除非你成为挑战它的力量。做到这一点最好的方法是，一旦察觉到这种模式的苗头就立即中断它。

中断的主要目的是在反应和纠错之间创造阻隔，从而增加纠正方法起效的概率。一旦你认识到自己的模式被触发，请使用以下其中一种中断方法：

- **深吸一口气**：这不是什么神秘的灵性力量之类的东西。一次深呼吸就可以产生明显的效果，同时简单到你不必离开桌子。深吸一口气，使腹部充盈，而不是你的胸部。这叫作横膈膜呼吸法，它将帮助你的身体放松下来。

  此外，心无旁骛地专注在你的呼吸上。你的注意力强度在很大程度上是颠覆性力量的来源。如果你刚知道这一点，请花些时间在这个过程中训练自己。每天数次，或每小时一次，想象你正在抗争的某种情绪被触发了。

  练习一次横膈膜呼吸，同时加强对呼吸的关注，你会逐渐发现自己通过呼吸遏制问题的能力有了明显的提高。

- **书写**：花点时间写下你的想法、情绪或任何盘桓在你脑中的思绪。你可以按照自己的喜好打字或手写，做适合你的就好。

- **站起来或走一走**。在焦灼的时刻，交易者往往会不自觉地从桌前站起来，或走几步，弄清楚发生了什么。你也可以尝试做一下这些行为的结合，先去散步，回来后再写下你的想法。

- **交谈**。一些交易者喜欢向办公室的同事、在网上论坛或向其他交易者朋友发泄情绪。

你已经凭着本能做了这些事。我们的想法是把它们转化为经过深思熟虑得出的技巧，增强它们的有效性。如果你发现有些事已经做过了，那么从此处入手是合理的。当反应比较剧烈时，你也可以结合运用这些方法。例如，深呼吸只在情绪强度较低时有效，因此，当强度上升时，先记录然后再起身中断反应模式。

每周只做几笔交易的交易者有大把的时间来阻断反应模式。错过有利可图的交易的风险很低。不过，更加持续地或反复地用这种方式来管理情绪显然不是最优的。随着时间的推移，我们的目标是减少你离开办公桌的时间。

另一方面，每小时做好几笔交易的交易者必须建立一个快捷程序来中断他们的模式。他们的目标是速度，而训练这一过程，以达到可以轻松应用上述的任何一个选项的程度往往需要花费额外的时间。

● 步骤3：注入逻辑

注入逻辑是一种实时的解药，可以消除在执行过程中导致错误的情绪。以正确的方式加以利用，它会是你化解问题最有力的工具之一。注入逻辑建立在人们在面对心理博弈问题时自然倾向的做法之上——与自己就该问题进行对话——并将其转化成一种可被培养的技巧。

思考是你对抗自己的情绪模式的主要工具，被心理学家称作"自我对话"的好处已在表现研究中得到充分证实。关键是要在情绪尚弱的时候应用它，并使用已经过训练的逻辑。

我们的目标是精心设计一个短小精悍的陈述或短语，在每个交易时段之前写下来，默诵并复习。这会让它在你的脑海中强大到足以对你的情绪状态产生直接影响，防止次级情绪出现，并努力对你的潜在缺陷进行持久的纠正。下面是一些范例。

- **FOMO**：市场有源源不断的机会——我不会捕捉到所有的机会。
- **害怕失败**：有时，在一旁观望的风险更大。

- **讨厌亏损**：我会赢钱，也会输钱——亏损是不可避免的，但只要我在亏损发生时控制住自己的情绪，继续在我的策略范围内交易，就能在长期中获利。

- **错误型愤怒**：讨厌错误就像讨厌学习一样。如果我从错误中学习，亏损的钱就是对培养更大优势的投资。

- **不公型愤怒**：我也会有好运气，寻找它并坚持我的策略，这就是我长期赚钱的方法。

- **缺乏信心**：我在这个计划上花了数以千计个小时。我真的要让一次交易改变它吗？

- **过度自信**：我的大脑在云端。幻想自己从交易中获得什么并不意味着我会得到。做好你的工作！

- **厌倦**：如果我为了行动而行动，这会让我成为一个赌徒，而不是一个交易者。

- **专注**：交易是一项工作。把它当作一项严肃的、需要全力以赴的事业来对待。当交易结束后，我可以专注于其他事情，但现在不行！

为了使你的逻辑陈述起效，它必须是强而有力的。它必须反映出你在心理手史中的发现，并精准地指向潜在的漏洞以及你对为什么存在漏洞的理解。

当你有正确的逻辑时，它能够显著减少你当下的情绪问题。在这个过程的初期阶段，情绪问题的降低幅度会很小，但仍然明显。最终，你会到达一个阶段，届时，你的逻辑会非常有力，以至于你顷刻间就能感觉到显著的变化。

为了找出并植入正确的逻辑，用你在心理手史第二步到第五步中写下的内容来精心设计你的陈述语句。刚开始的时候，它可以基于否定的语言，例如"你不可能是完美的，期望完美是痛苦的根源"。肯定的语言有时会缺乏效力——不要担忧否定思维是不好的。

另外，不要纠结于马上就写出完美的表述。试着写一些东西就好，给自己几天的时间，看看它是否能对你的情绪状态产生任何影响。进步的标准是减少错误。记住，你并没有得到一把链锯，先从挥斧头开始，然后获得一些反馈。

在初期阶段，你说了什么从某种程度而言并不重要，也就是说你有可能出现安慰剂效应。有时只是说一些有道理的话就可以阻断你的模式。这在一开始很好，但请记住，控制问题不等于解决它。

比方说，你因为希望亏损的仓位反弹而不去平仓。你知道指望一个头寸反弹是不对的，所以你说："希望不是一种策略，平仓并继续下一个交易。"虽然这听上去很合理，也能让你平掉这个头寸，但你并没有在解决为什么你如此不愿意平掉它。

同样的道理也适用于以上任何一个逻辑表述的例子。如果你的情绪继续涌现，导致了同样的问题，而且没有任何进步的迹象，就意味着你还不够深入。注入逻辑变得与其他旨在暂时控制的手段（例如否认、回避、分散注意力）没什么两样。不要犯这样的错误。深入挖掘你的问题，重新评估你在心理手史中所写的内容，并设计一个新的逻辑表述。

如果你有正确的逻辑，并在正确的时候使用它，它就会产生效果。充分利用这个工具。记住，"注入逻辑"的一个主要好处是，它既会对你当前的情绪产生影响，也会通过改进错误的逻辑、认知偏差和错觉使你更接近问题的化解。但后者需要时间。你必须一次又一次地重复这个过程，就像砍树一样。

无论你选择什么逻辑，都要去训练它。这就是创建出强大到足以切断并减少恐惧、贪婪或信心缺失的逻辑的方式。在交易时间以外再花一些时间回顾你的心理手史和你的逻辑陈述。把它们印刻在记忆中并测试你自己。

当你练习深呼吸时，将深呼吸与你的逻辑语句相结合，使这两个步骤紧密联系起来。你不仅要记住你的逻辑陈述的原文，还要记住它的意图。你应该非常熟练地掌握这种逻辑，使得你可以在任何情况下，即使在承受巨大压力的情况下也能背诵它。逻辑在你大脑中越强大，植入的效果就越强。

有时，正确的逻辑只是一个你已经十分了解但还没有以正确的方式训练或应用的观点。当情绪让你的大脑失灵时，这些观点就会消失。它们要么太微不足道，以至于没有被记住，要么对你的情绪状态没有产生期望的影响。

以下是一些关于如何最好地利用逻辑语句的点子。

1. 用你自己的语言。你的语句或措辞需要反映你实际的说话和思考的方式。要确保你使用真正适合自己的逻辑。完美的表述是对你有用的表述，而不是听起来最好或对别人最有用的表述。

2. 展开视角。有些客户喜欢写一整段话，围绕纠错和缺陷的主题和看法展开。然后在每个交易日开始时，他们会回顾这段话，并抽出一句话、一个短语或一个单词来注入到当天的交易中去。对他们来说，其效力来自对问题和纠正方法持有扩展或更深入的视角。

3. 写下你的短语或表述。把它写在便签卡、便利贴、电子文档、手机或任何你认为最方便的地方。这样，你就不必在头脑失灵的时候把它从记忆中挖掘出来。

4. 根据你对听觉上的或多媒体方式上的需求进行调整。考虑把你的语句录制下来，或将其与图片、歌曲或电影片段做结合。

5. 每小时复习一次。如果你很难避免严重的错误，可以考虑每一小时、每半小时或按某种固定频率的时间表回顾你的逻辑。这样你就更有可能抓住情绪，防止大量的积累，更快取得控制，并将损失降到最低。

6. 避免这些常见的错误。如果"注入逻辑"不起作用，通常是因为：

- 你是在情绪已经过于强烈，越过了自己的情绪阈值之后才开始使用它的。在这一点上，你很难想清楚。注入逻辑其实就是思考。因此，如果你的情绪已经削弱了你的思考能力，试图注入逻辑就像是尝试带着扭伤或骨折的脚踝跑步一样。你必须在你的情绪起伏很小的时候就开始注入逻辑。你可能需要重新审视自己的模式，并寻找早期的信号来进行绘制。

- 你的表述并不是针对表现的瑕疵量身设计的。回到心理手史，重复
  第二步和第三步。你还需要对问题根源有更多的理解，以创建一份
  强有力的逻辑陈述。
- 累积的情绪瞬间淹没了你的头脑，你甚至没有机会使用它。
- 一些新的东西让你晕头转向。要么是现有的问题改变了，而你没有
  意识到它被触发了，要么是你正面临一个全新的问题。
- 你需要更多地研究它。你的逻辑还不够强。

最后，一定要磨炼你的能力，知道何时"注入逻辑"。熟练地识别出需要中断模式的关键时点，这样你就不会冲动行事，而会去积极努力地纠正它。

在情绪被触发的时候注入逻辑，并努力保持正确的观点——例如，当你损失惨重或连续亏损，错失机会，或有移动盈利目标的倾向时。你为了让逻辑变得强大所做的所有努力都是为了这些时刻，为了增加纠正反应并防止出错的概率。

在刚开始的时候，当愤怒、恐惧或贪婪关闭了大脑的更高级功能时，你会面临失败。关键是要努力延长从开始到失败所需的时间，并在你失败时尽量减少执行方面的错误。随着你收获更多的经验并不断重复，你的逻辑会变得越来越强大，并且在以往你可能早就败下阵来的情况下仍然奏效。

动能站在你的一边。虽然你以前因为没有足够的知识来避免情绪，导致被其占了上风，但现在，只有当你试图在全新的或具有挑战性的情况下进行纠正时，才会出现这种情况。

● 步骤4：使用战略提醒

到目前为止，战略的重点在于纠正你的情绪反应，让你减少犯错的概率。但更稳定的情绪并不能保证这一点。一旦你的大脑失灵，交易的策略和技术层

面的东西也会从你的脑海中消失，这可能导致你在计划或策略之外进行交易。

一个战略性提醒可以保护你的决策过程并可能使你更好地执行交易。

给自己一个简单的提醒对提升实时执行以及训练决策过程中较为薄弱的环节有很大的帮助。在绘制你的模式的时候，你已经发现了自己的决策过程是如何被改变的，标记了通常会犯的一类错误、忽略的因素，以及对市场或价格的观点的转变。现在，当你犯错的风险变得很高时，你可以利用这些信息来保护自己。

要创建你的战略提醒，先思考一下当情绪出现时会发生什么，并选择下面的一个选项。把它写下来，和你的逻辑陈述放在一起。你有以下几个选择：

- **选择1：写下你最常犯的错误。**放一张错误清单在手边可以提醒你要避免什么。这又回到了识别（问题）的短期效力——它能够带来立竿见影的改变。对于一些交易者来说，对这类错误的纠正将达到显而易见的效果，但直到他们犯了错误之后，他们才意识到这一点。

- **选择2：写下你的整个决策过程。**虽然有些交易者认为这很乏味，但其他交易者却喜欢掌握所有这些细节。他们欣然接受了这个机会来阐述他们的整个决策过程，并确保他们像运动员一样进行训练和完善他们的技术。

- **选择3：只写下你没有考虑到的技术因素或数据。**如果你认为选择2太烦琐，这里有一个捷径。与其让自己回想整个决策流程，不如只关注遗漏的内容，并强迫自己去思考它。

以上做法的目的是建立更高水平的执行和决策。这需要在心理和情绪方面运用"注入逻辑"以及在技术和策略方面使用"战略提醒"的强强结合。添加战略提醒与本书主要关注的情绪和心理工作不同，但它完美地契合了书中的系统，因为它是一个可以将错误最小化的关键步骤。

有些人没有时间使用战略提醒。但这并不意味着你无法从建立战略提醒的练习中受益，即使你无法实时使用它。相反，它可以作为你盘前例行工作的一部分，并成为一个有用的工具，当你的情绪突然出现时，强化你做出高质量执行的关键要素。

总的来说，完整的实时战略就是：

1. 认识到自己的模式已经被触发了。

2. 破坏该模式的动能。

3. 注入逻辑来纠正错误。

4. 使用战略提醒来改善执行。

同样，这四个步骤通过练习可以在几秒钟之内完成。随着你越来越善于识别（问题），阻断自己的模式并引入这些纠正手段，你的恢复时间将从几小时或几天缩短为几秒钟或几分钟。就像其他技能一样，刚开始运用可能会感觉很笨拙，但最终这个过程会变得更加流畅迅速。

● 不断重复

问题在得到解决之前还会一再出现，就像一只让人不得安宁的苍蝇。要准备好不断重复这四个步骤。在某些日子里，你需要比平时更多地重复这些步骤。每个交易日都是独一无二的。

随着一天工作的深入和精神上的疲惫，正确使用策略并调整反应往往会变得更加艰难。你很容易产生这样的想法，即自己会延续当天早些时候的成功，但这并不常发生。

培养精神力来控制并纠正你的情绪反应和举重很相似。从你能举起的重量开始，然后逐渐增加。与其在你通常会放弃的时候期望自己能继续交易，不如努力争取在5分钟或10分钟之内不犯大错。之后，随着你在心理上变得更加强大，可以再增加5到10分钟。

当然，5到10分钟可能看起来不算什么，但你第一次去健身房时能举起的重量也是如此。从最小的重量开始，然后尽量延长控制的时间。最终，被触发的模式的严重程度会大大降低——这表明你正朝着化解问题的方向迈进——同时你可以做到几个小时都不出现严重的反应，甚至是在一些非常困难的时期也可以保持如此。

● 将"退出"作为一种短期策略

只要你有一个明确的方案来解决自己的心理博弈问题，在努力化解问题的时候，退出交易就可能是一个可行的短期策略。至于何时是退出的最佳时机，没有一个硬性的规定；有时你需要鞭策自己，而在其他时候你需要退出来，避免在心理或情绪上有大的退步。

这一技能的部分技巧在于知道心理博弈问题什么时候变得过于严重，你无法继续下去，需要休息或退出交易。当然，有时候你直到碰了壁才能知道自己能力的极限在哪。我的建议是，在短期宁可谨慎一些。

通过遵循本书展示的系统，你的能力会逐渐提升，前提是你不一味地把自己逼得太过，把自己推向失败的境地。就像一个正在接受物理治疗的人，如果你做得过头，就有再次受伤的风险。

打造高效的例行程序

一旦你确定了要解决的问题，就需要通过持续连贯的程序和一丝不苟的关注来解决这个问题。当你拥有一个万事俱备的例行程序时，就更有可能出色地执行（交易）并取得进步。

另一方面，如果你真的失败了，也更有可能找到原因并从中吸取教训，这最终会导向未来的进步。从本质上讲，你创造了一个良性循环，使自己能够最大限度地利用每一个交易时段。

● 花时间热身

热身的价值在体育和绝大多数其他领域的工作中是广为人知的。当我第一次进入扑克领域时，在打牌前热身的想法是极为新颖的，但在交易中却不是如此。然而，进行所谓的"盘前热身"，或者说"盘前的例行工序"，可能是一种新奇的想法，它不仅能让你在交易中拥有正确的心态，还能帮你做出更佳的准备去纠正可能面临的一系列问题。

从实践的角度来说，这意味着你的热身活动应该包括回顾你为每一个问题领域创建的地图。这将增加你捕捉到问题的实时信号的可能性。你还应该重新浏览心理手史和逻辑陈述，以加强自己对即将面临的问题的根源和纠正方法的理解。

你可以回想一下最近发生的一些棘手的情况。设想自己正在经历这样一个过程：看到问题的信号，深呼吸或站起来，然后使用注入逻辑和战略提醒。

本质上，你是在心理上演练自己即将采取的控制或纠正问题的行动。如果所有的材料都已准备就绪，那么整个过程就只需要3到5分钟。一定要集中精神并心怀重视。不要只是走走过场。

● 花时间冷却

就像热身是大多数竞技领域固有的一部分（尤其是对运动员来说）一样，冷却也是如此。运动员往往更注重身体的恢复，通过接受理疗、让肌肉降温等方式来帮助身体疗愈并恢复。冷却其实是为明天能再次完成所有的工作而做准备。

作为一名交易者，你的冷却过程可能包括将交易记录到日志中、分析并核对盈亏。但你也需要从心理和情绪的角度来关注状态恢复的情况。例如，在地图上添加细节，写下并宣泄你的情绪以防止情绪累积，同时分析你的进展。

你的头脑已经捕捉到了很多数据，包括围绕着每个问题的情绪、想法和行动。如果你勤于捕捉这些细节并加以解决，你会发现自己所花的5到15分钟会在第二天产生难以置信的价值。

鉴于这一时段如此宝贵，我在这里给出了一些建议，你可以根据当日情形对冷却做出调整。

在情绪相对稳定的日子里，问题可能会突然出现，但你能比较轻松地应对它们，不太可能有很多新的事情要留意。但是，你要通过思考或记录已经改善的地方来强化你的进步。不要只盯着负面的东西。比如，突出你尝试纠正愤怒情绪并取得成功的例子，特别是消耗了你大量精力的那些。

在情绪比较激烈的日子里，通过记录来发泄你的情绪，然后重读关于这个主题的现有的心理手史或完成一份新的心理手史。这将帮助你防止情绪的堆积并巩固对问题的修正。

你不需要在交易日结束后立即开始做这些。但我强烈建议你在结束后的30分钟内开始行动，趁着你的想法还很新鲜，情绪是原始的。这是很有帮助的。一方面你不想失去那些关键的细节，另一方面这也是产生新的见解的最佳时机。

在情绪极为激烈的日子里，你可能只想释放怒火，沉浸在自怨自艾中，或享受这一天的快感，而你最不想做的一件事情就是坐下来记录。但你的目标是恢复并在第二天保持良好的状态。你所能做的最好的事情就是倾倒尽可能多的想法。部分原因是，当问题最严重的时候，你可以更好地窥见问题的根源。

你不需要完成心理手史，做一个捕捉数据的侦探就可以了。如果你只是敷衍了事，可能会失去解决问题的关键细节。

● 花时间解决这个问题

你不可能在交易即将开始前才现身绘制你的情绪模式地图、完成心理手史、确定要植入的逻辑语句，或完成A级到C级的博弈分析。在交易时段开始之前，你只有回顾或修改现有材料的时间，而不能从头开始生成它们。为了有效地朝着问题的化解行进，你通常需要在做研究、学习新的概念或其他东西来改善交易的时候在这些技巧上下功夫。

我意识到自己正在给你增加更多的责任，而一天只有这么多时间。也许你正在积极地研究自己的心理博弈，因此会优先做这项工作。之后，随着你创建材料并拥有一个强大的整体策略，你可以将花费的时间减少到一个可以持续保持的量。总的来说，你要确保自己在不断地解决这些问题，哪怕只是回顾或更新现有的材料。

● 评估进展

如果你想尽可能高效地解决问题，你需要知道自己是否正在取得进展。由于交易的不可预测性和评估自身心理和情绪状态的复杂性，这并没有那么容易。

我看到交易者常犯的一个错误是把情绪当作衡量进步的标尺并依赖于它。即使正在取得进展，你在情绪上可能也感受不到差异。例如，你今天进入交易时可能和几个月前一样恐惧。但如果仔细观察就会发现你的想法不那么悲观了，犹豫不决也少了，你也不再点开一分钟K线图，紧盯着每一根柱子。这些进步的迹象并不会在情绪上显露出来——你必须看一眼地图上其他信号的变化。

识别你是否取得了进展是至关重要的。当改善已经出现时，你可能会错误地认为没有任何改善，并对一个实际有效的策略失去信心或动力。或者，如果你没有在进步，那么你需要意识到这一点，这样就可以弄清楚哪里是行不通的。以下是一些表明你的心理博弈正在得到改善的一般迹象。

你是否越来越善于识别自己的模式，例如在达到情绪阈值之前就能发现信号？虽然你可能还没有建立起即时控制或纠正自己情绪的能力，但你已经变得更善于看清正在发生的事情。虽然这可能看起来微不足道，但提高识别能力是关键的第一步。缺少这一步，余下的实时战略就不能发挥作用。

进步的下一个大的标志是**能够控制或纠正你的情绪**。留意那些贪婪、愤怒情绪或恐惧即将导致错误，但你能够及时制止自己并注入逻辑的时刻。与其说你没有反应，不如说你没有让反应像过去那样裹挟着你。这转而减少了你的情绪问题，改善了你的决策和执行。虽然你可能不得不为了这种进步而战斗，但你赢的概率更大了。

起初，你的心理和情绪状态可能只改善了百分之零点几，但仍然有了进步的基础，因为你同时在发展长期的解决方案。随着时间的推移，纠正措施会变得更加有力，能更迅速地切断情绪反应，这样一来你就可以将损害降到最低，并更快地恢复。你也不需要在交易日中花更多时间来休息。

最终，**需要抗争的情绪会明显减少，**你会发现问题已经开始化解。化解问题不是电灯开关，特别是在情绪激烈的情况下。你可以把它想象成一个调低的音量按钮。比方说，你仍然会感受到贪婪的条件反射和想要进行报复性交易的冲动，但总的来说，它的强度已经减少了10%。

随着不断取得进步，你解决了更多的问题，产生的情绪也因此越来越少。这意味着你的情绪自然会更稳定，无论是残余的恐惧、愤怒还是过度自信都更容易被击穿。最终，触发因素无法再产生情绪问题，你的问题得到了解决。

认识到问题得到化解的最大障碍是，你不会知道自己什么时候已经越过了终点，这不像在跑步比赛中，终点是有标记的。但仍有一些标志着你已经到达终点的线索。以下是一些问题得到解决的信号。

- 即使在面临巨大的压力或极度疲劳的状况下，你仍然能保持良好的精神状态。要想知道你已经走了多远，可以将当下最糟糕的情况与之前的进行比较，看看你的决策过程有多大的改善。
- 在你的B级博弈中，由情绪引发的犯错冲动消失了。你的B级博弈中的干扰或噪声减少了，你感觉有了质的变化。
- 遇到某些情况时，以往你的情绪反应会很强烈，但现在不需要刻意努力，你的情绪就能自动变得不那么强烈了。

- 你的头脑变得更加清晰了，有更多心力来改善你的A级博弈。通过对尺蠖末端的驾驭，你的心理空间被释放出来，这使你更有创造力，更愿意创新或学习新事物。
- 你有更大的欲望去处理以前接触过，但觉得自己无力开始的项目或概念。

问题化解的另一个迹象是**你的心理博弈的升级**。随着尺蠖末端的前移，你的C级博弈发生了改变——要么是以前的问题版本降级，要么是全新的问题冒了出来。也许你摆脱了自信不足的问题，但你在另一个方向上摇摆得过了头。现在，你有时会变得过度自信。或者完美主义的改善降低了对亏损的恐惧，你开始进入更多的交易，现在却因亏损而愤怒。

你必须把这些新问题看作是进步的证据。你上升到了一个全新的C级博弈，这意味着你具有达到更高级的A级博弈的潜力……也许你已经看到了它。

或者，尽管你尽了最大努力，但不幸的是，你的心理博弈并没有改善。你很努力地利用这套系统，但你还不能维持任何程度的改变。在下一章，也就是最后一章中，你将能够排查那些阻碍你进步或造成你重大挫折的常见原因，并学习如何处理这些问题。

第 ❿ 章

排查止步不前的原因

> 如果你发现自己深陷坑中，
> 最重要的事情就是停止挖坑。
>
> —— 沃伦·巴菲特 ——

在上一章的末尾，我讲到要评估你的进展。但如果你没有取得进展呢？造成止步不前的潜在原因多种多样，难以排查所有，因此在本章中我将深入探讨几个常见的原因。

难以识别你的模式

你的反应来得很快，看似无端。问题不断发生，但你却无法看出它们是如何开始的。你在犯错亏损之后看到了证据，但却无法识别之前的信号，而这些信号对于阻止情绪升级或防止纪律瓦解来说至关重要。

根据我的经验，有两种常见的情况导致你无法识别自己的模式。第一种情况是，你的工作没有做到位。要如实面对自己。你是否只是通读了这本书，期望能有潜移默化的改变，还是真的按照我的建议花了时间和精力来绘制你的情绪模式地图？

如果你没有做这些，那么需要去做。除此之外别无办法。为了使这一过程更容易，你可以试着与导师或其他交易者交流。也许在初期阶段，你需要有人

283

和你一起集思广益，碰撞出火花。

第二种情况是，你完成了工作，但非常善于日复一日地压抑情绪问题，所以没有发现任何问题。然后，你在一些日子里莫名其妙地爆发却意识不到是什么促成了这一切。这里的关键是要对压抑的信号更加熟悉。你会通过哪些行动或想法来管理或抑制情绪？

这些是你目前对贪婪、恐惧或愤怒下意识的反应。例如，你可能会立即与其他交易者谈论所发生的事情，或者你可能会极度理性地断言一次损失不会影响自己。这些反应是低级问题的信号，你可以从此处开始绘制你的情绪模式地图。

你还应该在下一次爆发后完成一次深入调查，尝试找出问题的根源。使用本书的不同章节来完成一份心理手史，然后把这些想法带到日常行动中去体会它们的存在。

打个比方，让我们假设你发现自己有控制错觉。它制造了贪婪和过度自信的混合体，是造成爆发的部分原因。现在对每一天进行审视，问问自己：我是如何控制得过了头？例如，你过度关注将收益风险比维持在高位，把止损空间设置得太窄，因为你认为价格会朝着对你有利的方向移动。这些都成为表明贪婪或愤怒可能出现的额外迹象，同时你有了一个注入逻辑和纠正控制错觉的起点。

事情在变好之前会变得更糟

在理想情况下，你会把从本书中学到的经验教训和工具付诸实施并立即取得进展。但有时出于一些原因，会出现相反的情况，问题会恶化。

首先，一旦你开始更仔细地观察，可能会发现自己心理博弈中的问题实际上比原先想象的更糟糕或更复杂。本质上就是你已经解开了绷带，看到了伤口，发现它并不好看。你所认为的C级博弈，其实并不是C级——它更像是你的F级博弈。不过，虽然事实可能让你受伤，但至少现在你知道自己在面对什么，同时能够计划如何向前迈进。

对自己的情绪有更多的觉察可能会让你产生自己在退步的感受。当你更密切地关注贪婪、恐惧或愤怒情绪时，你会觉得它们变得更加强烈了。这些并不是真正意义上的倒退。相反，你更能察觉到以前被忽略的东西。

所有关于心理博弈的新信息都会让你不知所措。你学到了很多关于学习和情绪的新理论，发现了很多可能会面临的问题，并找到了原因和纠正方法——所有这些都是在试图了解问题的细节。

现在你感知到了更多的东西。因此，在努力提高技能的同时，你就像是被所有这些新的信息绊住了脚。这并不少见，特别是如果你一口气读完了这本书。

如果这种情况听起来很熟悉，把注意力放在容易实现的目标上可以让你更轻松地获得一些胜利，有机会把你所学到的东西转化为一个简单的策略，并在此基础之上发展。相比尝试一次性做很多，这样做会让你找到坚实的立足点。否则，你会觉得自己像踩在流沙里，所做的一切只会让自己陷得更深。

如果你难以分清轻重缓急，可以参照这个指南：尝试做一些事，如果在两周内没有取得进展，就重新评估并选择去做其他事情，有时候放手开干是你收集所需信息的唯一路径。有些东西是你作为旁观者学不到的。

最后，你出师不利也可能是因为市场的波动。有时，你开始实施这些新的心理博弈策略的时候恰好碰上了市场转向，或者是你无法控制的连续亏损。不要对你无法掌控的情况做出过度反应。

相反，你要从另一个角度来看待这个机会——早早失利可以让你更快地跌到自己表现范围的真实底部。之后，当市场条件或结果朝着有利的方向扭转时，你在接下来的过程中就不会遇到那么多意想不到的事。当然，立即看到进展是很棒的，但如果出现了相反的情况，你要充分把握它带给你的机会。

倦 怠

倦怠在交易者中很常见。市场并不关心你是否需要休息。如果你的交易市场是全年无休24小时开放的，你就会感觉自己永远得不到休息。你的头脑深处盘桓着关于交易的无间断的想法和意识。

交易对每一个决定的精准度也都有很高的要求，这让你看上去更像一个运动员，而不是一个朝九晚五的职员。此外，当你用自己的钱进行交易时，在回撤或艰难地去感知市场的过程中，持续的压力会让你疲惫不堪。

由于这和你的心理博弈有关，倦怠会加剧你的问题并制约你改善它们的能力，即使你已经准确地找出了根本原因。由于大脑正处于虚弱的状态，你缺乏执行策略和夺取胜利所需的力量、敏锐和镇定。情绪波动加剧，累积的速度更快，这意味着你需要处理更多的情绪，但与之抗衡的精神力或意志力却减少了。

对倦怠的纠正很简单——休息。除此之外别无他法。问题是，你从倦怠中恢复所需的那种休息成本是很高的。当你暂停交易业务时，就赚不到钱。对你们中的一些人来说，让自己咬牙挺过这段时期是合乎情理的，就像一个在季后赛中受伤的运动员，他必须坚持下去，因为放弃是不可能的。

但是，到了一定程度倦怠会变得非常严重。与皮肤烧伤的分级一样，倦怠也有不同的严重等级。它越是严重，你的决定就越糟糕，你就越需要更长的时间来恢复。

为了防止严重倦怠，你需要弄清楚一些标志着自己已经接近这个点的迹象。这些迹象可能是情绪方面的——你无法再控制愤怒或贪婪。它们也可能在纪律方面表现得很突出。也许你不能遵循自己的规则合理地建仓和平仓。

你可能会注意到自己的动机发生了明显的变化。例如，轻度倦怠表示你对深入研究缺乏兴趣。另一方面，完全不想交易意味着严重的倦怠。

研究你的倦怠迹象并发现关键因素的最佳时机是在每次倦怠发生之后。把这一过程想成是描绘我在本书中讲过的其他问题。好好地做笔记，下一次，利用你的发现去识别倦怠的早期迹象。然后你就可以在达到严重倦怠的那个点之前采取措施。例如，如果发现在激烈的市场环境中连续做15天盈亏平衡的交易是你的极限，那么，在第10天之后，每天采取额外的手段来帮助自己恢复状态。

把冷却、饮食、运动和睡眠放在首位。去社交，发展业余爱好，以享受为目的而非为了职业发展去阅读，或者做一些有趣又不太刺激的事。这不仅有助于延缓倦怠的发生，还有可能杜绝它的发生——让你正好处在倦怠边缘但不会完全越界。

膨胀的大脑

我之前讲过，专注力是一个收集数据的工具，你需要这些数据来制定决策。但是，当你收集了太多的数据，一个鲜少有交易者知道的微妙问题就会浮现，我称之为"膨胀的大脑"。尽管没有被多数人察觉，但我相信这种经历是普遍存在的，正如我从多年来与客户的直接合作中看到的那样。

想一想在某些交易日里，你长时间精神高度集中，以至于无法对市场进行正确的分析，错失了机会，或者强行采用了糟糕的交易设置。又或者，你做了大量的研究、学习了新的交易方法，或者花费了大量的时间进行了回测，直到大脑宕机——你无法再长时间聚焦，新的信息变得毫无意义。

在这些时候，你的大脑充斥着数据，以至于没有空间来容纳更多东西。你就像一块湿透的海绵，无法再吸收更多的水分。你难以集中注意力，错过了关键信息并感到精疲力竭——你的大脑好像处于一片迷雾之中。你很可能认为自己只是累了，这是在经历漫长的一天或高度聚焦于研究和学习后的自然结果。而且，在某种程度上，确实如此。但疲劳并不能说明所有问题。

故事的另一面是，你的大脑充满了数据。洪水般的信息涌入，造成了你交易时的敏锐度、思维和执行力的下降，这会让你很难将交易与生活区分开来。你试图与家人共进晚餐，与朋友一起看球赛，或做任何事情来放松一下，但你的思维不会停止。你人在那里，但心不在焉。各种想法持续涌现。

之后，当你累了，准备上床睡觉时，你的大脑却很活跃，无法平静下来。你在脑海中回放错误和错失的机会，重新思考盈利头寸的退出策略，或琢磨你早先思考的新研究。这可能会持续数小时。还有的时候，你很快就睡着了，但一早醒来就会想到交易或研究。

在某些方面，你可能认为这不是一个问题。你喜欢持续的聚焦并想出创新的点子，你把失去睡眠或无法与家人和朋友相处视为这项业务的成本。但是，你也知道自己头脑敏锐的时候是什么感觉——神清气爽、精力充沛、注意力集中——你不像过去那样经常有这些感觉。

当大脑吸收太多的数据时，这种状况会日复一日地延续下去。累积的数据非常像累积的情绪，它会以一种微妙的方式限制你在第二天清晰思考和处理信息的能力。当你被驱使着优化自己的表现和学习时，杂乱无章的头脑是一种隐患。好消息是，通过在你的日常生活中加入简单的习惯，它是相当容易解决的。

大脑有一个自然的消化信息并将其转化为有价值的知识的过程，就像人体的消化系统从食物中汲取营养一样。你可以使这个过程更有效率。

在交易日当中，或在长时间的研究或学习期间，在你的大脑宕机之前休息一下。只需花几分钟时间，停止吸收新的数据，可以给你的大脑一个机会来消化更多已经吸收的内容。

在这段时间里，做一些笔记，走一小圈，或进行冥想。你可能觉得自己并没有完全焕然一新，但在某种程度上这并不要紧。你只需要把表现的下滑推迟到交易或研究结束之后，这样就可以最大限度地提高工作时段的效率。

然后，在交易或研究结束后，通过记录、交谈、做笔记，或任何你喜欢的方式来帮助大脑消化数据。你甚至不需要回顾自己写的东西就能体会到好处。通过把数据从你的大脑里清除出去所获得的头脑清晰度本身就很有价值。然而，我建议你在下一次交易开始前回顾一下自己所写的一些关键点，作为热身的一部分。

当你专注于在交易开始前、中途和结束后优化策略和心理博弈的特定部分时,一个正向的循环就形成了。这种重复是加快进步的关键所在。

当你无法入睡时,写作也是一个好工具。与其在思绪万千的时候努力入睡,不如把脑子里的想法记下来。写下一个艰难决策的细节、你所犯的错误,或你对自己策略的修改,直到你没什么可写的,或最多写30分钟,然后再试着去睡觉。第一次尝试时,你可能无法在没有任何想法的情况下入睡,但通过练习训练自己的思维,你最终能更快地入睡。

遵循这一建议的客户告诉我,通过定期倾倒脑海中积累的数据,他们能精神焕发地应对从前自己认为很累的情况。他们还能更好地将交易和生活分开,继续一天的工作,而无须通过发泄怒火、饮酒或高强度的锻炼来恢复精神。他们睡得更好了,在交易中头脑也更清晰了。

亲身体验7到10天,看看有什么发现。大脑的空间是宝贵的不动产。保持清晰的头脑,你会看到执行方面的改善。

当生活渗入交易

有时你的头脑会被一些情绪上的个人问题所吞噬,这些问题会消耗你的精力,影响你的进步。例如,家庭成员的疾病、与另一半的冲突、重大的决策或任务,如搬家或装修房子等,都会令人心烦意乱。

当个人生活渗入你的交易中时,它可能会使你失去平时在交易中获得的乐趣、挑战和好奇心。你的执行力和表现下滑,突然间,外部因素的比重似乎变大了,因为你同时在亏钱。不仅交易会受到影响,你还会直接从交易事务回到个人事务的处理中。你没有得到休息,事情很快就会失控。

我们的目标是通过将所有个人想法、任务和情绪排除在交易之外来维护你的进步和执行。也就是说,你要在交易周围创造一个气泡,让自己的生活远离它。此外，将个人生活隔绝开给了你一个急需的休息空间，让你能在休息后用更清晰的头脑来处理个人事务。交易就像你个人生活中的一个小假期。

以下是在你的交易周围创造一个气泡的步骤：

步骤1：在交易日开始前的一个小时，就某一特定主题，写下你所想的一切。可以是你的感觉、具体的想法、一个实用的待办事项列表，或是你想对别人说的话。花20分钟做这件事。

步骤2：完成最初的写作任务后，设一道心理界线，从这一刻开始一直到完成任务之前，不允许自己去思考个人问题。

步骤3：现在，在交易开始前的40分钟左右，你应该像平时那样利用时间。时间并不是随意安排的。花不超过20分钟的时间写作可以让你释放想法而不会被想法吞噬，同时还建立起一个缓冲期。如果你对那些个人事务有额外的想法又无法摆脱它们，现在就有机会来捕捉这些念头，并对自己重申在交易日结束之前不会进行思考。

之后，每当你产生片刻的想法时，注入"不是现在"的逻辑。如果想法没有消失，花点时间把它们写下来并对自己再一次重申不要思考个人问题。

当然，有时你有一些实际的问题必须在交易日内处理，例如，上午11点是医生或合同方唯一能和你谈话的时间。一旦这些任务完成后，重复步骤3并再次回到状态中去。

● 当交易暴露个人问题时

如果你的个人生活存在未解决的问题，这些问题就会延伸到交易中去，即使是你没有意识到的问题。交易中出现这些问题往往让人困惑，因为你在交易之外没有经历过类似的事情。在生活的其他方面，你自信、果断、情绪平稳。交易中显现的这些情绪似乎没有理由出现。

交易是一个特殊的考验，它可以引出你最深层的恐惧、未解决的愤怒和个人的不安全感。这些问题直接影响了你的执行力和盈利能力，迫使你承担过多的风险、过早地锁定利润，或挽回损失，但它们与交易无关。在交易中投入大量的时间、精力、金钱、未来、信心和自我，最终会引出这些更深层次的个人问题。

你们中的一些人需要交易上的成功来获得对个人能力的认同感、价值感和成就感。当你在交易中失败时，你会感觉自己在生活中也很失败。或者，当你被迫止损出局，不得不重新建仓时，你会非常生气。也许儿时的你讨厌失败，不得到胜利绝不罢休。

也许即使你有心想做些什么，也看上去无能为力。也许你的父母期盼完美，对你犯的所有错误反应过激。现在，对错误的恐惧使你只能袖手旁观，而当错过进场机会时，你又会很生气——无论是哪种情况，你都无法获胜。

好消息是，一旦找到了问题的根源，你就有机会同时改善自己的个人生活和交易。

挖掘个人问题可能很艰难。如果你想尝试自己解决这些问题，可以将心理手史用作整理工具。你需要仔细审视造成交易问题的原因并找出相对应的个人问题。然后，将你的发现运用到步骤1中并完成其余四个步骤。如果你的问题特别严重，就要考虑与心理治疗师合作。

为了给你举例说明这一情况，我来讲一下我的客户威尔的故事。从一家美国企业的高级别职位退休后，威尔开始从事业余交易，希望以此增加他的退休收入。在过去的职业生涯中，威尔被公认为是一个平和的、能把事情做好的人。但是，当开始做交易之后，他挖掘出了自己愤怒的特质，这是他从未意识到的。

在交易股票和股权时，威尔大致的目标是在早上做一到两个小时的交易，将剩余的时间放在其他爱好上。问题是，他会先赚后亏，最后把之前赚的钱全部亏完。他变得越来越愤怒，直到彻底爆发。他会大喊大叫、骂人、摔东西，并且倒在地上，挫败地捶打地面。他无法控制自己的反应，已经变成了一个连自己都认不出的人。

威尔描述在一些日子里，他大喊着"撤单！"，但感觉自己的手臂被冻住了，无法行动。他对此进行了录像，这样就可以看到自己的行为。事后，他感到震惊。"这就像是外星人侵占了我的身体，"他说，"我看着自己像个五岁小孩一样在大发脾气！"威尔此前没有经历过这种程度的愤怒，无论是在他的个人生活中还是在他以前的职业生涯中，这使得这个问题更加难以理解。在那时，这对他来说是不可思议的。

威尔开始了广泛的研究。他阅读图书并采用书中的意见。他制作了大量的材料，试图理解并解决自己的愤怒情绪。就通过写日记、描绘自己的情绪模式和解决自己的问题制作出大量的材料来说，威尔是我整个职业生涯中遇到的最严谨细致的客户之一。

当我们挖掘这些材料时，很快就意识到，他有控制错觉、完美主义和对失败的恐惧。所有这些都源于他必须要面对的童年创伤。

当威尔在交易之外解决个人创伤时，认识到自己在交易中的情绪与这些陈旧的问题有关对他来说很重要。例如，在亏损的头寸上追加资金、交易规模过大或避免进行保护性止损的设置都是表明他的个人问题正渗入他的交易中的信号。

在这些时刻，威尔会注入结合了他在个人层面找到的纠正方案的逻辑语句。这让他第一次稳定住了自己的情绪，能够承受损失，并避免了一次情绪大爆发。

我们继续通过运用系统中的各个步骤，使用本书第7章"绝望"一节中概括的诸多策略，建立清晰的控制层，对他迄今为止的成就进行整理，并使用心理手史找出他技术失误的根源。随着时间的推移，威尔的愤怒逐渐减少，这使他在愤怒发生时更能有所察觉并迅速纠正。

他专注于交易的概率性，让自己更加适应整体风险和市场波动带来的影响。他学会了提醒自己，如果股价没有朝着他所希望的方向移动，他不需要对这个结果负责，除非他固执己见，违背了自己的计划。最终，威尔可能会在犯错后想，**好吧，这真是一个愚蠢的举动**，随后快速调整状态，而不是拍桌子然后失控。

再次联系威尔是在几年后。他告诉我，如今，他最初的愤怒已经消散了98%。他不再把键盘摔成两半，不再把电脑鼠标扔到房间的另一头，也不再发脾气（尽管他承认自己仍然会破口大骂）。当我们叙旧时，威尔疑惑为什么童年创伤在做交易之前没有出现。

我用一个与战争相关的比喻向他解释了这一情况。这就好像威尔在服役期间经历了战争的罪行，直到他安全到家后才得以处理。以他的情况来说，这些"罪行"是来自童年的创伤，而带着稳固的财务前景退休感觉就像是"安全到家"一样。当创伤开始浮现的时候，他正好在做交易，由于交易的激烈属性，这些创伤被撕裂并暴露出来。

在治愈了大部分的个人创伤和由其引起的交易失误之后，威尔现在处理的都是本书中讲到的平常问题。他已经进阶了，对他来说，未来的关键是牢记这套系统的有效性，并在更典型的行为问题发生时再次使用它，这样他就可以持续地进步。

毫无疑问，你现在已经意识到，持续改进是心理博弈的一个核心主题。

最后的思考

在任何时刻我们都有两个选择：
往前走向成长，或退后走向安全。
—— 亚伯拉罕·马斯洛 ——

在你开始阅读这本书的时候就已经知道有些东西——或者说许多东西——正在阻碍你的交易水平达到某种（你知道自己可以达到的）高度。毫无疑问，你已经探索了自己的技能，并最终意识到阻碍你的绊脚石与你的心理博弈有关，这就是为什么你转向了我在本书中提供的系统。

在深入研究该系统并从问题根源了解行为缺陷之后，你就拥有了纠正这些缺陷的策略和工具。

如果你做了这些工作，这套系统就会发挥作用。要想取得进步，就要吸纳并开始每天应用你在本书中读到的内容。

利用其他交易者的描述和诠释来帮助你发现自己的模式以及行为缺陷出现的特殊方式。绘制你的情绪模式地图并发展出A级到C级的博弈分析，完成心理手史。用你自己的语言创建注入的逻辑以及最符合你交易风格的战略提醒。

同时结合其他来自交易内外的、让你产生共鸣的资源，如图书、视频、引言和采访等。有许多有价值的信息源供你在该系统中使用，以帮助你实现问题的化解。

在识别和纠正你所犯的诸多错误的过程中要坚决果断，但也要找对时机，在这一过程中获得乐趣。就像市场一样，你也会有起伏。有些日子你会到达新的高点，有些日子你会奋力挣扎。拥抱这一现实并继续工作。

永久性地纠正或解决你的行为缺陷、思维偏差、错觉或愿望并不是很快就能做到的。你需要大量的重复。通常，你需要在很多不同的情况下进行大量的重复。坚持下去！

继续使用本书作为你交易道路上的资源。想要一次性吸收并应用这么多内容是不太可能的。当你的心理博弈超越了最初带你来到这里的问题时，把这套系统应用到新的问题上。

记住，这套系统并不是让你只用一次就搁置一边的。成长对那些渴望它的人来说是一个常态。如果你持续应用这些技术、策略和见解，将不断取得进步并收获更多。你将能够继续推进你的尺蠖，并改善你的A级博弈、B级博弈和C级博弈。

现在是时候开始了——就是现在——即使这意味着只花一分钟时间开始前进。不要再找借口了。开始工作吧。是时候把你作为一个交易者的潜力变为现实了。

如果你想关注我最新的博客、播客、项目，或访问可下载的工作表作为辅助，例如帮助自己绘制情绪模式地图、完成A级到C级的博弈分析，或填写心理手史，可访问我的网页：https：//jaredtendler.com。

致　谢

我不是一个天生的作家，所以在很大程度上我依赖于他人的协助。我非常感激帮助我完成这本书的众人，单凭自己的力量，我无法完成它。

首先是我的写作伙伴贝丝·库普钦思科。感谢你令人惊叹的专业知识和对这个项目坚定不移的奉献。尽管完成的时间比预想的要长，但你从始至终都是一个绝佳的拍档。你的问题、见解和视角帮助我从一个全新的角度审视自己的内容，对此我会一直心怀感激。

马西·麦克唐纳，我了不起的编辑。感谢你的眼光和指导。你兑现了承诺，将这本书带到了新高度。

所有多年来与我合作的客户，感谢你们帮助我更好地理解交易的精微之处和你们职业的要求。我要特别感谢那些为本书提供了他们的故事和案例的交易者们。亚历克斯·拉古兹、布伦丹、布莱恩·赫弗南、卡洛斯、克里斯·杜汉兹、大卫·隆巴德、弗兰茨·盖勒、贾柯莫、金原五郎、古尔迪普·戈萨尔、约瑟夫·阿布德、迈克斯·悉尼、迈克尔·惠伦、尼克·惠顿、罗德里克、夏尔玛·纳图、弗拉德·布雷金和威尔·兰尼，你们的声音让这本书变得真实生动，对此我非常感激。

我的家人和朋友们，感谢你们的支持和鼓励。特别是我的妻子科瑞和女儿泰迪。2020年无疑是具有挑战性的一年，但你们给了我完成这本书的可能并让我享受这个过程。你们有莫大的功劳。感谢你们给了我专注于写作的空间。我很幸运，有你们在一旁给我支持和鼓励。

关于作者

杰瑞德·滕德勒

心理咨询师（LMHC），国际公认的心理博弈教
练。他的客户横跨45个国家，包括独立和机构交易
员、世界扑克冠军、企业家、电竞运动员和若干美国
职业高尔夫巡回赛选手。

除了《交易的心理博弈》之外，杰瑞德还是两
本畅销书《扑克的心理博弈》和《扑克的心理博弈2》
的作者。他曾担任电子竞技组织液体战队（Team Liquid）的运动心理学主管。
他是多个冠军背后的推动者，包括2017年国际邀请赛（DOTA2）、英特尔大满
贯（反恐精英）和四位英雄联盟冠军系列赛冠军得主。

他对心理博弈的兴趣源于个人经历。在为斯基德莫尔学院打大学高尔夫比
赛时，他3次获得全美最佳球员荣誉，并赢得了9次锦标赛，却总在重大的国家
赛事中表现不佳。为了寻找答案，他取得了心理咨询硕士学位，并成为了一名
心理咨询师，致力于解决传统运动心理学无法解决的问题。从那时起，杰瑞德
直截了当且实用的训练方法已经帮助成千上万的人解决他们的心理博弈问题并
实现他们最高水平的表现。

成长股的投资之道

如何通过只买入最好的公司持续获利

著者：（英）特里·史密斯
ISBN：9787515365619
定价：69.00元
出版社：中国青年出版社

管理430亿英镑、英国备受欢迎的基金Fundsmith创始人特里·史密斯阐述可实现长期卓越回报、买入并持有高品质公司的方法。

《金融时报》前总编辑莱昂内尔·巴伯作序推荐。

张化桥读过的最好的2本投资书之一。

内容简介

本书是英国备受欢迎的基金Fundsmith创始人、知名基金经理特里·史密斯的著作，包含了他2010—2020年的投资文集以及致股东的信。

很多人喜欢将原本简单的投资复杂化。而史密斯提出，成功的投资，其实只需买入最好的公司。作者揭穿了关于股票投资的很多谬误，并阐述了让他实现长期卓越回报的投资策略——成长股投资。他将其概括为简单的三个步骤："买入好公司，不要支付过高价格，然后什么都不做。"他眼中的好公司有两个标志：1. 以现金的形式产生高资本回报率；2. 将至少部分现金以高资本回报率进行再投资，为增长提供资金，从而实现强大的价值复合增长。在年度致股东的信中，作者解释了他如何执行这个策略，依次审查了每个步骤的执行情况，披露了对基金业绩贡献排名前、后五位的十只股票，并对其和整个投资组合进行了分析。

以其标志性的犀利、智慧，史密斯揭示了高品质公司是什么样的，如何找到它们（以及如何发现冒充者），同时阐明了：为什么要淡化市盈率，看重已动用资本回报率；为什么大多数股票回购实际上是破坏价值；为什么不要尝试市场择时；投资的十大黄金法则；环法自行车赛对于投资的启示；价值投资策略的缺陷……

秉承其成名经典著作《为增长而做的会计处理》风格，作者以严谨的分析，对投资中一些重要主题展开了讨论，带领读者经历一次开阔视野的阅读之旅，获得宝贵且实用的投资洞察。任何一个投资者的书架没有这本书，都是不完整的。

股票的生命周期交易

如何成功地交易新股和超级成长股

著者：（美）伊夫·波波　凯西·唐纳利
　　　埃里克·克鲁尔　库尔特·戴尔
ISBN：9787515357157
定价：59.00元
出版社：中国青年出版社

长期占据美国亚马逊股票投资畅销书榜单。

首次公开的研究发现与具有启示性的数据，揭示从新股到超级成长股的生命周期、形态与交易规则。

让你在早期发现超级成长股，采取正确的交易策略，获得改变人生的回报。

杰克·施瓦格、丹·赞格、詹姆斯·罗佩尔推荐

内容简介

如何尽早发现下一个亚马逊、特斯拉或奈飞？什么卖出规则能带来巨大的收益？如何避免交易新股的陷阱？

为了找到这些问题的答案，作者展开了研究。他们发现股票就像生命体一样，会经历从幼体到成熟的过程，即生命周期。在审视过去40年里绩优股的图表时，他们发现了其共性以及反复出现的价格形态，即生命周期形态。

本书是作者的研究结果，揭示了在早期发现超级成长股，并在价格飙涨之前买入它们的方法，以及交易超级成长股的获利策略。具体包括：

超级成长股生命周期的3个阶段；

股票的6种生命周期形态；

筛选超级成长股的方法；

新股和超级成长股的买入、卖出规则；

确定要保全的最低收益率，以便在下一次交易有积极心态的持股法。

本书涵盖的内容包括如何选择标的和确定买卖时机、如何管理资金，有助于消除情绪对交易的影响，在股票生命周期的最佳时刻买入，然后在正确的时间卖出，成功地交易新股与超级成长股。

本书全彩印刷，有大量超级成长股案例的K线图和分析，便于读者理解与参考。

金融狂热简史

ISBN：9787515365602
著者：（加）约翰·肯尼思·加尔布雷思
定价：49.90元
出版社：中国青年出版社

◆ 透过金融史上繁荣与崩盘的交替，阐述身处市场的投资者为什么狂热，如何控制狂热，揭示群体心理、市场和周期的本质。

◆ 霍华德·马克斯最爱的书之一、屡次推荐的关于市场的必读书，称之为"堪称无价之宝的经典名著"。

内容简介

以无与伦比的智慧和幽默，世界知名经济学家约翰·肯尼思·加尔布雷思追溯了自17世纪以来的重大投机事件，叙述了历史上著名的金融狂热、泡沫与崩盘，从郁金香狂热到南海泡沫，再到1929年大牛市与崩盘、20世纪80年代美国盛行的垃圾债券、1987年被他准确预测到的股灾。

作者并不是单纯描述历史事件，而是透过金融史上繁荣与崩盘的交替，揭示身处市场的投资者狂热的机理，以及理智的人在追逐利润时展现出的鲁莽行为，而人们对金融事件记忆的"出奇短暂"创造了市场崩溃的条件。他总结了投机事件的共同特征，识别这些迹象并理解它们的本质，将可能从金融灾难中解救自己，从而更好地把握国家与我们自己的金融命运。

本书极具洞察力地揭示了投机情绪的群体心理，市场和周期的本质。当人们能够完全理解这些时，将让自己处于市场的有利位置。

作者简介

约翰·肯尼思·加尔布雷思，著名经济学家。1908年出生于加拿大安大略省，1934年在加利福尼亚大学获博士学位，后来成为剑桥大学研究员，在那里首次接触凯恩斯经济学。后在哈佛大学和普林斯顿大学任教。曾任哈佛大学经济学荣誉教授、美国艺术文学院和美国经济学会会长。二战期间，他曾任美国物价管理局副局长，负责预防通货膨胀对战争军事产生不利影响。

他著有40多本经济学著作。其中包括《富裕社会》（*The Affluent Society*）、《美好社会》（*The Good Society*）和《1929年大崩盘》（*The Great Crash 1929*）等。他曾被哈佛大学、牛津大学、巴黎大学和莫斯科大学授予荣誉学位。1997年被授予加拿大总督功勋奖、罗伯特·F.肯尼迪图书终身成就奖。2000年在白宫被授予总统自由勋章。2006年去世。